辽宁省社会科学规划基金项目（L17CJL003）

PPP 新机制下交通项目治理机制研究

侯　丽　著

中国原子能出版社

图书在版编目（CIP）数据

PPP 新机制下交通项目治理机制研究 / 侯丽著.－
北京：中国原子能出版社，2024.6
ISBN 978-7-5221-3396-6

Ⅰ.①P…　Ⅱ.①侯…　Ⅲ.①政府投资–合作–社会
资本–应用–城市铁路–轨道交通–项目管理–研究
Ⅳ.①U239.5

中国国家版本馆 CIP 数据核字（2024）第 093289 号

PPP 新机制下交通项目治理机制研究

出版发行	中国原子能出版社（北京市海淀区阜成路 43 号　100048）	
责任编辑	张　磊	
责任印制	赵　明	
印　　刷	北京九州迅驰传媒文化有限公司	
经　　销	全国新华书店	
开　　本	787 mm×1092 mm　1/16	
印　　张	19	
字　　数	310 千字	
版　　次	2024 年 6 月第 1 版　2024 年 6 月第 1 次印刷	
书　　号	ISBN 978-7-5221-3396-6	定　价　**88.00** 元

联系电话：010-88821568

前　言

在当今全球经济快速发展的背景下，在交通基础设施领域，如何实现资源的优化配置和公平利用，以促进经济和社会的可持续发展，是一个亟待解决的关键问题。随着PPP新机制的引入，尤其是在使用者付费型项目的实施中，在原有的PPP机制下，为交通基础设施的建设和运营提供了新的融资和管理方式。

本书围绕PPP新机制下使用者付费型交通项目的定价决策展开研究，包括定价模式的分析、定价策略的优化，以及定价决策模型的构建，研究内容涵盖了从理论基础到实际应用的多个方面，涉及定价决策中的关键参数、经济效益评估、社会公平考量等。使用者付费型交通项目是指通过向使用者收取费用来融资和运营交通基础设施的项目，通常包括收费公路、收费桥梁和隧道等。这种模式在PPP新机制下得到广泛应用，因为它能够将项目的投资风险和收益合理分配给私人投资者，并通过使用者付费的方式确保资金的持续流入。为了帮助读者更好地理解研究内容，本书首先介绍了原有的PPP机制的基本概念、PPP新机制的特点以及其在交通项目的应用。同时，详细探讨了使用者付费型项目的内容。通过对这些背景知识的阐述，本书为读者提供了必要的理论支持和实践指导，使其能够深入理解和应用本书中的定价决策方法。

本书结合了深入的理论研究与先进的计算模型，不仅构建了定价决策的理论框架，还通过详尽的案例研究，深入探讨了实际应用中的复杂问题，为相关领域的研究者提供了极为宝贵的参考资料。本书不仅有助于推动该领域理论体系的进一步完善，为学者提供了系统的分析框架和模型依据，更在现实生活层面，深入剖析了使用者付费型交通项目的定价机制，为政府和社会资本方提供了科学、合理的定价策略指导。这不仅有助于提升项目运营效率，保障公共利益，更能促进交通基础设施的可持续发展。最后，本书有望推动交通基础设施管理和政策创新，为实现交通领域的可持续发展提供新的思路和解决方案。

　　本书分为基础篇、理论篇、应用篇和案例篇四个篇幅，共九章。全面系统地探讨了使用者付费型交通项目的定价决策问题。基础篇分为两章内容，详细阐述了研究的背景、意义及基本概念，为后续深入研究奠定了坚实的理论基础。理论篇分为四章内容，深入探讨了定价的理论基础，构建了相关定价决策模型，并分析了模型的关键参数及其影响，为读者提供了系统的理论框架和方法论支持。应用篇分为三章内容，着重于定价模型在实际项目中的应用，通过具体数据分析，提供了实践中的具体方法和策略。而案例篇则通过精选的实际案例，深入分析了项目的成功经验和挑战，为读者提供了宝贵的实践经验和教训。这四个篇幅相互补充，为研究者和实践者提供了全面的参考和指导。

　　这本书致力于为广泛的读者群体提供有价值的见解和启示，涵盖了交通管理部门的决策者、研究机构的学者以及关注交通基础设施发展的各界人士。希望读者能够通过本书深入了解使用者付费型交通项目定价决策的理论与实践，不仅能够掌握使用者付费型交通项目的定价决策方法，还能够在实际工作中更好地应用这些方法，从而提升交通项目的管理水平和社会效益。期待读者能够在交通基础设施领域取得更多创新性成果，推动社会发展与效益的双赢局面。

　　限于作者研究水平和时间，难免有疏漏和不当之处，恳请专家读者批评指正，本人将万分感激。

侯　丽

2024 年 1 月

目　录

基础篇

理论篇

应用篇

案例篇

基础篇

第一章
绪　论

公路运输产业是国民经济的支柱产业，同时公路资产又具有公共产品的属性，在传统的公共经济学理论中，从社会福利最大化的角度来看，不收费的公路是最有效率的，收费也应该只限于补偿维护公路所花费的变动成本。但是，公路运输产业是社会经济系统中最基础的子系统，并且是其他各子系统能够有效运转的主要载体。随着社会经济的发展，一方面要求交通运输顺应社会经济的发展；另一方面经济社会对交通运输业的要求从本质上是适度超前的。近年我国公路建设得到收费发展，由于公路建设中需要大量的建设资金，当政府的税收无法满足社会资本的形成需求时，公路建设中不得不采用多种方式筹措建设资金，公路管理中收取过路车辆的通行费已成为一种必然。随着全球经济一体化的深入发展，政府与社会资本的合作模式日益受到关注。政府与社会资本合作（Public-Private Partnership，PPP）模式，作为一种新型的项目融资模式，已经在多个领域展现出其独特的优势。PPP 模式不仅能够有效缓解政府财政压力，还能通过引入市场竞争机制，提高项目运营效率和服务质量。该融资模式逐渐获得投资者和政府的青睐，因此在公路项目投融资模式中得到更广泛的应用。

合理的特许经营期和特许价格是收费公路 PPP 项目融资模式得以成功的关键因素[1-2]，如何在特许经营协议中对 PPP 项目确定合理的特许经营权的价格，使到投资者和政府共同分担特许经营期内的风险，是保证收费公路 PPP 项目稳定、健康发展的重要条件。

---

[1] Qiao L，WangS Q，Tiong，et al. Framework for critical success factors of BOT projects in China [J]. Journal of Project Finance，2001，7（1）：53-61.

[2] Musenero L，Baroudi B，Gunawan I. Critical issues affecting dispute resolution practice in infrastructure public-private partnerships [J]. Journal of Construction Engineering and Management，2023，149（3）：04023001.

第一节 研究背景

一、实践背景

1984 年，土耳其总理厄扎尔正式提出 BOT 的概念。经过二十几年的实践，各国政府在 BOT 运作模式的基础上发展出诸多的衍变形式，统称为一种典型的 PPP（Public-Private Partnership），即公私合作的基础设施项目融资模式。这种模式是政府逐步探索从公共基础设施投资者向监管者转变的有效途径。收费公路作为一种准公共产品，对道路使用者收费的目的是弥补在建设运营期间所需的成本费用，同时，投资者由此获取可观的利润，投资积极性也同时提高。这种模式为政府公共部门在公用事业和基础设施投融资改革方面带来了变革式的发展。

PPP 项目融资模式是政府和私人投资者之间通过合理分配资源、风险和收益，使得双方都满足自身需求的一种基础设施项目合作经营形式[1]。它是建立在双方专有知识和技能之上的一种合作方式。PPP 强调政府和私人投资者之间的风险和利益均衡，才能保证项目在较长的特许经营期内顺利实施。尤其对于收费公路项目，定价的合理性是民生关注的热点。既要给公众一个合理的价格，也要保证项目运营所需要的现金流量。这就需要政府和私人投资者合作定价，借助双方的紧密合作达到在漫长特许期内化解项目风险的目的[2]。在风险条件下的收费公路合作定价已经成为实践中关注的最为重要的焦点之一。

（一）国外 PPP 模式的发展现状

目前，全球的收费公路 PPP 项目建设方兴未艾，尤其是在欧洲、亚洲和美洲表现得最为突出。截至 2023 年年底，全世界已经实施收费公路政策的国家和地区有 70 多个，收费公路总里程约 30.4 万千米。近二十年来，

---

[1] AhadziM，Bowles G.Public-private partnerships and contract negotiations：an empirical study [J]. Construction Management and Economies，2004，22（9）：967-8.

[2] 范振宇，殷少雷，刘晓东.基于博弈均衡和风险管控的公路交通 PPP 投融资模式优化研究[J].公路，2023，68（5）：268-273.

很多国家开始实施收费公路政策，收费公路规模也在不断扩大。经研究发现，在发达国家与发展中国家中呈现不同的特点：发达国家保持了相对平稳的增幅和增速；发展中国家则表现出收费公路数量增多、增速快等特点。

欧盟的一些国家依靠收费公路政策，已经建成了成熟的国家公路网络，典型代表国家有西班牙、意大利和法国。截至 2022 年，西班牙、意大利和法国收费公路分别达到了 15 152 千米、8 522 千米和 11 100 千米，占到欧洲收费公路总里程的 41.88%。美国、德国、奥地利等一些发达国家主要以财政投资、政府主导的模式建设公路基础设施网络。以美国为例来看，公路主要由联邦和州政府投资建设，建设资金来源主要有三种，包括公路税收、发行债券和公路收费。公路税收是美国公路建设的主要资金来源，约占公路建设资金的 70%，其他两项分别占 20% 和 10% 左右。美国 1956 年通过的联邦资助公路税收法和公路法决定征收各种公路交通税（包括轮胎税、汽车燃油税、重型车辆使用税和卡车购置税），建立公路信托基金。在 20 世纪 90 年代初，以公路信托基金作为建设资金，建成了美国州际公路系统，标志着美国公路网已经基本形成。目前公路信托基金 60% 以上都用于公路养护。

在亚洲，日本和韩国的全国公路网络也是依靠收费公路政策建成的。在 20 世纪 80 年代末期，亚洲很多国家开始实行收费公路政策并得到了迅速发展，收费公路政策成为支撑国家公路网络建设的主要政策。尽管收费公路建设机制引入时间并不长，但由于政策的优越性，收费公路增长较快。近十几年来，亚洲国家收费公路增长速度超过 100%，且仍呈现逐步扩大收费公路的趋势，但是收费公路占全部公路总里程的比例仍然很低（多在 1% 以下）。

由此，收费公路 PPP 项目的特许定价问题受到国际组织和各国政府不约而同的特别关注。BOT 项目指南是世界银行与联合国工业发展组织在总结 BOT 项目实践经验的基础上发布的，其中就给出特许定价方法的建议[1-2]。

[1] Kerf M，Gray R D，Irwin T.Concessions for infrastructure：A guide to their design and award [J]. Washington，D.C：The World Bank，1998：133-140.

[2] UNIDO. Guidelines for infrastructure development through Build-Operate-Transfer（BOT）projects [J]. Vienna Austria：UNIDO Publication，1996：56-70.

英国财政部的《PFI 标准合同范本》会根据不同的项目类型，分别来确定项目的移交时的实际价值。澳大利亚、加拿大等发达国家政府也纷纷颁布 PPP 项目招投标规范和特许经营协议范本，以期降低在特许价格问题方面的谈判成本[1-5]。

（二）国内 PPP 模式的发展现状

截至 2020 年末全国有关 PPP 公路建设总里程达到 519.81 万千米。一方面，由于收费公路建设而引发的问题受到广泛的关注：天价过路费、监管机制不健全、收费年限无休止等；另一方面，收费公路政策的实施，让我国的公路基础设施建设迅猛发展，带动了国家经济增长。截至 2022 年 11 月 23 日，中国公路网总里程达到 535 万千米，十年新增近 112 万千米。截至 2021 年年底，国家收费公路已建成 12.4 万千米、在建约 1 万千米、待建约 2.8 万千米，分别占 77%、6% 和 17%。此外，随着交通量的增长，预计未来约有 3 万千米繁忙路段需要扩容改造。普通国道目前一级公路约 5.9 万千米、二级公路约 15.6 万千米、三级公路约 4.7 万千米、四级公路约 2.2 万千米、等外及无路路段约 1.5 万千米，二级及以上公路占比约为 72%、三级和四级公路占比约为 23%，等外及无路路段占比约为 5%。预计未来约有 11 万千米普通国道需要建设和改造。2022 年 1 月，国务院印发《"十四五"现代综合交通运输体系发展规划》[6]。规划提出，7 条首都放射线、11 条北南纵线、18 条东西横线，以及地区环线、并行线、联络线等组成的国家收费公路网的主线基本贯通，普通公路质量进一步提高。

[1] Allen G. The private finance initiative（PFI）. U.K：Economic Policy and Statistics Section [R]. House of Commons Library，2001：43-51.

[2] HMTreasury. Standardization of PFI Contracts（Version 3）[M]. UK：The Office of Government Commerce and Partnerships，2005：78-91.

[3] Partnerships Victoria. Risk allocation and contractual issues：a guide [J]. Melboune Victoria, Australia：The Secretary Department of Treasury and Finance，2001：23-30.

[4] P3 Office. P3s：a Canadian guide [M]. Canada：Service Industries Branch of Industry，2001：12-22.

[5] New South Wales Government. Working with government：guidelines for privately financed Projects [N]. Sydney：New South Wales Government Printer，2001：46-51.

[6] 国务院. 国务院关于印发"十四五"现代综合交通运输体系发展规划的通知［EB/OL］.（2021-12-09）［2022-01-18］. https://www.gov.cn/zhengce/content/2022-01/18/content_5669049.htm.

2022 年 7 月，国家发展改革委、交通运输部印发《国家公路网规划》（发改基础〔2022〕1033 号）。根据规划，国家公路网规划总规模约 46.1 万千米，由国家收费公路网和普通国道网组成，其中国家收费公路约 16.2 万千米（含远景展望线约 0.8 万千米），普通国道约 29.9 万千米。与《国家公路网规划（2013—2030 年）》相比，国家公路网布局总体框架没有变化，国家收费公路网增加约 2.4 万千米，普通国道网增加约 3.5 万千米。从总量上看，我国收费公路已经得到了飞跃式发展，基本能够满足经济和生活的需求；从面积密度来看，东部等发达地区并不亚于美国等发达国家，甚至还超过了发达国家水平。

在 PPP 模式的机制内，云南作为一个山区半山区占国土面积 95% 以上的边疆省区，全省客货运输 90% 以上依赖公路。"十三五"期间云南综合交通运输发展实现了从"基本缓解"到"基本适应"的重大转变交通基础设施建设取得重大突破在全国率先形成了铁路、公路、民航、水运、邮政"大交通"管理体制。"十三五"期间，县域收费公路"能通全通"工程建设成效显著，新增收费公路 5 000 千米，是"十二五"的 1.25 倍，全省公路总里程达 29.2 万千米，收费公路建成里程达 9 006 千米，16 个州市及 110 个县通收费公路，129 个县全部通高等级公路，在此基础上，启动实施"互联互通"工程。铁路运营里程 4 233 千米，其中高铁运营里程 1 105 千米。民用运输机场达 15 个，旅客吞吐量百万级以上机场 7 个。水运航道里程增加 855 千米、达 5 108 千米，重点建成了金沙江高等级航道，水富、大理、富宁等内河港口和景洪、思茅、关累等对外开放港口。邮政基础设施逐步完善，邮政普遍服务实现了乡乡设所、村村通邮，快递下乡进村稳步推进。因地制宜推进快递"进村"，夯实县乡村三级寄递物流体系，预计用三年时间基本实现建制村直接收投。有力推动云南经济社会发展云南综合交通建设完成投资 1.15 万亿元，是"十二五"的 2.4 倍，其中，公路水路固定资产投资 2018 至 2020 年连续 3 年位居全国第一。面对新冠疫情，云南全力推动综合交通建设项目复工复产，2020 年 4 月，在全国率先实现了综合交通固定资产投资同比增长率扭负为正。"十三五"期间，在云南省委、省政府的坚强领导下，云南省财政厅坚持以习近平新时代中国特色社会主义思想和习近平总书记考察云南重要讲话精神为行动指南和根本遵循，认真贯彻落实中共中央 国务院、云南省委省政府和财政部党组各项决策部署，多领域、全区域深入推广运用 PPP 模式，充分彰显 PPP 模式对助推云南经济社会高质量跨越发展做出了积极的贡献。

（三）"十三五"期间云南 PPP 项目的总体情况

"十三五"期间，云南省纳入全国 PPP 综合信息平台管理库项目 513 个，位居全国第 6 位，排名前 5 位的省份为河南、山东、四川、广东、贵州；投资额 13 444.61 亿元，位居全国第 1 位，排名前列的省份为贵州、四川、河南、浙江。

PPP 项目覆盖了市政工程、交通运输、水利建设、生态建设和环境保护、教育、林业、旅游等 19 个行业。全省除昭通市威信县、临沧市永德县、红河州红河县等 14 个县（市、区）外，均推广运用 PPP 模式。项目较多的州（市）为昆明、曲靖、玉溪、楚雄、红河、大理，区域分布日益均衡，引领带动作用明显。2020 年 12 月 31 日，进入准备阶段项目 49 个，投资额 514.39 亿元；进入采购阶段项目 116 个，投资额 2 169.3 亿元；进入执行阶段项目 348 个（位居全国第 7 位），投资额 10 760.92 亿元，落地率 67.84%，已开工建设项目 273 个（位居全国第 5 位），投资额 8 231.58 亿元，开工率 78.45%，开工建设项目较多的州（市）为昆明、玉溪、红河、曲靖、大理。

（四）云南发展 PPP 项目政府的主要做法

1. 高位推进，组织保障有力

云南省委、省政府高度重视 PPP 工作，成立由分管副省长主抓，省财政厅和省发展和改革委、省级有关行业主管部门参与的领导协调联系机制。省财政厅成立分管副厅长任组长，相关厅领导、两总师任副组长，厅内相关处室负责人为成员的 PPP 工作领导小组；成立 PPP 中心，负责 PPP 推广运用相关工作。省内大部分州（市）按照省级模式成立了工作领导小组或工作联系协调机制，在财政局内部成立专门机构，负责 PPP 推进日常工作。

2. 建立政策激励机制，制度保障完善

云南省政府办公厅印发《关于在公共服务领域加快推进政府和社会资本合作模式实施意见的通知》《关于建立云南省推进政府和社会资本合作

（PPP）联席会议制度的通知》等政策措施；省财政厅印发《云南省政府和社会资本合作项目财政支出统计监测办法（试行）》《关于在市政公用领域推广和规范政府和社会资本合作模式的实施意见》等相关文件，出台以奖代补资金管理暂行办法，下达中央 1.63 亿元和省级 2.36 亿元 PPP "以奖代补" 资金。州（市）财政部门根据当地 PPP 工作开展情况出台管理制度和文件。

3. 建立项目库，统一规范管理

按照财政部要求，将全省 PPP 项目识别、准备、采购、执行、移交全生命周期纳入全国 PPP 综合信息平台统一管理，实现了项目规程、标准、对外发布 "三统一"，奠定了项目规范运行的坚实基础。同时，建立财政部、省、州（市）、县（市、区）"四级联审" 机制。对新入库的项目，严格按照财政部规定的入库标准和正负面清单，逐级组织专家对入库项目符合性、规范性以及物有所值、财政承受能力（以下简称 "财承"）等进行审查，各负其责形成合力，从源头上把好项目质量关。

4. 强化动态管理，促进规范运行

按照财政部要求，2018 年组织云南省级有关部门、州（市）、县（市、区）以问题为导向，按照统一部署、责任压实、全面清查、分步实施、分类处理的原则，采取对标自查、穿透式核查、地毯式整改的方法，通过自查自纠、复查整改、集中核查、政府联合督查、对标对表查验等 5 个阶段的清查整改，实现了对全省 PPP 项目清查全覆盖、整改全覆盖、规范全覆盖。定期不定期对库内项目进行检查，实行 "能进能出" 动态调整机制，强化 PPP 项目动态管理，不断促进 PPP 项目规范运行。"十三五" 期间，累计退库项目 426 个，涉及投资额 7 002.54 亿元。

5. 加强绩效管理，督导提质增效

在全国率先发布《云南省 PPP 项目全生命周期管理绩效跟踪评价指标体系（试行）》，对项目全生命周期中的规范、建设、运行、管控及效率等方面进行绩效动态跟踪评价，有力促进 PPP 高质高效规范运行，为全国规范开展 PPP 项目全生命周期绩效管理工作提供积极的示范引领作用。

6. 打造示范样板，引领健康持续发展

"十三五" 期间，云南列入国家 PPP 示范项目 69 个，位居全国第 3 位，投资额 2 765.93 亿元，位居全国首位。其中，采购阶段项目 3 个，投资额 19.49 亿元，执行阶段项目 66 个，投资额 2 746.44 亿元，落地率 95.65%，已开工建设项目 57 个，投资额 2 097.21 亿元，开工率 86.36%。充分发挥国家示范项目引领带动作用，形成可复制、可推广的实施样板。

7. 严守财承底线，有效防范财政风险

建立健全省本级、州（市）、县（市、区）PPP 项目财政支出责任动态监测体系，对管理库项目财政支出责任采取线上跟踪与线下管理相结合，适时动态监测各级 PPP 项目财承数据。截至 2020 年末，省本级、州（市）、县（市、区）财承占比最高年份均保持在 10% 以下，满足财承要求，有效防范风险隐患。

8. 积极宣传推介，广泛吸引社会资本

从 2017 年起，连续 3 年组织省级部门、各州（市）财政部门，参加财政部组织的中国 PPP 融资发展论坛，并同期举办云南 PPP 项目专场推介会，多形式、全方位向社会资本、金融机构等宣传推介云南 PPP 项目。"十三五"期间，与社会资本签约进入执行阶段项目 348 个，其中，与省外社会资本合作项目 127 个，与省内社会资本合作项目 221 个；与国有企业合作项目 286 个，与民营企业合作项目 62 个。

9. 创新融资模式，缓解融资难问题

积极探索吸引各类金融资本参与 PPP 项目合作，加强与中国政企合作投资基金对接，缓解项目融资难融资贵的难题。"十三五"期间，中国政企合作投资基金累计与红河州元江至蔓耗收费公路（红河段）、昭通市宜宾至昭通收费公路彝良(川滇界)至昭通段等 7 个 PPP 项目顺利完成签约，拟投资共计 77.5 亿元，已拨款到位 29.66 亿元。

（五）"十三五"计划云南 PPP 项目所取得成效

经过 5 年来的探索实践，云南省 PPP 已完成了由粗放发展向高质量发展的转变，实现了从"起飞"到"稳飞"的转型。PPP 带给云南的不仅是投融资模式的转变，更是资源配置和治理理念的创新与转变，切实发挥了积极财政政策的作用，积极服务保障云南高质量发展。

1. 积极服务"八大产业"，助力"五网"建设

"十三五"以来，PPP 紧紧围绕云南省委、省政府"八大产业"和"五

网建设"战略布局,特别是助力公路基础设施建设成效凸显,对带动地方经济社会发展,推动云南经济社会高质量跨越发展发挥了积极的作用。涉及"八大产业"项目57个,投资额565.63亿元;涉及"五网建设"项目227个,投资额8 730.18亿元,其中公路基础设施项目133个,占项目总数25.93%,投资额9 937.71亿元,占总投资额73.92%,为PPP项目中投资额最大的领域,落地项目102个,落地率76.69%,已开工建设项目83个,开工率81.37%。

2. 支持脱贫攻坚,助力乡村振兴战略

"十三五"期间,积极引导、鼓励和扶持优质社会资本参与县乡基础设施建设,助力脱贫攻坚及乡村振兴战略。云南省88个贫困县PPP项目207个,投资额1 624.44亿元,落地项目109个,落地率52.15%,已开工建设项目81个,开工率74.31%。

3. 推进污染防治,促进生态文明建设

积极探索实践生态环境保护及污染防治领域PPP的推广运用,生态环保污染防治领域PPP项目共85个,投资额778.98亿元,落地项目60个,落地率70.59%,已开工建设项目46个,开工率76.67%。其中,涉及九大高原湖泊综合治理项目12个,农村人居环境治理项目23个,重点流域水环境综合治理项目39个。

4. 支持民族示范区建设,提升治理能力

积极运用PPP模式支持云南民族示范区建设,不断提升边疆民族地区治理能力。"十三五"期间,云南省46个民族示范县PPP项目137个,投资额995.49亿元,落地项目79个,落地率57.66%,已开工建设项目58个,开工率 73.42%。项目涉及交通运输、水利建设、市政工程、医疗等公共服务领域。

5. 强化信息公开,PPP市场透明度和发展环境居全国前列

"十三五"期间,通过采取全生命周期运行信息公开、及时更新、定期发布、增设财政查询平台等方式,云南PPP项目透明度不断提高,PPP发展环境得到社会各界的肯定。云南省坚持稳中求进工作总基调,全面做好"六稳"工作,进一步加强绩效管理和风险管理,PPP项目由重数量向重质量转变,项目推进大大加快。我省连续两年分别荣获PPP市场透明度

总指数全国排名第三、推荐级 A + 等级省份，PPP 发展环境受到业界充分肯定。

6. 财政资金撬动作用凸显，积极财政政策作用有效发挥

PPP 模式充分发挥市场资源配置优势，减少政府投资公共服务领域财政负担，统筹远期规划及近期投入，平滑财政支出压力，进一步提高公共资源利用效率。"十三五"期间，全省进入执行阶段项目 348 个，投资总额 10 760.92 亿元，政府方拟投资 1 993.42 亿元，已到位 1 442.71 亿元，撬动社会资本投融资 8 767.5 亿元，已到位 3 913.65 亿元，财政资金撬动作用凸显，积极财政政策作用得到有效发挥。

7. 创新管理方式，提升政府治理能力

模式有效将政府、市场和社会三者联系在一起，政府从公共服务的提供者转变为合作者、监管者，投资、建设和运营由社会资本承担，厘清政府和市场边界，促进政府职能转变，通过引入市场专业化服务，提高公共服务的质量和效率，提高政府治理的能力和效率。例如：大理洱海流域治理的 6 个 PPP 项目，通过公开竞争择优选择了社会资本，从方案设计、建设、运用维护管理都提供了全国领先的技术和管理团队，确保了项目运营质量和效益，闯出了一条依托市场力量，提高公共服务质量和效益，提升政府治理能力，推动绿色发展的改革之路。

总的来说，云南收费公路从 2008 年开始修建，至今已有十余年。在这十余年里，云南一直以全国最大建设规模的收费公路项目扎实推进。截至 2023 年年底，全省收费公路总里程超过 1 万千米，比 10 年前增加了近 6 倍。

尽管 PPP 模式推广运用取得阶段性成效，但仍然存在税收、土地、金融等相关政策不配套，项目前期准备不充分、区域发展不平衡、市场体系不完善、民营企业参与度不高等问题。"十四五"期间，云南省财政厅将坚定不移立足新发展阶段、贯彻新发展理念、融入新发展格局，紧紧围绕党中央、国务院和云南省委、省政府决策部署，加强 PPP 全生命周期绩效管理，严守规范财政底线，有效防范化解财政风险，持续推进 PPP 高质规范健康发展，不断提升 PPP 撬动效率，扩大投融资，培育新产业，涵养新财源，为全面建设社会主义现代化国家新征程开好局、起好步。

自 2019 年年初，财政部印发堪称 PPP 监管领域的最严文件的财金 10 号文《财政部关于推进政府和社会资本合作规范发展的实施意见》，要求各地有效防控地方政府隐性债务风险，明确"规范的 PPP"不会形成"政府隐性债务"后，智能交通行业的 PPP 项目便开始减少，2020 年，交通管控领域的 PPP 项目不足 10 个，而且还有不少是包含在道路建设 PPP 项目内。2022 年全国完成交通固定资产投资超过 3.8 万亿元，同比增长超过 6%，再创历史新高。其中，铁路完成固定资产投资 7 109 亿元，同比基本持平。公路完成固定资产投资 2.9 万亿元，同比增长 9.7%。水路完成固定资产投资 1 679 亿元，同比增长 10.9%。民航完成固定资产投资超过 1 200 亿元，同比基本持平。2023 年 1～4 月，完成交通固定资产投资 1.0 万亿元，同比增长 13.4%。其中，完成公路投资 7 861 亿元，同比增长 14.5%；完成水运投资 560 亿元，同比增长 29.8%。

2023 年 1 月 16 日，交通运输部办公厅公布了关于《2022 年度交通运输行业重点科技项目清单》的通知，对 2022 年度交通运输行业重点科技项目进行了公布。2023 年 2 月 7 日，交通运输部发布了关于《加强交通运输安全生产标准化建设的指导意见》的通知，其中对企业如何依法落实企业法定职责提出了七个方面的明确要求，对各地交通运输管理部门加强行业监督管理提出了明确要求。2023 年 3 月 31 日，交通运输部、国家铁路局、中国民用航空局、国家邮政局、中国国家铁路集团有限公司联合印发《加快建设交通强国五年行动计划（2024—2029 年）》，确定的行动目标是，到 2027 年，党的二十大关于交通运输工作部署得到全面贯彻落实，加快建设交通强国取得阶段性成果，交通运输高质量发展取得新突破，"四个一流"建设成效显著，现代化综合交通运输体系建设取得重大进展，"全国 123 出行交通圈"和"全球 123 快货物流圈"加速构建，有效服务保障全面建设社会主义现代化国家开局起步。

产业研究院发布的《2024—2029 年中国交通建设 PPP 模式深度分析及发展战略研究报告》共十二章，报告首先介绍了 PPP 模式的相关概述及中国 PPP 模式发展状况，其次报告分析了中国交通 PPP 模式发展背景及发展现状，随后报告具体分析了中国公路、城市轨道交通、高铁、机场等细分领域 PPP 模式建设现状，接着报告对区域交通 PPP 模式发展状况及中国交通领域 PPP 模式重点企业进行了详细的分析，最后报告对中国交通领域 PPP 模式投资机会及发展前景进行了分析及预测。

本书报告数据主要来自国家统计局、国家发展改革委、中国财政部、中国国家交通运输局、产业研究院、产业研究院市场调查中心以及国内外重点刊物等渠道，数据权威、翔实、丰富，同时通过专业的分析预测模型，对行业核心发展指标进行科学的预测。您或贵单位若想对交通领域 PPP 模式有一个系统深入的了解、或者想投资交通领域 PPP 领域，本报告将是您不可或缺的重要参考工具。最大限度地发挥出来。

如何确定经营性公共基础设施的公共服务价格是我国基础设施投融资体制改革中的一个关键性问题[1]，反映在收费公路 PPP 项目中就表现为如何确定特许价格的问题。

北京、深圳、天津、济南等城市陆续发布公共基础设施特许经营管理办法，住房和城乡建设部于 2015 年颁布的《市政公用事业特许经营管理办法》，规范市政公用事业特许经营活动，加强市场监管，保障社会公共利益和公共安全，促进市政公用事业健康发展[2-6]。2024 年国务院修订《收费公路管理条例》，加强对收费公路的管理，规范公路收费行为，维护收费公路的经营管理者和使用者的合法权益，促进公路事业的开展。

上述法令的出台表明中国政府开始关注并规范 PPP 项目的特许定价

---

[1] 国务院. 国务院关于投资体制改革的决定 [EB/OL].（2005-08-12）[2011-09-20]. http://www.gov.cn/zwgk/2005-08/12/content21939.htm.

[2] 澎小云. 市政公用事业特许经营管理办法实施手册 [J]. 北京：中科多媒体电子出版社，2004：24-25.

[3] 国务院. 国务院关于投资体制改革的决定 [EB/OL].（2005-08-12）[2011-09-20]. http://www.gov.cn/zwgk/2005-08/12/content21939.htm.

[4] 深圳市人民政府. 深圳市公用事业特许经营办法 [EB/OL].（2005-06-27）[2011-10-21]. https://www.sz.gov.cn/zfgb/2020/gb1169/content/post_8165005.html.

[5] 天津市人民政府. 天津市市政公用事业特许经营管理办法 [EB/OL].（2001-08-05）[2011-10-27]. https://jtys.tj.gov.cn/ZWGK6002/flfg/zfgz/202105/t20210508_5445737.html.

[6] 济南市人民政府. 济南市市政公用行业特许经营试行办法 [EB/OL].（2010-11-01）[2011-11-13]. https://www.moj.gov.cn/pub/sfbgw/flfggz/flfggzdfzwgz/200407/t20040715_134992.html.

问题。但 PPP 项目在中国发展仅有短短三十几年的历史，毕竟还属于新生事物，由于收费公路 PPP 项目缺乏成功的建设、运营、移交的经验，遇到的问题更是复杂多变。仅依据现有的有关特许定价的原则性规定，还远远不能解决实践中所遇到的问题。现在需要具有可操作性的收费公路 PPP 项目通行费制定办法[1]。我国公路运输产业正处在扩张期，收费公路 PPP 项目正面临着持续繁荣的契机。国家政策的扶植将成为推动公路交通运输产业发展的重要因素，为收费公路 PPP 项目投资提供了稳定的投资回报率，促进国家公路网的快速成熟。

二、理论背景

学术界一直探讨的焦点，围绕如何对公路基础设施提供的公共产品和服务进行定价[2,3]。公路基础设施具有的双重属性，形成了公平和效率两个相互矛盾的目标，由此演化为的诸多理论。由于收费公路定价理论顺应了实践的需要，成为最引人关注并不断发展出新的定价方法。（1）最初从收回投资成本加项目合理收益的角度分析；（2）后来从系统的角度考虑到公路网络中实现交通需求管理的拥挤定价[4]；（3）目前已开始研究利益相关者的多角度多目标的公路定价方法[5]。收费公路 PPP 项目的特许定价实质上要求采用一种综合定价方法，在政府社会福利最大化和社会资本投资利润最大化两个目标之间进行权衡，综合考虑风险变化，从而对公路定价研究提出新的要求。

研究特许定价的依据：为此，公路定价研究领域的知名学者，如香港

[1] 王璐，王丹，王雪青. 考虑两期质量的交通运输 PPP 项目补贴和定价研究 [J]. 管理工程学报，2021，35（5）：173-183.

[2] 余庆生，张恒，尹贻林，杨旋. 基于利益相关者分析的 PPP 项目定价模型改进研究 [J]. 建筑经济，2022，43（S1）：417-421.

[3] Turvey R. Infrastructure access pricing and lumpy investments [J]. Utilities Policy，2000，9（4）：207 -218.

[4] 王璐，王丹，王雪青. 考虑两期质量的交通运输 PPP 项目补贴和定价研究 [J]. 管理工程学报，2021，35（5）：173-183.

[5] Subprasom K，Chen A. Analysis of policy and regulation on Build-Operate-Transfer scheme：a case study of the Ban Pongkanchanaburi motorway in Thailand. Journal of the Eastern Asia Society for Transportation Studier，2005（6）：3883-3898.

科技大学的杨海教授[1]、意大利比萨工程大学的 PaoloFerrari 教授[2]、荷兰自由大学的 ErikVerhocf 教授[3]，都对收费公路 PPP 项目的通行费制定作出初步研究。杨海教授指出收费公路 PPP 项目中山于投资额巨大、还贷时间长，加之缺乏确定特许价格的依据，因此与传统的公路项目相比较，收费公路 PPP 项目具有更大的风险。这给政府带来了新的挑战，在收费公路 PPP 项目中已经不再是项目价格的唯一制定者，必须同时考虑私人投资者和公路使用者对价格的要求，才能保证项目的顺利实施。

在收费公路 PPP 项目研究中，很多学者对特许定价表现出极大的兴趣，使得研究形成百家争鸣的态势。总体上来说，收费公路 PPP 项目特许定价可以分为两种研究趋势。第一种趋势是研究者通过建立普遍适用性的定价模型，力图指导所有行业内 PPP 项目的特许定价。Crampes[4]和 Gans[5]就提出两部定价法简单有效，能够适应特许价格灵活调整的需要。用投资回报率作为评价指标确定 PPP 项目特许价格是何伯森提出的，认为特许价格的制定必须满足社会福利丧失，并且要产生足够大的直接经济收益[6]。杨乃定则认为特许价格应该是一个关于时间的分段函数，由于受到政府的管制，特许价格具有一定的刚性[7]。第二种趋势就是根据各个行业进行分类，分别进行电力、水处理以及公共交通 PPP 项目的特许定价研究，强调各个定价方法的针对性和实用性。电力项目研究中，David 从政府和项目

[1] Yang H，Meng Q.Highway pricing and capacity choice in a road network under a Build-Operate-Transfer scheme [J]. Transportation Research Part A，2000，34（3）：207-222.

[2] Ferrari P.A three-level matchmatical programming model of road pricing [J]. Jounal of Global Optimization，2004，28（3）：297-304.

[3] Verhoef E，Kenneth A S. Product differentiation on roads：constrained congestion pricing with heterogeneous users [J]. Journal of Transport Economics & Policy，2004，38（1）：127-156.

[4] Crampes C，Estache A. Regulatory trade-offs in the design of concession contracts [J]. Utilities Policy，1998，7（1）：1-13.

[5] Gans J S. Regulating private infrastructureinvestment：optimal pricing for access to essential facilities [J]. Journal of Regulatory Economics，2001，20（2）：167-189.

[6] 蓝红莉，王晓荣，周晓辉. 融合 PDCA 理论的任务驱动实践教学模式研究与实施 [J]. 实验室研究与探索，2021，40（7）：200-204.

[7] 柯洪，张蕊，吴俊玮. 民营资本参与下地铁 PPP 项目定调价机制研究——考虑贵阳市客流量数据变化的模拟测算分析 [J]. 价格理论与实践，2023（12）：105-110.

公司双方协商角度确定了 PPP 项目的特许价格[1]。Tiong 对特许定价函数进行界定，在贷款偿还完毕之前是递减函数，还款之后应该为常数[2]；由于在收费公路、隧道等纯经营性 BOT 项目运营中，由于宏观经济环境、居民汽车保有量、居民生活水平等因素变化，项目实际使用者数量会与预期水平存在偏差，则会导致需求水平线的平移，因此宋丹荣、宋金波两人对特许期与特许价格调整模型进行了构建[3]；对于公路交通 PPP 项目，特许定价的方法更是多种多样，国内外学者都提出了各自的定价模型，比较有代表性的见附录 7（PPP 主要研究者列表）。本书认为考虑到每个行业的特点的定价方式更有利于问题的细分，所以研究范围界定在收费公路 PPP 项目融资模式范畴。

在特许定价研究中，存在一个极其重要的问题就是如何反映风险对价格的影响，借以确定调整特许价格。叶苏东首次确定出具体的调整公式，分别从需求、通货膨胀、汇率风险三方面给出特许价格调整规则[4]。

由于基础设施 BOT 项目中特许期、特许价格、补贴和需求量等参数设定不合理可能导致政府在项目运营阶段承担过高的风险，因此宋金波等建立了有关风险影响特许期的缩短特许期决策模型[5]。在基础设施 BOT 项目的运营阶段，可能发生需求量减小、政府低效率等情况而导致项目运营状况不佳，现金流与预期差异较大等情况，因此他们还建立了延长特许期决策模型[6]。

[1] David A K. Risk modeling in energy contracts between host utilities and BOT plant investors [J]. IEEE Transactions on Energy Conversion，1996，11（2）：359-266.

[2] Lissa G A，Gunnar L.Best Practices for Case Studies in Construction Engineering and Management Research [J]. Journal of Construction Engineering and Management，2022，148（8）.

[3] Cheng L Y，TiongRLK.Minium feasible tariff model for BOT water supply projects in Malaysia [J]. Construction Management and Economics，2005，23（3）：255-263.

[4] Suryeon K，Prashnna G，David H J，et al.Comparative Analysis of Project Risks across Construction Sectors [J]. Journal of Construction Engineering and Management，2024，150（6）.

[5] Bao F Y，Martek I，Chen C，Wu Q H，Chan A P. C.Critical Risks Inherent to the Transfer Phase of Public-Private Partnership Water Projects in China [J]. Journal of Management in Engineering，2022，38（3）.

[6] 宋金波，靳璐璐，付亚楠. 公路 BOT 项目收费价格和特许期的联动调整决策 [J]. 系统工程理论与实践，2014，34（8）：2045-2053.

特许定价的新机制是指根据市场环境、项目特点以及各方利益需求，通过创新和优化定价策略，实现公共产品或服务项目的持续发展和共赢。

以下是一些特许定价的新机制：

1）风险调整定价机制：该机制将风险因素纳入定价考虑，确保私营部门在承担风险的同时获得合理回报。通过对不同风险进行量化和评估，调整特许价格，以平衡各方利益和风险。

2）动态调整定价机制：传统的特许定价往往基于固定价格或固定回报率，而动态调整定价机制则根据项目的实际运营情况、市场需求和成本变化等因素，对特许价格进行灵活调整。这种机制有助于更好地适应市场变化，确保项目的长期稳定运行。

3）收益共享机制：在此机制下，政府和私营部门共同分享项目的收益。通过设定合理的收益分配比例，可以激励私营部门提高运营效率和服务质量，同时确保政府能够分享到项目成功带来的利益。

4）基于绩效的定价机制：该机制将特许价格与项目的绩效表现挂钩。私营部门在提供优质服务、实现项目目标的同时，可以获得更高的回报。这种机制有助于激励私营部门提高项目管理水平和创新能力。

5）市场竞争定价机制：通过引入市场竞争，让多个私营部门参与项目的投标和竞争，从而确定合理的特许价格。市场竞争有助于降低项目成本、提高服务质量，并促进私营部门之间的良性竞争。

6）公众参与定价机制：在特许定价过程中，充分考虑公众的意见和需求，通过公众参与、听证会等方式，确保特许价格符合公众利益。这种机制有助于增强公众对项目的信任和支持，促进项目的顺利实施。

这些新机制并非相互独立，而是可以相互结合、互为补充的。在实际应用中，可以根据项目的具体情况和市场环境，选择合适的特许定价机制或多种机制的组合，以实现项目的最优发展。同时，还需要注意确保新机制的合法性和合规性，遵守相关法律法规和政策要求。

理论界现已存在诸多的 PPP 项目特许定价研究方法，但是从目前公路交通 PPP 项目特许定价的实践效果来看却存在诸多问题，甚至因为特许定价失当的而导致项目最终失败。这要求对现有收费公路 PPP 项目定价理论做出必要的修正。总结收费公路 PPP 项目特许定价的理论现状，研究者并没有真正反映出 PPP 项目多主体合作和多阶段转移的特点，尤其是忽视了漫长的特许经营期内风险的不确定性对特许定价产生的影响，无法准确衡量出风险对特许价格的影响，致使确定出来的价格无法均衡政府和私人投资者的利益。如果风险对特许定价的影响达到一定程度时，导致原有的 PPP 项目特许定价模型失效，甚至引发多种冲突，致使项目重新谈判和诉诸法律，更严重将引起道路使用者对价格的敏感，激发公众矛盾给政府带来极为不利的负面影响。

总结收费公路 PPP 项目特许定价的现状，由于实践中亟待理清收费公路 PPP 项目特许定价中遇到的问题，理论上具有针对性和实用性的特许定价方法的相对匮乏，研究中理论体系的不够完善，有必要从一个新的视角探索定价的规律，建立符合收费公路 PPP 项目特点的定价机制。

第二节　问题的提出

收费公路 PPP 项目的特许期一般在 20 年到 40 年之间，我国第一个大型收费公路 BOT 项目是襄荆收费公路，工程于 2001 年 1 月正式动工，2004 年 6 月建成通车并试营运。自 2014 年财政部正式发文推广 PPP 以来，国内 PPP 模式迅猛发展。截至 2023 年年末，全国 PPP 项目累计投资总额已超 20.86 万亿元，对国内基础设施建设起到了积极推动作用。但 PPP 发展存在社会资本结构不优、增加地方政府财政刚性支出等问题。我国 PPP 项目的发展仍然存在一系列的问题，主要包括：资金不足以及公司违约、经济及汇率汇兑问题、法律的监察风险以及资金问题、政策的变动、技术资金风险问题、技术支撑能力不足、PPP 项目不规范问题等。项目特许定价不当是导致矛盾冲突甚至项目停止的主要原因之一，导致收费公路 PPP 项目特许定价失当的原因究竟是什么呢？在特许定价理论中还有哪些问题亟待解决呢？实践中类似的案例不胜枚举：

一、资金不足以及公司违约

（一）兴文县的 PPP 项目

2018—2019 年，有关兴文县的 PPP 项目出现了一系列资金问题并且告上了法院,兴文开发区有关 PPP 的发展项目因社会资本的投入不足而暂停。涉及该 PPP 项目的主体分别为中核城市建设发展有限公司以及广州核建电投实业控股有限责任公司。广州核建电投实业控股有限责任公司未按照合同约定按时履行缴纳资本金的义务,导致了项目无法按期推进,无法获得可期待利益。中核城市建设发展有限公司无证据证明该违约金明显高于其违约造成的损失,兴文区开发委员会仅主张 1 998 万元的违约金,是对其自身权利的处分,且并未损害他人利益,一审法院予以支持并无不当。

（二）南非高速公路建设 PPP 项目

2008—2011 年,南非某高速公路建设 PPP 项目中,私营公司负责设计、建设和运营高速公路。然而,由于资金不足和管理不善,私营公司未能按时完成工程,并最终宣布破产,导致项目陷入停滞状态,政府不得不采取控制措施,重新规划项目。

（三）印度电力供应 PPP 项目

2015 年,在印度进行的电力供应 PPP 项目中,私营能源公司与政府合作建设电力供应设施。然而,由于资金链断裂和公司内部管理问题,私营公司无法继续履行合同,违约导致电力供应不稳定,影响了当地居民的生活和企业的运营。

（四）巴西清洁水源开发 PPP 项目

2017 年,在巴西进行的清洁水源开发 PPP 项目中,涉及私营公司开发水源和管理供水系统。然而,由于资金不足和公司管理问题,私营公司未能按时完成项目,引发政府与公司之间的合同纠纷,最终导致项目停滞和供水问题加剧。

二、经济及汇率汇兑问题

（一）南非收费公路 PPP 项目

2021 年 1 月 27 日,南非收费公路建设的 PPP 项目也出现了部分问题[1],BEE 政策是南非政府为扶持黑人经济发展所实施的特有政策,是针对

---

[1] 香港附属法例小组委员会. 东区海底隧道加费仲裁 [EB/OL]. （2005-09-30）[2011-11-28]. https://www.doc88.com/p-7079923252046.html.

历史上因种族隔离而造成的各种遗留问题，旨在解决黑人经济地位过低、在企业中股权占比少的问题。该政策对参与南非经济各企业的黑人持股比例、参与管理程度和接受技能培训等方面设定硬性目标，以期全面提高黑人融入经济的程度。在实践中，南非政府建立了一套完善的黑人成分评分机制并充分应用于 PPP、投资及跨国经营等各个领域。因此，由于 BEE 因素如所有权、管理控制等因素直接计入招标文件的评分体系并设置一定标准，因此 BEE 的评分将直接影响企业竞标 PPP 项目的结果。汇率及汇兑风险问题，无论是政府付费模式还是使用者付费模式，所有 PPP 项目均采用当地币兰特结算，且外汇汇出受到较严格的限制。因此对于投资人而言，汇率汇兑风险应给予重点关注。

（二）阿根廷布宜诺斯艾利斯地铁 PPP 项目

2015 年，阿根廷布宜诺斯艾利斯地铁的改扩建项目采用了 PPP 模式，然而，由于阿根廷的经济波动和货币贬值，项目在进行过程中遭遇了严重的经济及汇率汇兑问题。汇率的剧烈波动导致了资金成本的不断提升，影响了项目的可持续性发展和资金供应。

（三）土耳其伊斯坦布尔新机场建设 PPP 项目

2017 年，土耳其伊斯坦布尔新机场的建设项目采用了 PPP 模式，然而，由于土耳其的经济不稳定和汇率波动，项目面临了严重的经济及汇率汇兑风险。汇率的剧烈波动导致项目成本大幅增加，对项目的资金需求和融资计划产生了严重影响。

三、法律的监察风险以及资金问题

（一）南非高速公路建设 PPP 项目

2008—2012 年，在南非进行的一项高速公路建设 PPP 项目中，由于施工公司涉嫌行贿官员以获取工程合同，引发了严重的法律监察风险。同时，由于政府资金拨款不及时以及私营公司的投资困难，项目面临严重的资金问题，最终导致工程进度延误和质量问题。

（二）印度水处理厂 PPP 项目

2015 年，在印度某市进行的水处理厂 PPP 项目中，因为私营公司未能按时完成工程，引发了合同违约纠纷，涉及法律监察风险。同时，由于政府方面未能按照合同约定及时支付款项，私营公司面临资金短缺问题，导致项目进展受阻。

（三）巴西体育场 PPP 项目

2014—2016 年，在巴西举办世界杯期间，多个城市进行了体育场建设的 PPP 项目，其中一些项目由于涉及贪污腐败问题，引发了法律监察风险。另外，由于建设成本高企、赞助商退出等因素，部分体育场 PPP 项目面临严重的资金问题，最终影响了项目的顺利进行。

（四）维州政府 PPP 项目

2022 年 4 月，维州政府被曝光在一项道路项目工程中，欠了近 20 家小企业 1 500 万澳元的工程款。据媒体报道称，这个西部公路升级项目（Western Roads Upgrade）耗资 18 亿澳元，包括了墨尔本西郊的 8 条主要道路改善工程，每条道路改善工程都由大型承包商进行。但其中一家承包商 Civink 已经因项目成本飙升而破产，而从事这项工作的小企业因为一直没有受到工程款，仍处于亏损状态。其中 200 多家企业或受到影响，一些小企业现在正在敦促委托该项目的州政府介入并支付欠款，预计将采用法律手段。

四、政策的变动

（一）澳大利亚东部高铁项目

2014 年，澳大利亚东部某地区启动了一项高铁项目，旨在改善区域交通网络。然而，由于政府在建设过程中频繁变更相关交通规划和土地利用政策，导致项目进度延迟，成本增加，最终影响了整个项目的实施和效果。

（二）印度太阳能发电厂 PPP 项目

2016 年，在印度进行的一个太阳能发电厂 PPP 项目中，政府发布新的太阳能政策，调整电价补贴和发电标准，导致项目的投资回报率下降，私营企业对项目的可行性有质疑，同时也引发了与政府的合同调整纠纷。

（三）英国医院建设 PPP 项目

2007—2010 年，在英国进行的医院建设 PPP 项目中，由于政府在项目建设过程中改变了医疗政策和医院管理模式，导致原有的 PPP 合同设计不适应新政策要求，私营公司为了适应政策变化，需要进行合同调整和新投资，增加了项目的风险和成本。

（四）天津环卫 PPP 项目

2022 年 8 月 4 日，天津市河北区环卫一体化 PPP 项目发布采购需求征集意见，项目采购预算 224 573.16 万元，合作期 14 年，运营内容包括向河北区全域提供道路综合清扫保洁、渣土及生活垃圾清运服务，厨余垃圾转运服务，垃圾转运站运维服务（含车辆），公厕运维及粪便吸污清运服务的环卫一体化作业服务，同时负责环卫车辆设备采购更新和相关设施维护，转让存量资产的社会化运营。2023 年 10 月 7 日，天津市河北区城市管理委员会环卫作业市场化项目发布采购需求征集意见，预算金额 19 500 万元，服务内容包括河北区全区市政道路、背街里巷的人工保洁作业和"小广告"清除；全区可机扫水洗道路的机械化清扫、冲洗；全区沿街商户生活垃圾、渣土清运；大型企事业单位生活垃圾收集直运；冬季清融雪工作等。2023 年 10 月 31 日，项目公布中标结果，中标供应商为深圳玉禾田智慧城市运营集团有限公司，中标金额 19 491.005 万元，服务期 3 年。

五、技术资金风险问题

（一）英国伦敦地铁 PPP 项目

1999—2010 年，伦敦地铁的部分线路采用了 PPP 模式进行私营化管理。然而，在项目进行过程中，由于技术方面的困难和资金不足，导致运营商无法满足原定的交通服务水平。技术问题包括设备故障、维护不及时等，而资金问题也影响了运营商提供良好的服务。

（二）印度高速公路建设 PPP 项目

2010 年，在印度进行的高速公路建设 PPP 项目中，私营公司承担了设计、建设和运营公路的责任。然而，由于技术水平不足和资金缺口，导致部分路段建设质量差、交通安全隐患增加，进而影响了项目的效益和可持续性发展。

（三）巴西电力 PPP 项目

2015 年，在巴西进行的电力 PPP 项目中，私营公司负责建设和运营电力设施。然而，由于技术创新缺乏和资金供应不稳定，导致部分电力设施难以保持稳定运行，影响了电力供应的可靠性，也带来了技术和资金方面的风险。

（四）德里-孟买收费公路 PPP 项目

2023 年 2 月 17 日，德里-孟买收费公路但遇到的技术问题与资金问题导致该项目陷入窘迫印度政府计划在 2024 年之前修建 26 条"绿色收费"，但印度在基建领域仍落后中国数十年，之前修建的高铁项目进展缓慢，遭到网友嘲弄。印度在修路过程中也面临各种困窘，但这次的德里-孟买收费公路项目已经取得进展。为了这一项目，印度打算投入 130 亿美元，折算成人民币将达到 880 多亿元。项目完成之后将把印度首都区与孟买连接起来，预计通车之后总里程为 1 386 千米，行驶时间将缩减一半，为 12 个小时，这实际上也相当于为印度首都区开启了一个新的"南大门"。不出意外，英国媒体又把印度的收费项目与中国联系起来。在英媒看来，印度这是为了追赶隔壁的。英国媒体认为印度现在已经跻身于"经济增长最快的经济体"行列，并且印度人口持续增长已经开始超过中国了。值得关注的是，印度在修建收费方面并不是简单以中国作为参考。去年印度公路运输和公路联盟部长尼廷·加德卡里曾经放出豪言，表示只需要到明年，也就是 2024 年，印度的基建水平就要"比肩美国"，将开建 26 条"绿色收费"。

六、PPP 项目不规范问题

（一）污水处理厂清洁排放技术改造工程 PPP 项目

2024 年 4 月 5 日近期，中环水务湖州市东部新区污水处理厂清洁排放技术改造工程 PPP 项目获批商业运行，出水水质由一级 A 提升至浙江省清洁排放标准。湖州市东部新区污水处理厂清洁排放技术改造项目工程规模为 10 万立方米/天。由湖州中环水务有限责任公司于 2023 年自主研制成功的第四批国产滤料将在该项目中规模化应用。

（二）菲律宾马尼拉轻轨交通 PPP 项目

2012 年，菲律宾马尼拉轻轨交通 PPP 项目中存在不规范问题。在项目中，由于缺乏透明度和规范性，私营合作伙伴与政府之间的合同条款不够清晰，导致了合同执行过程中频繁发生争议和纠纷。这种不规范的合同管理对项目的进展和效益产生了负面影响。

（三）印尼雅加达水务处理 PPP 项目

2016 年，印尼雅加达水务处理 PPP 项目存在不规范问题。在项目中，由于政府监管不严格和私营公司管理不力，导致了工程质量、服务效率和环境保护方面存在严重问题。缺乏规范的监管和管理机制使得项目无法有效运行，给当地居民生活和环境带来了负面影响。

收费公路项目采用 PPP 融资模式，解决了我国基础设施落后又缺乏建设资金的问题，但它作为一种新生的融资模式，政府和私人投资者普遍缺乏管理经验，项目公司缺乏运营经验，由此在我国的实际应用遇到了诸多问题，许多项目出现了停滞和失败的现象。众多失败项目的教训值得深入地总结和反思。问题主要包括：资金不足以及公司违约、黑人经济及汇率汇兑问题、法律的监察风险以及资金问题、政策的变动、技术资金风险问题、技术支撑能力不足、PPP 项目不规范问题等。对这些在运营中出现问题的项目进行分析总结，找出导致项目失败的主要风险因素，在以后的项目实践中加以重点关注，对今后 PPP 项目融资模式在我国的实践具有指导意义。

第三节　研究意义

一、实践意义

（一）为收费公路 PPP 项目融资在实践中的运用的规范化奠定了基础

本书揭示了风险与收费公路 PPP 项目特许定价的影响，为政府制定相关政策和完善 PPP 项目指南以及特许经营项目协议范本提供参考，减少在特许定价方面的随意性，缩短融资的时间，降低 PPP 项目谈判的社会交易成本，提高项目前期准备工作的效率。收费公路 PPP 项目特许定价的规范性，能够提高私人投资者的投资信心，也便于政府衡量私人投资者承担风险和收益是否得当，避免了公众对收费公路 PPP 项目特许价格的质疑，有利于消除公众的抵触情绪，确保收费公路 PPP 项目顺利实施。

（二）提高政府和私人投资者对风险管理的主动性

风险的量化分析为政府和私人投资者确定各自承担风险的程度提供重要依据，使项目运营中模糊的风险承担变得明晰化，有利于双方在风险分配上达成统一意见。政府和私人投资者既有承担风险的责任，也有获益的权利，双方需采取主动合作的态度，积极共享信息，规避风险，共同计划，共同决策、共同应对风险事件，在特许经营协议中明确制定出如何应对风险的条款。改变处于主导地位的政府将风险全部转移给私人投资者的倾向，转向主动承担风险的角色，用一种合作的态度推动收费公路基础设施 PPP 项目的顺利实施。

（三）提高收费公路 PPP 项目定价机制的透明度

综合政府、私人投资者和道路使用者的利益，在政府社会福利最大化、私人投资者以利润最大化和道路使用者使用效用最大化的多目标之间进行权衡，在保证项目经济水平和私人投资者参与积极性的前提下，制定收费公路 PPP 项目特许价格。合理的收费公路 PPP 项目特许定价，大大提高了项目的经济属性，有利于保持各方长期稳定地的合作关系，确保收费公路 PPP 项目服务供给的稳定性。针对收费公路 PPP 项目，在特许经营协议中制定详细的特许定价方法，大大降低了风险发生时，双方在价格调整方面的产生的纠纷，有利于公众对收费价格的监督，建立公开、公正、透明的收费公路 PPP 项目定价机制。

二、理论意义

（一）针对收费公路 PPP 项目，考虑利益相关者的不同定价目标的前提下，探索风险对特许定价产生的影响，进而完善收费公路 PPP 项目特许决策理论

收费公路 PPP 项目特许决策主要包括特许期和特许价格两个主要方面。目前有关收费公路 PPP 项目特许定价的研究没有从不同利益相关者角度考虑风险的影响，不符合收费公路 PPP 项目的多方合作特点。从不同利

益相关者角度研究风险对特许价格影响，不仅完善了这个理论，使收费公路 PPP 项目特许定价理论更具有实用性，而且为收费公路 PPP 项目特许期的确定提供一个研究思路。在研究中对考虑到风险识别和风险应对，亦做出深入的量化分析，这为收费公路 PPP 项目风险管理理论增加了新的内容。

（二）解决了 PPP 项目融资模式下的收费公路定价难的问题，丰富了公共基础设施定价理论

公共基础设施定价理论虽然也探讨私人投资者对特许经营公路的定价问题，但总是以私人投资者利润最大化为定价目标，无法从政府和私人投资者合作的前提下的定价，不能形成合理的定价机制。因此本文从多个角度研究收费公路 PPP 项目的合作定价问题，拓展了收费公路 PPP 项目定价理论的适用范畴，不但可以完善收费公路 PPP 项目的特许定价理论，而且也可以进一步沿用到公共交通 PPP 项目中，诸如地铁、桥梁、隧道等。

（三）特许期理论对 PPP 项目的发展意义

首先，特许期理论有助于实现 PPP 项目的经济效益最大化。通过合理设定特许经营期限，可以确保项目投资成本的回收和投资者的合理回报。特许经营期限的长短直接影响了项目的投资回收速度和现金流状况，进而影响到项目的整体经济效益。因此，根据特许期理论，政府和私营部门可以共同协商确定合适的特许经营期限，以实现项目的经济效益最大化。其次，特许期理论有助于促进 PPP 项目的风险分担和利益共享。在 PPP 项目中，政府和私营部门共同承担项目的风险和责任，并通过分享项目的收益来实现合作共赢。特许经营期限的设定需要充分考虑到双方的风险承受能力和利益诉求，确保风险与收益的合理匹配。通过特许期理论的应用，可以更加明确地划分政府和私营部门在 PPP 项目中的责任和权益，促进项目的顺利进行。此外，特许期理论还有助于提升 PPP 项目的运营效率和服务质量。在特许经营期限内，私营部门作为项目的运营方，有动力通过提高运营效率、降低成本、优化服务等方式来增强项目的竞争力和盈利能力。同时，政府也可以通过设定一定的绩效考核标准，对私营部门的运营效果进行监管和评估，确保项目达到预期的社会效益。最后，特许期理论对于推动 PPP 模式的广泛应用和可持续发展具有重要意义。通过深入研究特许期理论，可以不断完善 PPP 项目的运作机制和政策体系，提高项目的透明度和可预测性，增强投资者的信心。这有助于吸引更多的社会资本参与到公共基础设施和公共服务领域中来，推动 PPP 模式的广泛应用和可持续发展。

第四节　研究目的

1）充分借助文献研究、数学模型推导、模拟实证等手段，综合运用工程经济学、交通经济学、社会经济学和金融学等学科知识，全面分析国内外同领域专家学者各种有代表性观点，对 PPP 特许定价已有的研究成果加以评判和吸收。

2）在上述基础上，结合当前我国收费公路实践中出现的问题，深入探讨适合我国国情和项目运营实际的收费公路 PPP 项目特许定价模式，提出风险条件下收费公路 PPP 项目特许定价决策模型，在对其作出一般性应用分析的基础上，针对项目多变的应用环境对模型的要求，再提出风险条件下收费公路 PPP 项目特许定价调整模型，并通过案例应用研究，以期能为我国公路建设提供有力保障。

第五节　研究思路

一、研究对象和方法

（一）研究对象

PPP 项目融资模式主要应用于交通、水处理和电厂等基础设施项目和医院、监狱等其他一些公共事业项目。其中，在交通项目领域最为广泛。因此，本书以收费公路 PPP 项目为研究对象，建立的特许定价决策模型和调整模型均以收费公路 PPP 项目的不确定性因素为输入变量，并结合案例和算例进行验证；同时，结合 PPP 项目衍化模式收入函数和成本函数的特点，可以对本究中构建的决策模型和决策流程加以改进，修正输入变量，从而提高在其他类型 PPP 项目决策中的适用性。

（二）研究方法

本书采用的方法主要包括：

1. 文献分析

本书对国内外有关 PPP 项目、特许期及决策方法、不确定性等方面的相关研究进行评述，在此基础上提出本书要解决的关键问题。在分析 PPP 项目决策中的不确定性、特许定价决策与调整模型时，为了便于模型构建与问题描述，对相关领域的研究成果和结论进行综述和分析，在推演、整合的基础上进行理论论证，进而提出本书的相关研究假设或模型。

2. 蒙特卡罗模拟方法

本书应用蒙特卡罗模拟方法，根据项目实践运作规律，用特定的概率分布函数拟合各类不确定性因素，构建出特许期决策模型与调整方法，并设计了求解流程，通过模拟项目公司在特许期内的净现值求解特许定价。

3. 敏感性分析模拟方法

敏感性分析用于评估项目结果对关键变量变化的敏感程度。选择对项目结果有重要影响的变量，并设定其变化范围。在每个变化点上模拟项目的表现，观察项目结果的变化趋势。根据模拟结果，确定哪些变量对项目结果影响最大，从而制定相应的风险应对策略。

4. 系统动力学模拟方法

系统动力学方法适用于模拟 PPP 项目中复杂的相互作用和反馈机制。建立项目的系统动力学模型，包括各种变量、关系和反馈循环。通过模拟模型在不同条件下的行为，预测项目的长期表现和潜在问题。该方法有助于识别项目中的瓶颈和关键影响因素，为决策提供有力支持。

5. 现金流模拟方法

现金流模拟用于预测 PPP 项目的现金流情况，包括投资、运营收入、债务偿还等。建立项目的现金流模型，考虑不同时间点的资金流动情况。通过模拟不同情境下的现金流变化，评估项目的财务可行性和稳健性。该方法有助于制定合适的资金筹措和债务偿还策略，确保项目的顺利进行。

6. 情景模拟方法

情景模拟是一种通过设定不同未来情景来评估项目表现的方法。根据市场、政策、技术等因素的潜在变化，设定多个未来情景。在每个情景下模拟项目的表现，包括经济效益、社会效益等。通过比较不同情景下的模拟结果，为决策者提供关于项目未来可能表现的全面视角。

（三）研究工具

本书应用 CrystalBall11.1.2.4 软件对数据作为案例数值模拟的分析工具，进行蒙特卡罗模拟分析。

Crystal Ball 软件系列由美国 Decision eering 公司出品，目前已经归属于 Oracle 公司旗下品牌。已被公认为是目前应用最广泛、最可靠和最方便的数据模拟和分析软件包。世界 500 强中超过 85% 的企业和公司正在使用这个软件，在美国前 50 名的商学院，已有 40 所正在使用。世界著名的哈佛大学商学院认定 Crystal Ball 软件为教研和商业性课题的工具。Crystal Ball 列为项目融资分析的主要软件（Project Finance So feware）。它通过运用蒙特卡罗模拟系统对某个特定情况进行模拟，自动完成各种假设过程，从而预测所有可能的结果。蒙特卡罗模式是在定义许可的范围内生成随机值，然后经过充足多次数的严格运算，再将每种结果分别赋给每种可能性，以概率的形式表示出来，在这个过程减少了由人工输入各种不同可能性的工作量，在节约时间的同时增强了计算的准确度。

二、研究内容

本书共分为八个模块，每个模块的主要研究内容如下：

第一章：从国内外 PPP 项目融资实践情况的角度，考察收费公路 PPP 项目特许定价的实践背景和理论背景，从而引出研究课题的来源和意义，同时叙述研究对象、研究内容、采用的研究方法与技术路线，总结主要的创新点。

第二章：对论述收费公路 PPP 项目特许定价的有关文献进行回顾，从 PPP 项目融资模式、风险识别、特许定价三个方面总结相关的研究成果。介绍了 PPP 模式的概念界定、项目特点、理论基础；明确了风险识别相关概念、风险对定价因素的影响、风险识别的方法；分析有关特许定价理论基础的研究成果，分别从工程经济学、交通经济学、金融学、社会经济学等不同学科角度综述特许定价问题，以及特许价格调整的相关理论，对其优缺点进行了比较分析。小结未来的研究方向。

第三章：根据风险的不确定性对影响特许定价的因素进行系统的分析。从定性的角度，基于综合集成研讨厅的方法，进行情景分析、利益相关群体分析、列出问题清单；以及风险涉及的不同的利益相关群体，并对此罗列出了风险清单。

第四章：从不同利益相关群体角度分析，项目公司、出行者和政府具有不同的定价目标。政府和用户要求社会福利最大化，出行者期望使用价格最小化，而项目公司则追求私人利益最大化。据此，从三个不同的角度，制定出三种不同的定价模式，分别是：控制特许期定价模式、控制特许价格定价模式、控制特许收益定价模式。建立了风险条件下收费公路 PPP 项目特许定价决策过程。

第五章：构建特许定价决策模型。分析了 PPP 特许定价形成理论，明确了 PPP 特许定价方法，构建 PPP 特许定价流程；本文从工程经济学的角度，采用巴拉特定价模型构建 PPP 项目特许定价决策模型。根据 PPP 项目收费公路 PPP 项目三个阶段：建设期、运营期和移交期，分别从现金流的流入和流出两个方面构建特许定价模型：建设期成本函数、运营期收入函数、运营期支出函数、移交后期支出函数和特许定价决策模型。

第六章：由于收费公路 PPP 项目运营周期较长，受到风险的不确定性影响，针对特许定价决策模型中关键要素的变动情况，构建特许定价调整模型。本章对特许定价模型的有效性进行定性分析和定量分析。从定性分析角度，对特许价格调整的原则和调整的周期进行了分析。从定量的角度，首先进行了交通量的变动分析、净现值变动分析、价格与交通量变动分析。模型的有效性进行定性分析和定量分析。从定性分析角度，对特许价格调整的原则和调整的周期进行了分析。从定量的角度，首先进行了交通量的变动分析、净现值变动 a 分析、价格与交通量变动分析。

第七章：通过个旧至大屯收费公路的案例分析，结合具体收费公路项目的基础数据，采用 crystalBall11.1.2.4 软件进行数值模拟，构建 PPP 项目特许定价模型并结合实际情况进行有效性分析。小结研究结果。

第八章：对本文的研究成果进行总结、评价和建议。

第六节　技术路线

本书技术路线图如图 1-1 所示。

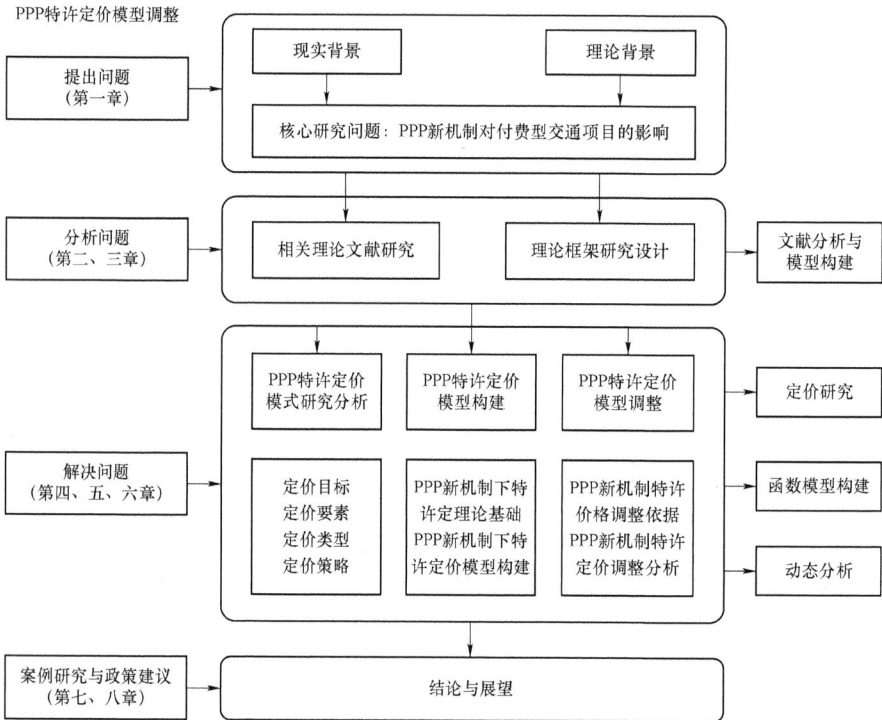

PPP特许定价模型调整

| | 提出问题
（第一章） | → | 现实背景　　　　理论背景

核心研究问题：PPP新机制对付费型交通项目的影响 |

| 分析问题
（第二、三章） | → | 相关理论文献研究　　　理论框架研究设计 | → | 文献分析与
模型构建 |

| | | PPP特许定价
模式研究分析 | PPP特许定价
模型构建 | PPP特许定价
模型调整 | → | 定价研究 |

| 解决问题
（第四、五、六章） | | 定价目标
定价要素
定价类型
定价策略 | PPP新机制下特
许定价理论基础
PPP新机制下特
许定价模型构建 | PPP新机制特许
价格调整依据
PPP新机制特许
定价调整分析 | → | 函数模型构建

动态分析 |

| 案例研究与政策建议
（第七、八章） | → | 结论与展望 |

图 1-1　技术路线图

第二章

PPP 新机制和使用者付费
交通项目概述

第一节 PPP 项目的介绍

一、PPP 模式概念界定

（一）根据本文的研究范围对 PPP 项目融资中相关概念进行如下界定：

1. 经营性公路

收费公路，是指按照《公路法》和《收费条例》规定，经批准依法收取车辆通行费的公路（含桥梁和隧道）。收费公路包括政府还贷公路和经营性公路[1]。

政府还贷公路，是指县级以上地方人民政府交通运输主管部门利用贷款或者向企业、个人有偿集资建成的收费公路。

经营性公路，是指国内外经济组织依法投资建设或者依法受让政府还贷公路收费权的收费公路。

2. 收费公路的收费权

收费公路权益，是指收费公路的收费权、广告经营权、服务设施经营权。

3. PPP 项目融资模式阶段性收费的定义

特许经营的方式作为一种直接收费方式，出现在经济发展阶段。随着

---

[1] 王秋林，楚瑞锋，李贞贤. 收费标准调整对经营性高速公路收费期限评估的影响 [J]. 公路，2021，66（4）：208-211.

经济发展水平的提高，税收体系的不断完善，在社会高度发达时，这种直接收费的方式逐渐转为间接收费。体现在燃油附加税等问题上。

（二）PPP 模式的基本概念

PPP 融资模式的英文是 Public Private Partnerships，是"政府和私营经济战略合作伙伴关系式的项目融资即发展战略"；它是公共部门与社会投资者（私人企业、营利性企业、非公共企业及外资）以某个项目为基础而形成的相互合作关系的模式[1]。通过这种合作模式，利益相关者的各方均可以得到比单独实施项目更好的结果。

PPP 项目融资的意义是，政府不能把项目的风险全部转移给私人投资者，而应该由参与合作的利益相关群体共同承担项目的责任和融资风险。1997 年，英国政府将 PPP 融资模式解释为三方面，即公共基础设施的：① 完全或部分的私有化；② 由私人投资者主动融资并承担风险的项目；③ 政府与私人投资者共同提供公共服务。

分析收费公路 PPP 项目融资模式的组织形式和机构特征，它适用于政策性较强的准经营性公共基础设施项目的建设。准经营性公共基础设施项目存在收费机制产生资金流入，具有潜在的利润，可以调动投资者的积极性。但由于相关政策及收费价格需要保证一定的公益性，具有不够明显的经济效益。此类项目有一定的现金流入量，但要根据经营情况才能确定能否实现项目自身的收支平衡。由于准经营性公共基础设施项目政策性较强，要求政府对项目应有较强的宏观调控能力。准经营性公共基础设施项目市场运行的结果将形成巨大的资金供给缺口，需要政府相关部门给予一定的政策性倾斜和优惠、必要的资金补偿或适当贴息维持，才能保证项目的顺利实施。

（三）PPP 项目融资模式及主要衍化模式

1. BOT 项目融资模式

BOT 项目的含义

B—Build，O—Operate，T—Transter，即建设—运营—移交。BOT 项目融资模式是指政府让私人投资者或非公有机构及外商，对传统上由政府公共部门专营的基础设施建设项目进行融资、设计、建造、经营、维修和

---

[1] 杨明珠，陈海涛. 合作双方信任与 PPP 项目管理绩效 [J]. 社会科学战线，2021（1）：256-260.

管理，并在指定年限（特许期）后将项目无偿移交给项目东道国政府的一种融资模式[1]。BOT项目亦被称为"外商投资特许权项目"。

2. TOT项目融资模式

T—Transfer，O—Operate，T—Transfer，即移交—经营—移交。项目融资模式是指：东道国政府（项目的拥有者）把已建成或已经投产运营的公共基础设施项目在特定期间内有偿移交（Transfer，以下缩写为T）给社会投资者（包括私有机构、非公共机构及外商等，以下相同）经营（Operate，以下缩写为O），经营期内的收入归社会投资者所有；以公共基础设施项目在该期限内（特许经营期）的现金流量为标的，一次性地从私人投资者获得所需资金，用于偿还公共基础设施项目建设贷款或作为新建公共基础设施项目的启动资金，在特许经营期满后，私人投资者须把公共基础设施项目无偿移交（T）给东道主政府[2]。

目前世界范围内的PPP项目的方式表现为广泛性、多样性和复杂性[1]。主要衍化形式如下：

（1）BOT方式

Build-Operate-Transfer即建设—经营—移交。

（2）BOOT方式

Build-Own-Operate-Transfer即建设—拥有—经营—移交。

（3）B方式

Build-Own-Operate即建设—拥有—经营（不移交）。

（4）BTO方式

Build-Transfer-Operate即建设—移交—经营（以分期付款为条件）。

（5）BOD方式

Build-Operate-Deliver即建设—移交—交付。

（6）BOR方式

Build-Operate-Renewal-of-Concession即建设—移交—延长特许期。

（7）BRT方式

Build-Rent-Transfer即建设—出租—移交。

---

[1] 林政宏. 施工单位承建BOT项目经营风险防范研究 [J]. 建筑经济，2024，45（4）：65-70.

（8）BLT 方式

Build-Lease-Transfer 即建设—租赁—移交。

（9）BT 方式

Build-Transfer 即建设—移交。

（10）CAO 方式

Contract-Add-Operate 即合同—增加—经营。

（11）DBFO 方式

Design-Build-Operate-Operate 即设计—建设—融资—经营。

（12）DBOT 方式

Design-Build-Operate-Transfer 即设计—建设—经营—移交。

（13）DBOM 方式

Design-Build-Operate-Maintain 即设计—建设—经营—维护。

（14）DCMF 方式

Design-Construct-Manage-Finance 即设计—兴建—管理—融资。

（15）DOT 方式

Develop-Operate-Transfer 即开发—经营—移交。

（16）FBOOT 方式

Fund-Build-Own-Operate-Transfer 即筹资—建设—拥有—经营—移交。

（17）ROO 方式

Rehabilitate-Own-Operate 即改造拥有—经营。

（18）ROT 方式

Rehabilitate-Operate-Transfer 即改造—经营—移交。

上述形式尽管他们在具体的结构方式上有差别，但在利用非公共机构、私营机构和外商来实现由政府公共职能机构承担的基础设施建设这一原则上是相同的。

（四）PPP 模式的主要参与者

PPP 项目融资是一个相当复杂的系统工程，所涉及的参与者众多，主要有以下各方[1,2]。

[1] 袁义淞. 基于 ISM 模型和模糊综合评判的 BOT-TOT-PPP 项目集成融资风险研究 [J]. 昆明理工大学学报（自然科学版），2014，39（5）：109-116.

[2] 焦学峰. 施工企业 BOT+EPC 项目融资的问题与建议研究——以山西路桥王繁高速项目为例 [J]. 建筑经济，2021，42（7）：80-83.

1. 政府

在 PPP 项目融资中,项目最终所有者是项目东道国政府或政府相关机构。具有双重身份的政府既是准经营性公共基础设施的管理者,也是项目特许经营权的授予方。PPP 项目由政府批准后,进行公开招标和评标,并将特许经营权授予项目公司。在特许经营权协议中,政府须承担相应的义务(如将有关场地出租或长期租赁给项目公司)和相应的风险,并提供一定的相关保证。如果东道国的法律与 PPP 项目的通常规则相抵触,或者在回报率方面不能满足私人投资者要求时,政府须提供进一步支持和相应的法律措施以保证项目顺利实施。这说明 PPP 项目融资中政府的角色至关重要。政府对 PPP 项目的态度以及在实施过程中给予的支持将直接影响项目的成败。政府提供的支持越多,私人投资的风险越小。

政府包括两个层面:一是东道国中央政府及其相关职能部门。二是地方政府。中央政府及其相关职能部门行使对项目的批准监督职能,而地方政府更多地涉及具体事务的管理。在我国,作为特许经营权项目参与者的其中一方的通常是省、市地方政府部门,项目立项则由国家计委相关部门审批,外商投资项目的特许经营权协议由外经贸相关部门审批,因此在建立特许经营权协议时需注意究竟是政府的哪个部门有权与项目公司订立正式协议。

从总体上看,政府是 PPP 项目的控制主体。政府决定着是否设立此项目,是否采取 PPP 方式,是否通过项目审批。在确定 PPP 项目协议合同的谈判时,政府也因此占据着重要地位,还有权在项目进行过程中对必要的环节进行监督和管理。在项目特许期到期时,政府还将无偿收回该 PPP 项目。

2. 社会资本

社会资本是指个体或团体之间的关联——社会网络、互惠性规范和由此产生的信任,是人们在社会结构中所处的位置给他们带来的资源。它可以通过投资、参股、合作等方式参与到项目公司中,为项目的发展提供资金、技术和经验支持。在 PPP 项目中,社会资本可以包括私营企业、投资机构、金融机构等。社会资本的参与为 PPP 项目提供了资金支持、技术创新和管理经验。通过与社会资本合作,政府可以减轻财政压力,提高项目的效率和质量。同时，社会资本也能够获得投资机会，并在项目的成功实施中获得回报。PPP 模式强调的是政府与社会资本之间的长期合作伙伴关系，双方共同承担风险、分享收益，并通过合同和协议来明确各方的权利和义务。社会资本在 PPP 模式中的作用不仅是提供资金，还包括参与项目的设计、建设、运营和维护等各个环节。通过与政府的合作，社会资本可以发挥其专业优势，提高项目的可持续性和公共服务的质量。

PPP 项目融资是为了筹集资金来支持 PPP 项目的建设和运营。社会资本可以通过多种方式参与 PPP 项目的融资，例如：社会资本可以通过投资 PPP 项目公司的股权，为项目提供资金支持；社会资本可以协助项目公司获得银行贷款、债券发行等债务融资；社会资本可以参与设计合理的融资结构，确保项目的资金需求得到满足，并降低融资成本；社会资本与政府共同承担项目的风险，这有助于降低融资风险，提高资金的可获得性。社会资本的资金投入为 PPP 项目的实施提供了重要的资金来源，并且能给为项目带来创新的解决方案和高效的运营管理，社会资本的参与可以促进项目的商业化运作，提高项目的经济效益和可持续性。

3. 项目公司

项目公司即项目的直接承办者，是项目发起人为建设、经营某特定 PPP 项目而联络有关方面建立的自主经营、自负盈亏的公司或合营企业。

项目公司是 PPP 项目运作的执行主体，在项目运营中处于中心地位。项目公司直接参与项目管理，直接承担项目债务责任和项目风险，所有关系到 PPP 项目的筹资、分包、建设、验收、营运以及还债和偿付利息的事项都由项目公司负责。项目公司作为业主，需要同设计公司、建设公司、制造商以及经营公司多方面联系。在法律层面上说，项目公司是独立的法律实体，具有独立的法人资格。项目公司可采用契约式合营或股份式合资经营的形式，由项目主办方与东道国政府或其下属的开发公司根据东道国的相关法律按照一定的出资比例设立法人公司。关于项目公司的设立方式，在很大程度上取决于东道国的法律及管理的规定。在我国一般采取合作经营的方式，由外国投资方提供资金进行工程项目建设，并由双方共同经营，经营过程中让外方先行回收投资资金。

在 PPP 项目中，SPV（Special Purpose Vehicle）被经常使用，SPV 通

常是为了特定的目的而设立的法律实体，它可以用于隔离风险、筹集资金、管理资产等。在金融领域，SPV常用于资产证券化、项目融资等交易中。它可以是一个独立的公司，由政府和社会资本共同组建，用于实施PPP项目。在PPP模式中加入SPV可以将项目的资产和负债与其他各方的资产和负债隔离开来，这有助于降低各方的风险暴露，并保护项目免受其他业务风险的影响。SPV可以作为融资的工具，通过发行债券、股权等方式筹集项目所需的资金，这样可以吸引更多的投资者，拓宽项目的融资渠道，SPV的设立明确了各方在项目中的责任和权利，有助于避免责任不清和纠纷的发生。通过将PPP项目的特定资产和负债纳入SPV，可以更好地保护项目的财务独立性。SPV可以作为一个独立的法律实体与金融机构进行融资谈判，吸引更多的资金来源。此外，合理的税务规划可以降低项目的税负成本，提高项目的经济效益。

从程序上讲，项目公司由项目发起人组建，而项目发起人通常是通过国际公开招标的方式确定的。项目发起人中标后，便开始在东道国成立专属项目公司并将有意愿参加该项目的相关者组织在一起。在我国采取国际公开招标方式选择项目发起人，政府与国际私人投资者草签特许经营权协议，然后按照跨国法律申请注册，成立项目公司。草签的特许权协议经国家计委批准后，有关政府部门再与该项目公司正式签字特许经营权协议。

4. 项目贷款银行或银团

项目的贷款银行是指PPP项目融资中为项目提供资金的商业银行、非银行金融机构和一些国家的出口信贷机构。它可以是一家或几家商业银行，也可以是由几十家银行组成的大集团。银行参与项目贷款的数目主要根据项目规模和风险两个因素决定。对于中小型PPP项目，一般单个银行可以为其提供所需的全部资金，而大型的PPP项目则往往从多家银行组成的银团中提供贷款。但是，在一些投资风险敏感性较高的国家，即便是比较少的贷款，也常常需要由多家银行组成的银团提供，目的是分散风险。

PPP项目的主要资金来源于贷款银行，项目贷款的条件不仅取决于项目本身的规模、资金状况和项目经营者的经营管理能力，而且还在很大程度上取决于项目发起人和所在国政府为项目提供的支持，体现在特许经营权协议的具体内容。出于PPP项目的负债率一般高达70%～90%，所以项目贷款银行是 PPP 项目主要投资者。

5. 承包商

（1）建筑承包商

项目公司的股东通常包括建筑承包商，来保证建筑承包商能成为项目的主承建商。若建筑承包商不是项目公司的股东之一，项目公司会招标的形式确定承建商。承建商应负责设计并保质保量完成该建设项目。

（2）设备供应商

PPP 模式中的设备供应商可是项目建设的"后勤部"，他们为项目提供所需的各种设备和材料，是项目顺利进行的重要保障。设备供应商需要根据项目的需求和规格，提供合适的设备和材料，并确保其质量和性能符合要求。他们还需要与其他参与方密切合作，协调设备的供应和安装时间，以避免影响项目进度。

（3）运维服务商

运维服务商是 PPP 模式中的"大管家"，他们负责项目建成后的运营和维护工作，确保项目的长期稳定运行。运维服务商需要具备专业的知识和技能，对项目的运营和维护进行科学管理。他们要制定合理的运营计划和维护方案，保证项目的各项设施和设备正常运行。

6. 运营商

在 PPP 项目实践中，项目的运营存在两种情况：一是项目公司通常也是本项目营运商，是项目通过合同委托其他经营商经营。二是独立的运营商依据约定接管竣工项目，负责项目经营和维护，并对项目的用户收取费用。运营商也可能是项目公司的股东之一。

7. 产品购买商

作为大型工程项目，项目建成后应有长期的产品购买商。在项目规划阶段，项目承包商或项目公司就应与产品购买商签订长期的产品购买合同，产品购买商必须有良好的信誉保证和长期的盈利历史，要求购买产品的期限不得低于项目的贷款期，产品的价格设定也应保证使项目公司足以收回成本，支付贷款本息和股息，并有一定利润可赚。

8. 保险公司

保险公司的责任是对 PPP 项目运行中各个参与者都不愿承担的风险

进行保险，包括政治风险（战争、财产充公等）、整体责任风险、业务中断风险、不可抗力风险等。由于这些风险不可预见性很大，造成的损失非常严重，所以对保险公司的信用和财力的要求就很高，一般的中小保险公司是没有能力为此类项目做担保。

在PPP项目融资实务中，还有其他参与者，如供应商（设备供应商和燃料供应商）、金融顾问、实际管理者、信用评估机构、财务部门、律师和其他专业人士等。PPP项目融资中众多的当事人以合同、协议的方式联系在一个项目体系中，各参与者之间形成了明确而复杂的互相协作关系，PPP项目的成败得失将完全取决于这些协作关系是否顺畅。

PPP模式的参与者众多，各有各的目的，各有各的需要及优势，各自所能承受的风险也不尽相同，项目运作过程就是这些参与者进行长期博弈，合理构建项目融资结构，充分发挥各个参与者的优势，将风险分配给最能承受并管理这类风险的参与者，而且让每个参与者得到项目成功带来的收益，但同时也必须为此付出应有的代价。因此，有必要对PPP模式的结构进行全面的分析[1]。一般来说，PPP模式由以下各方组成，并按一定的逻辑关系将各要素组成一个复杂的体系（详见图2-1）。

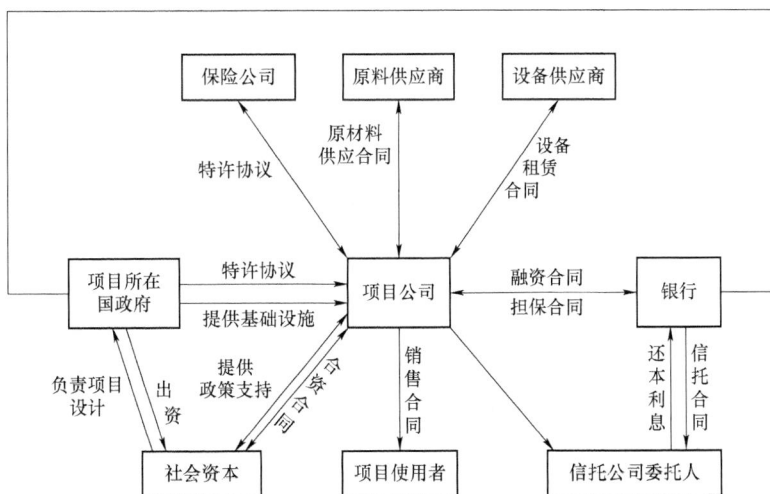

图2-1　PPP模式结构图

[1] 盛松涛，郭慧. 准经营性水利PPP项目特许经营期决策模型研究［J］. 人民黄河，2022，44（7）：137-143.

二、PPP 项目特点

（一）本质特征

PPP 模式是东道主政府利用已建成的公共基础设施经营性项目的全部或部分经营权，来吸引私营、非公共机构及外商等资本力量、技术力量、管理力量，以实现旧的公共基础设施经营性项目的良好运行并加快新建设公共基础设施经营性项目的进程[1]。

东道主政府与私人投资者、非公共机构及外商的合作关系的特征，公共基础设施包括公共设施和公益事业，它的功能是为社会提供产品，如为水、电、热、气提供服务，如机场、道路、环境、医疗、教育等项目的建设，其实质是"公共性"，具有很大的公益性。此类项目的立项及投资不受市场机制的支配，价格受到社会公众意见约束，受市场供求关系的影响较小，且建设经营的最终目的不是利润收入而是为社会公众提供良好的服务，提高社会福利水平。

因此，长期以来准经营性公共基础设施由东道主国家投资和垄断经营，巨大的投资额、漫长特许经营期、风险的不确定性对项目的影响给东道主政府造成了极为沉重的经济负担。PPP 项目融资模式就显得尤为重要，东道主政府需要运用非强制力量吸引、鼓励和支持私人投资者、非公共机构和外商参与到准经营性公共基础设施的建设中来，同时让这些机构合理地从项目的建设和经营中获得一定的投资回报率，它们才会全面全方位积极地参与公共基础设施建设。这即是东道主政府与它们的合作关键点。

PPP 项目融资模式下，准经营性公共基础设施分段建设经营拥有的特征：传统由东道主政府建设的准经营性公共基础设施将建设和拥有合为一体，但 PPP 项目融资模式的方式将建设与经营分段进行，即先由东道主政府将基础设施等建设好，可以运营时再将经营权转出来。这种模式分散了项目的风险，得到更广泛的应用。PPP 项目融资模式是以市场机制为基础，在不保持准经营性公共基础设施的公益、公用、公共性质的前提下，将建

---

[1] 广雨鑫. 天津地铁 2、3 号线存量项目公私合营模式的 TOT（移交—经营—移交）实施方式[J]. 城市轨道交通研究，2023，26（8）：119-122.

设和经营阶段分离开来，从而改变风险、利益、投资压力、管理和经营全部由政府承担的局面。

（二）法律特征

1）PPP 模式的政府经营性的行政特权特征：PPP 模式实行政府特许经营制度，私人投资者、非公共机构及外商必须得到政府的许可，特别是政府授予的特许经营权，才能经营公共基础设施。政府对私人投资者、非公共机构及外商履行特许协议的行为有监督权，对公共利益的名义有维护权甚至有关终止合同等。PPP 项目特许经营期满后，东道主政府将无偿收回公共基础设施的经营权。

2）PPP 模式的资金来源包括：私人投资者、非公共机构及外商的借款人和贷款人，国家已经不再是投资主体和还款人。PPP 模式的核心是推动公共基础设施建设投资的市场化机制，投资方式的变化对传统基础设施管理产生了根本性变革。

3）PPP 模式的经营权范围在特许经营期内受政府特许的限制。

（三）融资特征

PPP 模式实质上是项目融资的工具。就债权而言，PPP 模式是私营、非公共机构和外商等部门借款人寻求项目贷款，项目所在国政府无须过问他们的筹资问题。PPP 项目的融资可以通过多种渠道筹集，如银行贷款、债券发行、股权投资等。PPP 项目的付费机制通常与项目的绩效挂钩，根据项目的实际运营效果来支付费用，以激励项目公司提高项目质量和效率。

（四）特许经营特征

特许经营权，一般是指企业通过政府授权（或者契约）的方式所获得的在特定条件下从事特殊商品（或服务）的经营权利，或是利用授权人的知识产权及经营模式等无形财产从事经营的特殊权利。在 PPP 模式中特许权指的是基础设施的特许经营权，而特许权实现的基础是特许经营协议（简称特许协议）。

特许协议是指东道主政府与私人投资者，约定在一定期间、指定地区内，允许其在一定条件下享有某个公共基础设施经营的某种权利，基于一定程序并予以特别许可的法律协议，这种权利具有唯一性。PPP 模式的特许协议包括一系列复杂的合同安排，如特许协议、争议违约协议、贷款协议、经营管理协议、移交协议等。最为重要的是东道主政府与私人投资者之间的特许协议,其他协议均以特许协议为基础订立的,起到辅助的作用。

特许协议的关键因素分析如下:

1. 严谨细致的特许权协议

特许经营协议的内容应以招标文件内容为基础制定。政府与中标单位进行谈判,将招标文件规定的条件进一步细化,签订正式的特许经营协议:① 转让的公共基础设施概述;② 授权条款:权力的授予、特许经营内容及范围、特许期限、普通经营权、有限社会管理权等;③ 东道主政府的陈述与承诺:提供项目运营的真实信息、不制定不利的政策、对项目运营条件的承诺、不竞争承诺;④ 项目公司保证与承诺:非经东道主政府同意对公共基础设施不得进行处分、设立担保与抵押、合同届满时技术装备良好的承诺、合同届满时移交完善的设备更新维修档案文件的承诺、不得擅自停业、歇业的承诺;⑤ 债务处理、富余员工安置方案;⑥ 产品或服务标准;⑦ 转让价款及支付时间;⑧ 公共基础设施产品或服务收费价格的确定与调整;⑨ 公共基础设施设备的经营与维护义务;⑩ 东道主政府补偿或补贴条款;⑪ 公共基础设施产品、服务购买条款;⑫ 委托他人经营的条件与审批;⑬ 新建公用设施权属与补偿;⑭ 移交内容、标准与程序;⑮ 合同届满项目公司的优先受让权;⑯ 政府变更终止协议权;⑰ 保险条款;⑱ 优先条款;⑲ 补充批准条款;⑳ 不可抗力。

2. 合理的风险分担

准经营性公共基础设施具有社会和经济双重效益,项目的东道主政府根据社会发展的需要及公众的承受能力对公共设施所提供的产品或服务的价格设定上限,这造成准经营性公共基础设施经营收益难以满足项目融资的要求,而私人投资者追求目标是经济效益。这可能导致要求东道主政府通过强减免税收来弥补它们的经营收益。因此,东道主政府与社会投资者之间的冲突形成项目的各种风险。① 东道主政府面临的主要风险。贷款和外汇汇率担保的风险:政府在外汇汇率上要承担很大的风险;利率上扬的风险:利率上扬会对项目融资产生很大的风险,出于货款额巨大,利率的变动将导致融资成本的增加;通货膨胀的风险。② 私人投资者面临的主要风险。法律法规风险。即该项目所在地区的法律投资环境,特别是相关的法律法规政策变化所引起的风险；东道主政府信用风险。即项目特许经营权是否符合该国的有关法律法规政策，以及东道主政府的信用、级别和权限范围；市场和收益风险。即要认真做好该项目的市场预测，准确评价市场需求、汇率、利率、价格等风险；不可抗力风险。即要关心该区域的政治形势、治安状况、生态环境等因素，以防止意外情况的发生，给项目带来重大损失。

3. 东道国政府保证

① 项目投资后的后勤保证。项目投资的后勤保证是指东道国政府对项目建设所在国，所需的土地、能源、原材料等必要物品提供充足的供给情况，并对于项目实施有关的技术及管理人员的入境、实施项目所需物资和器材的入境给予一定的保证。② 禁止同一地区同类项目竞争。在公共基础设施项目建成之后，如果又有其他投资者在同一地区进行同类项目的建设，则前一项目的投资收益率将受到极大的影响，最终可能导致该项目投资人的目的无法实现。因此，东道主政府有必要确保禁止同一地区同类项目的竞争。③ 投资回报率的适当保证。投资回报率隶属于商业风险范畴，但由于准经营性公共基础设施项目往往投资巨大，东道主政府不能对私人投资者进行一定的投资回报保证，可能会降低投资者的投资积极性。④ 利率和汇率担保。东道主政府对超过一定范围的利率和汇率风险提供一定的资金给予补偿。

4. 多边投资担保保险

目前，多边投资担保机构承保直接投资的险别有主要有四种：外汇冻结险；资产征用险；合同中止险；武装冲突和市民暴动险。

三、PPP 定价理论基础

（一）公共产品理论

公共产品有两个基本特征：非排他性和非竞争性，根据排他性和竞争性的有无、强弱，可以把物品分为四类：

1）纯公共物品（Public goods），即具有"非排他性"又具有"非竞争性"的物品。纯公共物品在消费过程中所产生的利益是不能被某些人独占的，某些人在消费的同时不能排斥其他人的消费。另外，以现有的供给水平，新增加的消费者并不需要额外的供给成本，新进入的消费者对原来消费者消费的数量和质量没有影响。比如国家安全、社会治安秩序、公共安全、公共交通及公共卫生等。

2）可收费物品（Tool goods），即具有排他性而没有竞争性的物品。也就是说，某些人使用这些物品可以通过一定的条件（比如：收费）来达到，但其使用并不影响其他人的使用。比如有线电视、电力、通信网络等。

3）共用资源（Common-pool goods）它与第二种正好相反，即有竞争性而无排他性的物品。该物品在使用过程中，使用者之间的关系是相互影响的，其边界、权限管理比较困难或者管理成本过高。比如森林、牧场、海中的鱼等。

4）纯私人物品（Private goods），既有排他性又有竞争性的物品。这类物品有明确的归属者，某人的使用或取得将直接影响他人的使用和获取。比如食品、衣服、住房等。

在这四种物品中，共用资源和可收费物品可统称为准公共物品。由于准公共物品具有消费数量非均衡和拥挤性等特点，可以通过收取适当的费用来调节准公共物品的需求数量以及使用情况，以消除拥挤现象和过度使用的现象，提高资源有效配置和社会福利水平。此外，收费的方式还能够在消费者中按照消费数量和"谁受益谁负担"的原则来公平分摊公共物品的成本。

准公共物品的来源是存在一定的必然性的。在纯公共物品和其他各种物品之间并不存在永久的、不可跨越的鸿沟，公共物品的非排他性和非竞争性是随着社会经济的发展而发生动态变化。就公共物品的非竞争性而言，公共物品的消费存在一个"拥挤点"，在该点之外，消费者可以自由地免费使用公共物品。但当公共物品的使用人数超过这一点后，每增加一个消费者就会对其他消费者造成阻碍影响，譬如交通拥挤的公路。在这种情况下，这些"公共物品"的消费就具有了可竞争性，从而成为准公共物品。

通过以上的论述可以看出，根据公共产品理论，基础设施项目中有很大一部分可以划为准公共物品，是可以实行收费制度的，这就为 BOT-TOT-PPP 项目融资模式在基础设施项目中的运用提供了理论基础。

（二）项目区分理论

根据否有资金流入这一标准把项目分为经营性项目和非经营性项目，区别于有无投资项目收费机制，能否让市场发挥作用。如果有收费机制，进一步针对是否有收益，可以把经营性项目进一步区分为纯经营性项目和准经营性项目。具体来说，对于无收费机制、无资金流入的非经营性项目。这是政府有效而市场失效的情况，其目的是获取环境和社会效益，市场调节难以对此起作用，此类项目的投资只能由代表公众利益的政府财政来承担。对于经营性项目，此类项目具有收费机制（有资金流入）的项目。纯经营性项目（营利性项目），可以通过市场进行有效资源配置，其目的是追求利润的最大化，其投资形成是价值增值过程，可通过全社会的投资加以实现；准经营性项目存在收费机制即产生资金流入，具有潜在的利润，但因其受到政策影响及收费价格受上限限制等客观因素，收回成本难，经济效益不够明显，市场运行的结果将不可避免的形成巨大的资金缺口，要通过政府适当贴息或政策优惠维持运营，待其价格逐步到位及条件成熟时，即可转变成纯经营性项目（通常所说的经营性项目即为纯经营性项目）。

（三）公共基础设施民营化理论

1. 基础设施民营化原因

一是现实的压力。人们日益认识到，在同样的成本下，只有民营化才能使服务质量提高，成本收益比变好；二是财政方面的压力。公共基础设施带给政府的财政压力非常巨大，即使在财政状况好的时候，公共基础设施尤其是其运营的成本投入也是无止境的；三是来自民营机构的推动力。一些处于亏损状态的公共基础设施，在民营机构经营后却可以获利；四是从社会承受力角度来看，社会观念在转变，人们愿意也有能力接受民营化服务。政府提供的公共基础设施服务，大多是大众化千篇一律的，而民营化差别服务使公众拥有了更多的服务选择。

2. 基础设施民营化的基本形式

通过政府与私人的合作来实现基础设施建设项目的民营化，存在着诸多基本形式，美国 E.S 学者萨瓦斯在其《民营化与公私部门的伙伴关系》一书中做出了分类阐述。政府与私人的合作可以采取多种形式，图 2-2 使用连续体的方式显示了政府与私人合作的主要类型。在这一连续体上，最左端是完全公营的模式，最右端则是完全民营的模式。所谓民营化程度的高低是相对而言的。事实上，它们之间的区别十分细微，而且具体到每个案例，情况也不尽相同。完全公营模式是指在这个模式下，政府拥有并直接运营基础设施，例如国有企业提供的服务。公私合作模式包括了多种合作形式，如服务外包、合作组织、租聘建设等。在这些模式中，政府和私人部门共同参与基础设施的不同环节，如建设、运营或维护。完全民营模式是指私人部门拥有并运营基础设施，例如购买建设、建设拥有和经营等模式。这个表格的目的是帮助我们理解政府与私人合作的多样性和程度。不同的模式在所有权、运营权和责任分配上有所不同，可以根据具体情况和目标选择合适的合作类型。例如，如果政府希望在一定程度上引入私人部门的资金和专业知识，可能会选择公私合作模式；而如果政府希望完全由市场力量主导基础设施的发展，可能会倾向于完全民营模式。

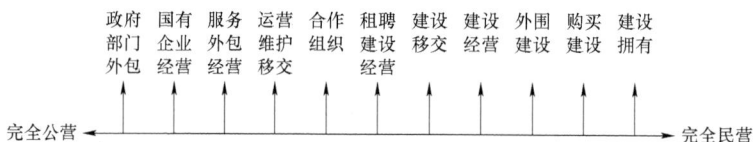

图 2-2　政府与私人合作类型的连续体

第二节　使用者付费交通项目概述

2023 年 11 月 8 日，国家发展改革委、财政部《关于规范实施政府和社会资本合作新机制的指导意见》发布，该文件对 PPP 项目的使用者付费机制进行了调整。指导意见明确，政府和社会资本合作项目应聚焦使用者付费项目，明确收费渠道和方式，项目经营收入能够覆盖建设投资和运营成本、具备一定投资回报，不因采用政府和社会资本合作模式额外新增地方财政未来支出责任。政府可在严防新增地方政府隐性债务、符合法律法规和有关政策规定要求的前提下，按照一视同仁的原则，在项目建设期对使用者付费项目给予政府投资支持；政府付费只能按规定补贴运营、不能补贴建设成本。除此之外，不得通过可行性缺口补助、承诺保底收益率、可用性付费等任何方式，使用财政资金弥补项目建设和运营成本。

具有使用者付费基础的项目，一方面，更贴合社会公众对基础设施和公共服务的实际需求，从根本上提高了 PPP 项目的必要性和可行性；另一方面，有利于形成稳定的现金流，可以有效防止固化政府支出责任，防范地方政府隐性债务风险。但因必须满足上述三点核心要求，这些项目同样也面对更多挑战。

根据之前财政部 PPP 项目库的统计，实践中政府付费、可行性缺口补助项目占比更多，使用者付费项目比例不足 10%。因此，有人认为，新机制下 PPP 项目发展数量和规模将会很有限。但笔者认为，应该用发展的眼光来看待新机制下的 PPP 项目，原因有以下两个方面。

一是新机制将 PPP 项目合作期延长至 40 年，同等投资回报水平下，延长了合作期，让更多具备经营性收入但经营性收入较低的项目采用 PPP 模式拥有了可能性。

二是不能单纯以项目数量和规模的有限性来评估新机制的效果。如今已不是城镇化飞速发展、房地产蓬勃发展的时代，PPP 也从爆发式增长阶段步入高质量发展阶段，比起数量与规模，更应看重质量与效果。

山西长治过境改建工程项目实行使用者付费 PPP 模式投资建设，是山西省第一个实行可行性缺口补助的使用者付费 PPP 项目，投资建成后项目运营期为 20 年，在可行性缺口补助支付时间节点未完成项目总投资的确认或运维绩效服务费及使用者付费的确认，则以经批复的施工图预算确定可用性服务费基数，以实施方案测算的运维绩效服务费及使用者付费作为年度运维绩效服务费基数及使用者付费基数，待总投资、运维绩效服务费及使用者付费确认后"多退少补"。

一、项目运营成本及回报的调整

（一）项目运营成本

项目运营成本包括项目公司运作费、日常养护成本和服务区运营成本三部分。

1. 项目公司运作费

包括设立项目公司运营期第一年的开办费和日常运作费。按照开办费 20 万元（仅第一年发生）、日常运作费 83.76 万元/年考虑。

2．日常养护成本

包括养护人员经费、公路小修费用，不包含大中修费用、隧道桥梁等专项养护费用。本项目运营期的运营养护任务由社会资本方负责，经地方政府方同意后可依法委托具有相应条件的第三方运营。按二级路 5 万元/（千米/年）、三级路 3 万元/（千米/年）考虑。

3．服务区运营成本

包括人员工资、直接成本和日常维护成本。人员工资：2022 年（运营期第一年）人均工资为 6.6 万元/年，往后每年增长 2.6%，按 23 人计算。直接成本主要包括水电费、天然气费、汽修配件、餐饮及商品等的原材料的采购费用，该部分费用按照服务区全部经营收入（不含加油站或加气站收入）的 70%计；日常维护成本：本项费用未在《实施方案》中考虑，届时计入当年服务区运营成本。

（二）运维绩效服务费基数计算

公式为：

$$E_n = C_n \times (1+R) + Q_n \qquad (2\text{-}1)$$

式（2-1）中：E_n 为运营期第 n 年运维绩效服务费基数；R：合理利润率，为社会资本中标合理利润率，即 7.50%；C_n 为运营期第 n 年日常养护成本；Q_n 为运营期第 n 年其他运营成本，包括项目公司运作费和服务区运营成本。

（三）运营期运营成本的调整

项目运营成本调价周期为 2 年一次，如遇特殊情况（如：运营维护期间出台新的养护技术规范等）可更改调价时间。

1．调价范围

根据人工工资、燃料动力费（柴油、电、水）、材料机械费等主要成本的变化、通货膨胀以及运营养护期间出台新的养护技术规范等情况对项目运营成本进行相应调整，而其他如项目公司因为自身管理原因导致的项目运营成本上升则不在调价范围之内。

2．调价基数

项目运营成本金额将作为项目运营成本调整的基数。

3. 调价程序

在每个调价周期结束前，社会资本方以书面形式向地方政府方提出调整项目运营成本申请，地方政府方收到申请后，与社会资本方共同委托第三方专业机构编制项目调价运营成本，经双方确认后作为调价依据，委托第三方专业机构发生的费用计入当年项目运营成本。特殊情况下，结合国家政策和市场情况适时调整。

4. 调价公式

本着坚持风险共担、合理分配、节约集约、平衡风险的原则，项目设置合理的风险承担系数 R_0，调价公式如下：

$$P = P_0 \times (1 + R - R_0) \tag{2-2}$$

式（2-2）中：P 为调价后确定的项目运营成本；P_0 为调价时采用的项目运营成本调整基数，即上一次调价确定的项目运营成本，第一次调价时，P_0 表示合同确定的日运营成本；R 为调价时，项目运营成本波动幅度：$R=$（项目调价运营成本调整基数）/调整基数 $\times 100\%$；R_0 为风险系数，本项目按 1% 设定。

二、使用者付费的调整

本项目存在服务区经营收入，主要包括餐饮、住宿、物流、汽修、洗车等经营收入和加油站（或加气站）收入两部分。其中，加油站相关费用应在其正式运营使用后开始计算。

（一）餐饮、住宿、购物、汽修、洗车等经营收入

预测该部分使用者付费收入为 454.12～963.78 万元/年，共 13 579.18 万元。

（二）加油站（或加气站）收入

预测运营期第一年加油站经营利润为 60 万元，每年增长 2%。预测运营期服务区使用者付费收入为 514.12～1 101.96 万元/年，共 15 037.02 万元。

（三）调整方法

1. 充分的市场调研

在调整付费机制之前，需要进行深入的市场调研，比如问卷调查、访

谈、在线调查和数据分析等收集数据。并对收集到的数据进行分析，找出市场趋势、潜在机会和挑战，了解项目的需求和用户的支付能力，以确保调整后的付费机制合理且可持续。

2. 合理定价

在项目分析判断阶段，根据项目的成本和市场情况，分析其是否科学、合理，是否能保证社会资本方的投资回报需求与项目公司运营的可持续，是否符合风险合理分配原则等。并且合理确定使用者付费的价格，既要保证项目的可持续性，又要避免价格过高导致用户抵制。

3. 沟通与协商

与项目的各方利益相关者进行充分的沟通和协商，包括政府、社会资本、用户等，与他们明确目标和利益，保持开放和透明，并且尊重各方意见，听取他们的意见和建议，建立有效的沟通机制，寻求共赢解决方案，共同制订合理的付费机制调整方案。

4. 监测与评估

明确关键的监测指标，如使用者数量、付费水平、成本变化等，定期对调整方法进行评估，查看是否达到预期目标，如有需要，可以进行进一步的调整，以便评估调整的效果。及时了解付费机制的运行情况，发现问题并及时进行调整和改进。

5. 法律法规保障

PPP 项目通常会有详细的合同条款，其中包括使用者付费的调整机制，这些条款应该明确规定调整的条件、程序和依据，以确保各方的权益得到保障。要确保付费机制符合相关的法律法规，如价格法、消费者权益保护法等，避免出现法律风险。

6. 创新模式

在 PPP 使用者付费调整方法中，有一种创新模式叫做 ABO 模式。ABO 模式由授权（Authorize）、建设（Build）、运营（Operate）三个词的首字母组合而成。还可以考虑采用创新的付费模式，如差异化定价、阶梯式收费等，以提高用户的付费意愿和项目的可持续性。

三、可行性缺口补助的调整

可行性缺口补助是指使用者付费不足以满足社会资本或项目公司成本回收和合理回报，而由政府以财政补贴、股本投入、优惠贷款和其他优惠政策的形式，给予社会资本或项目公司的经济补助。可行性缺口补助通过政府的补助，可以减轻社会资本或项目公司的财务压力，降低项目风险，提高项目的可融资性。还可以鼓励社会资本参与公共项目，推动项目的顺利实施，加快基础设施和公共服务的提供。在一定程度上可以激励社会资本提高项目的运营效率和服务质量，以获得更好的经济效益。政府需要承担一定的财政支出，可能对财政预算造成压力，特别是在补助规模较大的情况下。可能导致社会资本过度依赖政府补助，缺乏提高项目自身盈利能力的动力，甚至可能出现道德风险。准确评估项目的效益和成本可能较为困难，从而影响补助的合理性和有效性。

（一）可行性缺口补助资金的计算

当年可行性缺口补助年可用性服务费基数×70%＋（年可用性服务费基数×30%＋年运维绩效服务费基数）×绩效考核系数－使用者付费在此基础上，按照调价机制调整，调整后的当年可行性缺口补助＝年可用性服务费基数×70%＋（年可用性付费基数×30%＋调整后的年运维绩效服务费）×绩效考核系数－使用者付费。

（二）年度可行性缺口补助资金的核定

初步确定运营期年度可行性缺口补助金额后，由地方政府方审核社会资本方是否存在违约行为，在年度可行性缺口补助金额中扣除社会资本方应向地方政府方支付的违约金、赔偿金后，确定为最终年度可行性缺口补助金额，出具支付金额核定书。

（三）支付可行性缺口补助资金的支付

1. 支付主体

支付主体为地方政府，本项目自交工验收合格后即进入运营期，政府方在运营期按约定进行支付。根据子项目实施进度不同，可以分别进入运营期。如因社会资本方原因造成项目竣工验收不合格，地方政府方有权停止未通过验收工程的当年度的政府可行性缺口补助直至项目公司负责修复后的项目工程通过竣工验收。国有项目工程未通过竣工验收对甲方造成的损失，由社会资本方赔偿。地方政府方应在各子项目交工验收前完成建设期绩效考核，在各子项目后运营日起算每 12 个月届满前完成运营期年度绩效考核。

2. 支付时间

可行性缺口补助的支付时间为自本项目运营日起，每个运营年度内，前 6 个月届满后 10 日内支付当年预定的可行性缺口补助金额的 50%，每个运营年度届满后 10 日内支付当年确定的可行性缺口补助金额剩余部分，付费周期 20 年，大中修费用按工程实际进度支付。如有特殊变动，双方协商一致后，可以根据自然年度、绩效考核工作需要、程度（交）工验收时间，财政预决算批复时间等因素，重新约定支付时间。

3. 支付程序

社会资本方应在每次支付日前向地方政府方提交付款申请，地方政府方接到社会资本方提交的付款申请后进行审核并出具支付金额核定书。社会资本方根据地方政府方确定的支付金额核定书向地方政府方开具合法票据财政部门收到票据后完成付款工作。

第三节　PPP 新机制

一、新机制的介绍

PPP 模式新机制主要体现在回报机制、适用具体模式、重点领域、管理部门等多个层面的拓展。

《关于规范实施政府和社会资本合作新机制的指导意见》（下称《意见》）明确，PPP 项目应全部采取特许经营模式实施。PPP 项目应聚焦使用者付费项目，明确收费渠道和方式，项目经营收入能够覆盖建设投资和运营成本、具备一定投资回报，不因采用政府和社会资本合作模式额外新增地方财政未来支出责任。

此前 PPP 项目细分模式较多，此次限定为基于使用者付费的特许经营模式。PPP 回报机制分为三种，分别是政府付费、使用者付费和可行性缺口补助，其中采用政府付费和可行性缺口补助两者 PPP 项目数量和投资额占全部 PPP 项目比重超过 90%。而此次《意见》明确，此后 PPP 回报机制聚焦使用者付费，并不强调不因 PPP 模式而新增地方财政未来支出责任。多位 PPP 专家告诉第一财经，这意味着未来适用 PPP 项目将大幅减少。

《意见》还明确，政府可在严防新增地方政府隐性债务、符合法律法规和有关政策规定要求的前提下，按照一视同仁的原则，在项目建设期对使用者付费项目给予政府投资支持；政府付费只能按规定补贴运营、不能补贴建设成本。

清华大学投融资政策研究中心首席专家王守清表示，PPP 新机制强调使用者付费，但要正确理解的是，这还包括穿透看也是使用者付费的项目。例如，社会资本特许经营的供水厂所提供的水虽然是卖给控制管网的政府或其国企，但后者最终是卖给老百姓，故穿透看，仍然是使用者付费；另外，不管采用什么投融资模式，但涉及国计民生的项目，如地铁，仍然需要政府补贴，即政府补贴与投融资模式无关的行业性补贴项目，也可以认为是使用者付费；最后，如果使用者付费不足甚至缺失，但政府合法合规地用其他资源（而非现金）补偿社会资本，也可以算使用者付费。

而之所以此次 PPP 新机制将回报机制聚焦在使用者付费，专家认为一大主要目的是防止新增隐性债务。

王守清表示，PPP 新机制有利于促进我国 PPP 的健康发展，因为它可以直接减少地方政府不顾财力乱上政府付费的 PPP 项目，造成隐性债务、代际不公平和不可持续。也可以减小社会资本特别是央企、国企工程公司"投资是假，承包是真"、更想拿项目而不太关心地方政府财力和可持续性等问题。另外还可以减轻金融机构过度依赖央企、国企和政府信用。

中国国际工程咨询有限公司研究中心副主任徐成彬认为，《意见》要求所有 PPP 项目均应采用特许经营模式实施，强调发挥市场化机制，聚焦使用者付费。这既充分借鉴了国际 PPP 模式发展经验，更是基于中国国情，特别吸取了近十年我国 PPP 实践中遇到的深刻教训，从而建立合乎逻辑、符合国情的 PPP 投资回报机制。

基于 PPP 新机制聚焦使用者付费的特许经营模式，《意见》要求合理把握重点领域。PPP 应限定于有经营性收益的项目。

随着社会和经济的发展，PPP 传统机制的局限性也逐渐显现，比如风险分配不均匀、缺乏长期合作思维、创新能力受限、公众参与度较低等。而 PPP 新机制的出现，为解决这些问题提供了新的思路和方法。以下是 PPP 新机制与传统机制的区别。

（一）风险分担

PPP 新机制强调公私双方共同承担项目风险，而传统机制往往将大部分风险转嫁到私营部门；PPP 新机制更加注重对项目风险的全面识别和分析，而传统机制可能对风险的认识较为局限。PPP 新机制强调制定系统的风险管理策略，包括风险预防、风险应对和风险监控等环节，传统机制在这方面的措施可能相对较少。

（二）合作伙伴关系

PPP 新机制建立在长期的合作伙伴关系基础上，双方共同目标是实现项目的成功，而传统机制更侧重于短期合同和交易；PPP 新机制强调双方的互信和互利，通过共同目标和利益的绑定，形成更加紧密的合作关系；新机制下，双方会建立更加有效的沟通和协调机制，及时解决问题，确保项目顺利推进。

（三）资源整合

PPP 新机制可以整合公私双方的资源和优势，不仅包括资金、技术等硬件资源，还包括管理经验、创新能力等软件资源，这样可以实现协同效应，提高项目的效率和效益；新机制还通过建立有效的合作机制和管理模式，提高资源整合的效率，避免资源浪费和重复投入。而传统机制则相对较为单一。

（四）创新能力

PPP 新机制鼓励创新，通过引入私营部门的创新能力和经验，推动项目的发展和改进，传统机制在这方面相对较为保守。PPP 项目往往需要运用新技术来提高效率和质量，新机制下更容易推动技术创新。新机制下，公私双方可以共同探索新的管理模式和方法，提高项目管理水平。

（五）公共利益保障

PPP 新机制更注重保障公共利益，通过监管和评估确保项目满足公众需求，还更加注重公众参与，通过征求公众意见、信息公开等方式，保障公众对项目的知情权和监督权。PPP 项目通常会更注重社会效益，确保项目的实施符合公众利益和社会发展的需要。而传统机制在这方面的保障可能相对较弱。

总的来说，PPP 新机制与传统机制在多个方面存在显著差异。新机制在风险分担、合作伙伴关系、资源整合和创新能力等方面具有明显优势，更注重长期合作、互利共赢和公共利益保障。通过与私营部门的深度合作，新机制可以更好地发挥各方优势，提高项目的实施效果和可持续性。

二、PPP 新机制在交通项目中的应用

新机制明确提出，PPP 项目"聚焦使用者付费项目"。紧随新机制发布的《基础设施和公用事业特许经营管理办法（修订征求意见稿）》也规定："基础设施和公用事业特许经营是基于使用者付费的政府和社会资本合作（PPP）模式。"对于一些自身没有经营性收益，投资回报依靠可用性付费的项目，在新机制的要求下已不再适用 PPP 模式。例如，之前许多市政道路项目通过将绿化养护工作打包进项目中，实现所谓的"运营"，而后通过"可用性付费＋运维服务费"的方式获取成本和合理回报，这种项目不再视为 PPP 项目。新机制下，项目回报机制仅有使用者付费一种，这与原 PPP 项目的三类回报机制，即使用者付费、政府付费和可行性缺口补助截然不同。使用者付费在实践中的表现形式又是多样的，有的表现为直接向用户收费，如收费公路项目；有的由政府或授权机构代收，如污水处理、垃圾处理项目；以及通过"肥瘦搭配"有机组合能够实现自平衡的项目，如生态环境导向的开发（Eco-environment Oriented Development，EOD），以公共交通为导向的发展模式（Transit Oriented Development，TOD），等以城市基础设施为导向的复合新型发展模式（X-Oriented

Development，XOD)，以及城市更新项目等。虽然表现形式多样，但新机制下，PPP 项目必须满足三大核心要求，即有明确收费来源、经营性收入可覆盖建设成本与运营成本、不会额外新增地方财政未来支出责任。

在当今社会，交通基础设施的建设与发展一直是各国政府和社会关注的焦点之一。而在推动交通基础设施建设方面，公私合作 PPP 新机制正逐渐成为一种备受青睐的模式。PPP 新机制通过吸引私人资本、提高建设效率、确保长期运营和维护、促进创新和提升服务水平等方式，发挥着重要作用和贡献。PPP 新机制明确"两个支持"和"一个探索"："支持在不改变项目地表原地类和使用现状的前提下，利用地下空间进行开发建设""支持依法依规合理调整土地规划用途和开发强度""探索分层设立国有建设用地使用权"。2021 年 12 月，国务院印发《"十四五"现代综合交通运输体系发展规划》(国发〔2021〕27 号)提出："到 2025 年，综合交通运输基本实现一体化融合发展，智能化、绿色化取得实质性突破，综合能力、服务品质、运行效率和整体效益显著提升，交通运输发展向世界一流水平迈进"。

PPP 新机制在交通基础设施建设中具有多重优势。首先，它提供了可观的资金支持和分摊风险。其次，有助于提高建设效率和质量。再次，促进了长期维护和运营。然后，鼓励了创新和技术应用。最后，有助于提升服务水平和用户体验。以下是 PPP 新机制在交通项目的五个作用：

第一，PPP 新机制为交通基础设施建设提供了可观的资金支持和分摊风险。传统上，交通基础设施建设主要依赖于政府的财政投入，但随着社会经济的发展和人口增长，政府财政压力不断增加，往往难以满足日益增长的基础设施建设需求。而 PPP 新机制的引入，则可以通过吸引私人资本参与项目投资，为项目提供资金支持，共同分担项目的建设和运营风险。私人投资者的参与不仅可以缓解政府财政压力，还可以引入更多的创新理念和管理经验，提升项目的整体水平。

第二，PPP 新机制有助于提高建设效率和质量。私营部门在项目建设和运营中通常具有更高的效率和灵活性，可以通过引入创新技术和管理方式，提高项目的建设效率和质量。在 PPP 模式下，公私合作使得项目可以更加便捷地获得专业知识和管理经验，从而推动了交通基础设施建设的进展。私人投资者往往会更加注重项目的效益和质量，因此可以有效提升整个项目的水平和竞争力。

第三，PPP 新机制促进了长期维护和运营。在传统的政府投资模式下，往往存在项目建成后维护不到位、运营不佳等问题，导致基础设施的长期可持续性受到影响。而通过 PPP 模式，私人投资者承担了一定期限内的运营和维护责任，有利于确保项目的长期稳定运营。通过建立有效的合同机制和激励措施，可以促使私营部门更加注重项目的维护和管理，提高了交通基础设施的可持续性。

第四，PPP 新机制鼓励创新和技术应用。随着科技的不断进步和社会需求的不断变化，交通基础设施建设也需要不断更新和创新。而 PPP 模式通常鼓励私人投资者引入新技术和创新理念，例如在智能交通管理、绿色交通技术等方面的应用。私人投资者通常具有更强的动力和灵活性来推动技术的应用和创新，从而提升了交通基础设施的水平和竞争力。

第五，PPP 新机制有助于提升服务水平和用户体验。通过引入私人投资者的商业运营思维，项目往往更加注重用户体验和服务水平，以确保项目的商业可持续性。这包括提供更加便捷的交通服务、优化交通流量、改善交通安全等方面，从而提升了交通基础设施的整体品质，为社会各界带来更多的便利和福祉。

综上所述，PPP 新机制在推动交通基础设施建设方面发挥着重要作用和贡献。通过吸引私人资本、提高建设效率、确保长期运营和维护、促进创新和提升服务水平等方式，PPP 模式为交通基础设施的发展注入了新的活力和动力，为社会经济的可持续发展做出了积极贡献。

三、PPP 新机制下的公众参与

过去 PPP 新机制为交通基础设施建设提供了重要支持，而在当前，公众参与在推动交通基础设施建设方面也扮演着重要的角色。在 PPP 新机制中，公众参与可以促进项目的透明度和可持续性，增强项目的社会认可度和接受度，从而更好地服务于社会的需求。

第一，公众参与可以提高项目的透明度和合法性。在项目规划和决策阶段，公众参与可以让居民和利益相关者了解项目的具体内容、影响范围和可能带来的利弊，充分表达自己的意见和诉求。这有助于政府和私人投资者更加全面地考虑各方利益，制订更加合理和可行的项目方案，避免可能存在的争议和纠纷，提高项目的合法性和可持续性。

第二，公众参与可以增强项目的社会认可度和接受度。通过开展公众听证会、社区座谈会等形式，让居民和利益相关者参与到项目决策和管理中来，可以让项目更加贴近民生、符合社会期待，提高项目的社会认可度和接受度。这有助于减少项目建设和运营过程中可能面临的抵制和阻力，为项目的顺利推进提供了有力支持。

第三，公众参与可以促进项目的可持续发展。通过与公众进行沟通和协商，可以更好地了解社会的需求和期待，使得项目能够更好地满足社会的需求，提高项目的社会效益和可持续性。同时，公众参与也可以促进公众对交通基础设施建设的理解和支持，增强社会对项目的责任意识和参与意识，为项目的长期发展提供了良好的社会基础。

第四，公众参与对项目建设和运营阶段具有重要意义。例如，在建设过程中，公众可以提供宝贵的意见和建议，帮助发现施工中可能存在的问题，并及时进行调整和改进，以确保项目的顺利推进和质量保障。同时，在项目运营阶段，公众的监督和参与也可以促进项目的良性运行，防止可能存在的违规行为和管理漏洞，保障公共利益和安全。

第五，公众参与可以促进社会各界对 PPP 新机制的认知和理解，增强社会对该机制的信任度和支持度。通过开展宣传教育活动、举办公开论坛等形式，可以向公众介绍 PPP 模式的优势和特点，解答公众的疑虑和担忧，增强公众对 PPP 模式的认同感和信心，为该机制的推广和应用创造良好的社会氛围和舆论环境。

值得注意的是，公众参与并非一成不变的，而是需要根据具体项目的特点和社会环境的变化不断进行创新和完善。政府和私人投资者应该积极探索多种形式的公众参与机制，注重充分听取和尊重公众的意见和建议，确保公众参与的全程性、公开性和民主性，为项目的顺利推进和社会的和谐发展提供坚实的基础和支持。

总的来说，公众参与在 PPP 新机制中具有重要作用，不仅可以提高项目的透明度和可持续性，增强项目的社会认可度和可接受度，还可以促进项目的可持续发展，实现经济效益和社会效益的双赢。因此，政府和私人投资者应该高度重视公众参与，积极推动公众参与机制的创新和完善，为交通基础设施建设的顺利推进和社会的可持续发展作出积极贡献。

第四节　本章小结

首先，本章详细介绍了 PPP 新机制项目和使用者付费交通项目。PPP 新机制是一种公私合作模式，通过吸引私人资本参与交通基础设施建设，实现风险共担和资源共享，它可以提高项目的效率和质量，减轻政府财政负担，同时促进技术创新和服务提升。

其次，使用者付费交通项目是基于使用者支付费用的原则，通过收取通行费、停车费等方式收回项目建设和运营成本，它能够根据实际使用情况进行资源配置，提高交通系统的运营效益和可持续性。

最后，说明了 PPP 新机制在交通项目的应用，使用者付费交通项目能够根据实际使用情况进行资源配置，提高交通系统的运营效益和可持续性。公众参与在 PPP 新机制和使用者付费交通项目中都具有重要作用，可以提高项目的透明度、合法性和可接受性，有效的监管和评估机制对于确保 PPP 项目的顺利实施和使用者付费的公平合理至关重要。

理论篇

第三章
风险分析

投资 PPP 项目时，风险管理中的下述概念尤其重要：已知的未知风险不可怕，最怕的是未知的风险；有风险的不可怕，最怕的是没有干系的人对风险有控制力；承担风险不可怕，最怕的是承担了超出承受能力的风险。PPP 项目的风险管理是非常重要和复杂的，从实践中吸取经验和教训是提高风险管理水平的重要途径之一。风险分析可以帮助组织识别可能对 PPP 项目造成负面影响的潜在风险。通过对风险进行全面评估和分析，投资者采取相应的措施来降低风险、减少损失、更好地应对不确定性。

第一节　情景分析

情景分析是影响特许定价的关键因素识别的基础部分，其实质是收集、整理和分析信息的过程。一般在规划会议前就会派专业人员收集、整理各个方面的相关信息，如地理、水文、经济、文化、交通等，所有信息做成书面材料，配备必要的地图和图片，提交给规划会议的主持人，以便在会议上进行分析。在影响特许定价的关键因素研讨会上，所有与会人员对信息进行了分门别类，专业人员就自己的专业领域发表看法，提出建议，由工作人员整理成书面意见。

1）云南省昆明市属北纬亚热带，然而境内大多数地区夏无酷暑，冬无严寒，气候宜人，但交通状况落后，严重阻碍城市经济的发展。

2）伴随着国家西部大开发的步伐，城市交通的发展已成为社会广泛关注的热点问题。

3）云南省隶属于经济欠发达地区，文明水平相对落后，人们对于道

65

路合理使用缺乏相关的知识。

4）收费公路 PPP 项目的收费标准是否合理，将对一个国家的交通运输产业乃至整个国家经济发展水平产生重大的影响。

第二节　利益相关群体分析

PPP 项目融资的核心问题就是在政府、项目和出行者三方之间的博弈，这在一定程度上就是平衡三者之间的利益。

表 3-1　利益相关群体分析

利益相关群体	利益和动机	存在的问题	优势	工作职责
政府	提高城市交通发展水平，保证居民交通便利	缺乏资金和技术	有组织协调能力	给予项目资金、政策和人员的支持
项目公司	得到一定的经济收益	缺乏技术人才	有组织施工能力和经验	搞好工程规划、设计、施工，有效地使用资金
出行者（收费公路使用者）	提高交通行驶的速度和舒适度	通行费费率过高，部分地区通路难	关注项目，积极性高	配合项目的相关工作

第三节　风险清单

根据分析范畴的不同，可将 PPP 项目风险分为系统风险和非系统风险。

一、系统风险

一般风险与国家的政治环境、经济背景、法律体系等因素有关，是 PPP 项目发起人无法控制的风险。这类风险不仅会影响到 PPP 项目实施的各项计划，还关系到 PPP 项目社会效益和经济效益的实现。一般风险可分为政治风险，法律风险和商业风险三种。

（一）政治风险

指因东道国内外政治、政策变化而导致 PPP 项目利益受损的风险。按引发原因不同，政治风险又可分为政局不稳定风险和政策不稳定风险。政局不稳定风险指如在东道国发生战争、内乱或政权更迭情况下，PPP 项目的运营面临延误，中断甚至国有化的可能；政策不稳定风险主要表现为：东道国财税体制变化；东道国政府对允许私营部门以基础设施项目获利的态度转变；东道国政府对 PPP 项目实行征用或没收，使其国有化；东道国政府取消 PPP 项目的特许经营权，对项目产品增加进出口限制，增加资源开发限制以及生产限制等。

（二）法律风险

由于东道国法律法规变动而给收费公路 PPP 项目所实施带来的风险。当某项与 PPP 项目有关的法律在 PPP 项目实施后发生变更，使各参与方之间地位与关系发生变化，最后使其中一方或若干方利益受损。PPP 项目涉及的法律法规较多，我国 PPP 项目还处在起步阶段，相应的法律法规还不够健全，很容易出现这方面的风险。例如在安徽芜湖垃圾焚烧发电 BOT 项目中，上网电价为每千瓦时 0.393 元，远低于周边省份的上网电价，比同城的常规发电企业的上网电价还要低，而在进行设备启动、检修和维护时从电网消耗电量却需要按照工业用电价格支付电费，不能利用自身的并网发电量来抵扣；此外，项目用煤无法享受常规大发电企业的重点合同优惠，掺烧的煤每吨要多支出 150 元左右，虽然政府将垃圾处理补偿标准由 8 元/吨提高到 16 元/吨，但依然无法弥补项目公司的运营亏损。

（三）商业风险

商业风险与 PPP 项目外汇收入、汇率和利率的浮动以及通货膨胀有关，影响到 PPP 项目的运营成本[1]。商业风险的表现形式主要是外汇风险和利率风险。

1）外汇风险。外汇风险主要从以下三个方面体现：东道国货币的自由兑换、汇率波动造成的货币贬值和经营收益的自由汇兑问题。PPP 项目

---

[1] Hancock CB，Morin TJ，Robin N.Introducing RISKMAN：the European project [J]. risk management methodology.UK：NCC Blackwell Limited，1994：20-25.

融资模式中各方都十分关心外汇风险问题。在跨国性的 PPP 项目实践中，境外的项目发起方期望将项目产生的收益以本国的货币或者硬通货汇的形式回到国内，以便规避因东道国货币贬值而蒙受项目损失。同样，项目的货款方也希望 PPP 项目能以本国货币偿还项目贷款。

2）利率风险。在漫长的特许经营期内，PPP 项目由于利率变动直接或间接地造成项目价值降低或收益减少。如果投资方选择浮动利率进行融资，在利率上升的情况下，项目生产成本就会随之升高；而如果采用固定利率进行融资，在市场利率下降的情况下，便会提高项目的机会成本。

二、非系统风险

PPP 项目特定风险是指 PPP 项目自身范围内的风险，是可以控制的风险。PPP 项目的特定风险有：

（一）经营风险

经营风险发生在 PPP 项目经营和维护过程中，由经营问题如原材料或能源供应不足、设备运行维护不合理、产品质量低劣、成本超支等引起的风险。经营风险带来的损失可能致使整个 PPP 项目瘫痪，直接影响项目的获利目标。PPP 项经营风险主要包括以下几种：

1）相关基础设施风险。相关基础设施的施工通常由第三方负责，它们虽然不是 PPP 项目的一部分，但对 PPP 项目来说是重要的，相关基础设施的完成与否关系到本 PPP 项目能否开始正常运行和获利。如果相关基础设施项目比 PPP 项目滞后，则 PPP 项目的实施运营便相应地受到拖累。

2）技术风险。指由于项目的设计、施工以及设备等存在缺陷而引发的风险。技术风险带来的损失将直接影响到 PPP 项目的经济寿命、产品质量和经济效益，还将间接影响到 PPP 项目的声誉以及各参与方的合作信心和积极性。

3）需求风险。PPP 项目均面临着与市场需求相关的风险。PPP 项目产品或服务可能涉及的需求风险有销售量风险、销售价格风险，而大多数 PPP 项目产品会同时涉及销售量和销售价格的双重风险。当对 PPP 项目产品的实际需求低于预测水平，项目的回报率降低，项目受许方的现金流量面临更大风险。

4）供应风险[1]。与需求风险一样，供应风险也属于市场风险，和项目产品数量与价格二因素有关。供应风险主要存在于 PPP 不稳定或不足以满足项目运营的需要；项目投产运营后原材料和燃料价格的涨幅超过了项目产品价格的涨幅。

5）管理风险。管理风险是由 PPP 项目受许方（项目公司）对项目运营管理能力所决定的。这种运营管理的能力决定 PPP 项目生产效率、产品质量和成本控制。它产生的主要原因有：PPP 项目内部管理和监督机制不健全；缺乏有效的风险防范、责任和奖惩激励机制；工作人员业务素质不能满足工作要求、知识陈旧、风险意识和法律意识薄弱；主要人员更迭，致使 PPP 项目陷入转折过渡的处境；PPP 项目实施过程中，信息交流与反馈不及时准确。管理风险给 PPP 项目带来的后果是工作效率低下，管理费用和直接成本增加，有时甚至可能引发重大的事故。

6）自然灾害风险。自然灾害风险是指由于火灾、洪水、地震等自然灾害的发生给项目造成的损失统称为不可抗力风险或自然灾害风险。

（二）环保风险

对项目来说，要满足环保的要求，就得增加项目运营成本支出以改善项目的生产环境。由此，PPP 项目的生产效率就必然受到影响，额外费用上升，更为严重的是，PPP 项目可能无法继续实施下去。

下面我们把 PPP 项目融资模式中的常见风险，根据内容做以下细分[2]：

1. 政治风险

（1）政治风险

这是指东道国政府出现政权更迭，战争等混乱状态时，原来项目运营所依据的法律可能被废除、原政府的承诺可能无法兑现，项目的本身可能被新政权征收，这类风险发生的概率极小，可一旦发生将会导致项目的根本性终结，危害性极大。

---

[1] Barry C E, John VF, lan W.Infrastructure risk analysis model [J]. Journal of Infrastructure Systems，2000，6（3）：114-117.

[2] Schaufelberger J E, lsr W. Alternate Financing strategies for build-operate-transfer projects [J]. Journal of Construction Engineering and Management，2003，129（2）：205-213.

（2）政策风险

由于 PPP 项目融资模式的建设项目具有周期长、规模大的特点，其所涉及的政策较广，包括关税政策、税收政策、价格政策和土地政策等。在项目周期内，这些政策的变动将给项目带来一定的不确定性影响。

（3）获准风险

建设项目取得东道国政府的授权和许可需要经过复杂的审批程序，如果出现了任何环节的审批延误，都会导致项目无法按照计划实施和管理。对于关键节点的延误将会导致项目的失败。

2. 法律风险

此类项目一般建设于欠发达地区，一般项目所在国的法律不够健全，在项目运营过程中一旦发生纠纷或违约时，是否有完善的法律体系提供仲裁，对此类项目的正常建设和运营将会产生重大影响。因此，需要考察项目所在国是否具有独立的司法制度和严格的法律执行体系执行仲裁结果。

3. 金融风险

（1）经济环境

项目所在国的社会经济发展水平直接影响到 PPP 项目的盈利能力。所在国经济发展速度较快，并能保持增长势头，将会吸引更多的社会投资者前来参与。反之，不利用 PPP 项目融资模式的实施。

（2）融资风险

是指由于项目的贷款方不能按照合同的规定提供资金，只是项目延误或停止所产生的风险。

（3）外汇风险

汇率波动所造成的货币贬值问题、东道国货币的自由兑换和经营收益的自由汇出是外汇风险的三个重要表现形式。项目的建设投入的资金采用的是硬通货或一部分当地货币，而特许经营期内产生的收入是项目所在国所使用的货币，由此外汇风险问题是会引起项目的各参与方的关心。

（4）利率风险

在 PPP 项目的经营过程中，由于利率变动直接或间接地造成项目投资增加或者是收益减少的风险就是项目利率风险。如果项目的投资方利用浮动利率进行项目融资，一旦利率上升，项目生产运营成本将会升高；而如果项目的投资方采用固定利率进行项目融资，一旦市场利率下降则会加大机会成本。

（5）通货膨胀风险[1]

是指由于项目东道国的项目产品的销售价格上涨，从而影响产品的销售，或者是为了维护销售而降低产品的销售价格从而降低了项目的实际收入，这种风险成为通货膨胀风险。

（6）财务风险

项目中财务成果的风险和财务状况的风险被称为 PPP 项目的财务风险。企业资金运营能力包括当前资金的周转状态和未来资金的周转状态。一个 PPP 项目的财务运转状况，表现在该项目经营资金运动的情况和结构上，是财务状况的好坏和财务成果的大小。

（7）价格风险

PPP 项目融资模式中的价格风险主要体现在下面两个方面：一是生产建设阶段的需要的原材料的价格的变化引起项目建设成本升高；二是项目运营阶段现金流的会受到市场影响。

4. 完工风险

（1）延迟完工

后勤支持不力、工程技术力量不足、资金不能及时到位等多方面的原因将会导致项目的拖延，影响项目的运作效果。

（2）商业完工风险

是指项目不能在约定时间内达到正式运营完工标准及现金流量的完工标准等，这种风险在发展中国家的项目融资过程中普遍存在。

（3）停工风险

是指由于宏观环境发生改变、资金量不足和项目工程技术发现重大失误等原因导致项目停止的风险。

---

[1] Malimi E.Build operate transfer municipal bridge projects in India [J]. Joumal of Management in Engineering，1999，15（4）：51-58.

（4）原材料供应

PPP 项目融资模式一般应用在大型公共基础设施建设项目，需要投入大量的物料，施工材料供应商的材料供应能力，会影响到施工的进度和质量。原材料的供应情况将会影响到项目的成本变动。因此需要考虑配套产品、供应商、能源等方面是否对建设运营发生阻碍。

（5）基础设施及设备[1]

公共基础设施是为各项项目实施提供保证的重要载体，服务于主要包括能源，交通和邮电通信三个方面。投资项目的顺利运行依赖于项目的配套设施建设。完善的基础设施及设备可以使得成本降低，工作效率提高，项目产出和盈利水平增加。设备的完好率和建设过程中的运行的效率也是影响工程进度和质量的重要因素。

（6）违约风险

项目参与方因故不能履行或拒绝履行合同中所规定的责任和义务而给项目造成一定的损失，成为违约风险。由于 PPP 项目运营过程中，所涉及的参与方众多，当有任何一方不能按时按质的履行其责任和义务时，将会导致项目的延误甚至是失败。这种融资模式中的违约风险有很多种，如在规定的时间内资金不能完全到位，或是借款方因无力偿还到期债务拒绝债务的偿还等。

（7）技术先进性

根据同类技术所能达到指标的程度，来确定该项技术处于何种水平。可以看做是通过创造市场、提供更为优质服务和产品，使得项目获利的一个重要因素。项目具有投资价值的前提是技术的先进性，先进的技术可以帮助投资者带来独特优势。

（8）技术的可靠性

一些 PPP 项目投资失败是由于项目本身的技术还不成熟，有待完善。投资规模巨大的 PPP 项目一旦投入，产生的问题将会是巨大的。技术的可靠性是指其接近最后产品的程度在规定条件下和规定时间内无故障地发挥其特定功能的概率。因此投资者必须确认其配套的产品技术和工程技术已经完善，达到可靠性标准。

---

[1] Schaufelberger J E.Risk management on build-operate-transfer projects [J]. Construction Research Congress，2005，183（91）：1-10.

（9）技术的匹配性和适用性

技术的匹配性和适用性表现在项目中信息、人力和物力等相关资源的配合程度，与项目过程的质量和效率要求的匹配程度。PPP项目的技术适用性还要考虑自然条件和当地的资源状况，尽量发挥当地优势和技术特长，以确保项目的效率和效用发挥到最大程度上。

（10）技术难度

项目的技术难度越小，风险就越低；难度越大，风险就越高。但项目的相对复杂的技术会对项目的实施起到促进作用，但不宜被操作者所掌握。

（11）技术稳定性

在运营过程中，在正确使用和操作相关仪器设备时，所表现出来工作性能是稳定的。程度越高表明在整个项目运营过程中出现质量、事故等异常状态的可能性越小。

5. 运营风险

（1）投资导向和产业政策的变化

收费公路PPP项目融资模式是一种周期较长的投资，在项目运营过程中投资导向和产业政策的变更将会导致项目风险的增加。而投资导向和产业政策是国家或地区为了实现某阶段特定发展目标而要求的，因此投资导向和产业政策在不同时期和不同阶段的表现也不尽相同。

（2）运营环境风险

对于依赖于某种石油、天然气、煤矿等自然资源或能源的项目（如主要包括以水为资源的水力发电厂、以煤为原料的发电厂等），在项目的运营阶段是否有足够的资源作为保证，能否按照事先约定的价格购买到原材料，是一个极大的风险因素。这是因为PPP项目对资源情况具有很大的依赖性，供应的可靠性和对资源价格的波动的具有高度的敏感性。此外，在项目正常运营过程中，通讯、交通以及其他公用设施等后勤条件都对保持长期持续的便利、有效运行具有一定的影响。

（3）组织风险

PPP项目组织结构的不合理所带来的风险。此类项目具有参与方多、规模大、组织结构复杂的特点，随着PPP项目在实践中的发展，如果不能及时地进行组织结构调整，往往会成为PPP项目的潜在根源引发危机。

（4）成本风险

是指项目运用过程中实际发生的成本超过预期成本的风险。其主要原因是在收费公路、隧道、水利等工程中受到未预测到的因素影响，导致施工的成本和进度受到影响。

（5）共同协调的风险

由于 PPP 项目参与者众多，结构复杂，所以协调各方之间的相互关系就显得极为重要，有效地传递信息、减少各方之间的摩擦的有效方式是建立良好的沟通协调机制，同时可以提高项目整体的运营效率，并消除不必要的经济损失。

（6）质量风险

PPP 项目融资模式所涉及的项目多是公共基础设施项目，其质量的好坏不但影响到项目的收益，更会影响到政府的形象，一旦项目出现质量问题，将会对社会产生巨大的经济损失。

（7）管理能力

项目直接负责人管理能力的强弱直接影响到项目的运营状况。这主要包括风险控制力、团队控制力、持续奋斗力、沟通协调能力和捕捉信息力，其中在 PPP 项目融资模式中重点考察的是团队的沟通协调能力和团队控制的能力。

（8）管理资历

管理者的管理资历对于此类项目运营也是非常重要的。由于项目复杂涉及面广，需要具有管理及专业经验的管理候选人。主要包括公共关系、专业知识背景、以往相关行业经验、管理业绩、信用记录和危机处理记录。

（9）目前工作能力

主要从项目战略思想、经营理念、计划筹备、对市场的预见和把握、对资源的预见和规划、对危机的预见和防范等方面反应管理者目前的工作能力。

（10）监理风险

由于项目的建设周期长，需要严格检查监理工程师的组织能力、管理能力和资质水平以及能否按合同恰当地处理施工过程中出现的各类问题。

6. 市场风险

（1）社会风险

项目所在国的政府和用户对 PPP 融资模式项目的认可度会影响项目的运行情况，也会影响投资者的实际投资行为。

（2）信用风险

PPP 项目融资模式是一种新型的融资模式，而"有限追索"方式决定了信用风险的重要性。项目整个运营阶段都存在信用风险，项目参与者包括项目投资者、服务购买者、工程公司、原材料的供应者等都是信用保证的载体，他们是否愿意并且能够按照法律文件的规定在需要时履行其所承担的信用保证责任，是否有能力承担其职责，构成 PPP 项目的信用风险。项目参与者的资信状况、资金和技术能力、以往的表现和管理水平是评价项目信用风险程度的重要指标。

（3）市场竞争的风险

PPP 项目融资模式中的市场竞争的风险主要来自以下三个方面：

1）现有竞争者风险。同行业的竞争者越多，项目所获得的项目利润就越少。

2）潜在竞争者风险。在行业的发展过程中，如果一直处于上升状态，将会吸引更多的投资者加入这个行业，供应量的增加将导致项目产品价格的降低，减少企业的利润。

3）替代品竞争风险。随着产业的多样化，将导致替代品越来越多地出现。这会降低产品本身的竞争力，增加产品的市场风险[1]。

（4）市场需求风险

产品和服务本身的价格、人口数量与结构的变动、消费者收入水平及收入分配平等程度、消费者的预期、政府的消费政策，这些成为市场需求风险。它们受到各种不确定因素的影响，难以进行准确的把握和预测。

---

[1] 杜金柱，扈文秀. 产品市场竞争、风险承担与公司投资效率 [J]. 运筹与管理，2023，32（3）：171-176＋239.

（5）市场预测风险

市场预测是 PPP 项目融资模式进行前期决策的主要依据，是确定 PPP 项目规模、特许权相关内容以及运营相关策略的基础，市场需求预测要达到非常高准确度是不可能的，任何的预测都应该允许存在一定的误差，是常见的问题之一，但只要保证误差在合理的范围内，需求预测的目的便可以达到。PPP 项目在决策过程中应该尽量避免这种风险，减少带来的相关损失。

7. 不可抗力

（1）重大事故

一般规模庞大，户外施工量大，施工建设复杂且工期较长的项目，才会选用 PPP 项目融资模式，由此在项目的施工过程中重大事故的风险也较难把控，重大事故风险的发生会对项目的成本和进度的损失也是非常巨大的，甚至会影响到项目的顺利实施。同时，会对项目的声誉也会带来负面影响，对项目未来的运营管理带来一定的阻碍。重大事故的风险贯穿在整个项目运营阶段。

（2）不可抗力风险

由于海啸、雷击、地震、台风、火灾、洪水、火山爆发等意外事故引起的风险具有不可抗拒的特点，称为不可抗力风险。例如湖南某电厂于 20 世纪 90 年代中期由原国家计委批准立项，西方某跨国能源投资公司为中标人，项目所在地省政府与该公司签订了特许权协议，项目前期进展良好。但此时美国轰炸我驻南斯拉夫大使馆，对中国主权形成了严重的实质上的侵犯。国际政治形势的突变，使得投标人在国际上或中国的融资都变得不可能。项目公司因此最终没能在延长的融资期限内完成融资任务，省政府按照特许权协议规定收回了项目并没收了中标人的投标保函，之后也没有再重新招标，从而导致了外商在本项目的彻底失败。在江苏某污水处理厂项目关于投资回报率的重新谈判中，也因遇到非典中断了项目公司和政府的谈判。

（3）环保风险

PPP 项目融资模式所涉及的公共基础设施项目在建设和运营过程中可

能会给环境带来一定的污染。如果项目的污染指数超过国家规定的标准，将会导致项目的被迫中止。所以环保风险应该引起重点关注。

此前，诸多研究探索了上述风险对整个集合的关键程度，详细的研究结论总结如图 3-1 所示。

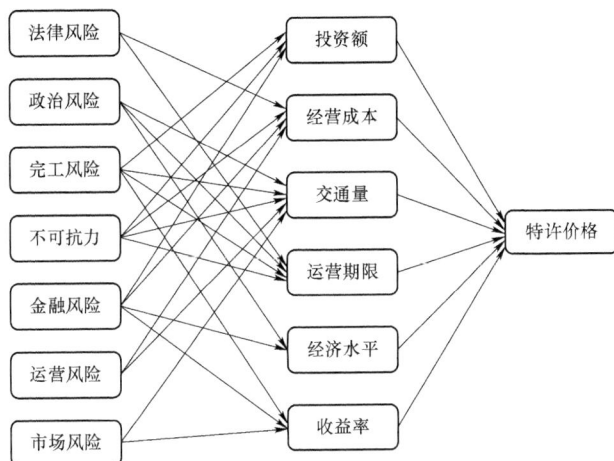

图 3-1 风险——定价要素关系图

第四节 风险分担

一、风险分担的时点

与传统工程项目不同，PPP 项目投资大、风险高、合同结构复杂，一般包括准备阶段、招投标阶段、合同组织阶段、融资阶段、建造阶段、经营和移交阶段。其中，准备阶段的里程碑事件包括可行性报告的制定和招标文件的拟定；招投标阶段的里程碑事件是中标人的确定；而合同组织阶段则是特许权协议的签订。

在收费公路 PPP 项目准备阶段，公共部门需要在详细调查项目需求的基础上，通过对以往类似案例的学习或者咨询行业专家等方法，识别出项目潜在的风险因素并进行评估（不是所有风险都能在计划阶段识别出来，因此各方在风险管理计划中都应该做好应对新风险的准备），从而制定项目的可行性研究报告。

评估风险并计算风险价值的目的是：在可行性研究阶段判断项目是否应采用 PPP 模式；在确定采用 PPP 模式后，为选择最佳投标者提供评标依据。公共部门根据风险分析结果初步判断哪些风险是在公共部门和私营部门控制力之内的，哪些是双方风险控制力之外的，对于双方控制力之外的风险，留待下一阶段分担。公共部门最有控制力的风险是公共部门需要自留的，剩余的风险则需要转移给私营部门。公共部门在初步风险分担结果的基础上，制定招标文件并发布招标公告。

在招投标阶段，私营部门首先就招标文件的初步风险分担结果进行自我评估，主要评估其拥有的资源（包括经验、技术、人才等），据此判断对公共部门转移的风险是否具有控制力。如果认为对该风险具有控制力，则对其进行风险报价，并反映于投标报价中；如果认为对该风险不具有控制力，则可以选择转移给第三方，并初步估计转移成本，同时也反映于投标报价中。公共部门根据自己在准备阶段的风险价值计算，比较各投标人的投标报价以及投标人的经验、能力等其他非价格因素，最后确定一个最合适的中标人。

采用 PPP 模式并不意味着公共部门可以将所有风险都转移给私营部门，很多实际项目都表明政府也需要主动承担一定的风险，才能达到风险的合理分担，并可降低风险管理成本。而政府承担风险主要通过权利义务的界定和付款机制的确定来实现，也就是说，风险分担是通过合同条款来定义的。在合同组织阶段，政府和项目公司首先就特许权协议进行合同谈判，确定双方的权利和义务，以及服务定价和调整机制。在签订特许权协议之后，项目公司再与其他专业分包商/放贷方/保险方等进行合同谈判，将自己掌控不了的风险转移给对该风险更有控制力的第三方。

二、风险分担的影响

实践中，很多从业人员错误地认为"采用 PPP 模式就是要把尽量多的风险转移给私营部门"（主要是公共部门官员）和"承担更多的风险就可以获得更多的回报，从而把承担风险看成是获得高额回报的机会"（主要是私营部门人员）。事实上，很多研究成果表明，随着公共部门转移给私营部门的风险增加，项目的效率不断上升，总成本不断下降，资金价值（ValueforMoney）不断上升。但是当风险转移到一定程度后，项目的效率将开始下降，总成本将开始上升，资金价值也将开始下降。

Oudot 将风险分担对项目总体成本的影响可以归结为三个效应：生产成本效应、交易成本效应和风险承担成本效应。其中，生产成本效应是指风险分担可以激励承担者有效控制风险，降低风险的发生概率，减少项目的生产成本；交易成本效益是指如果具有明确的风险分担准则和格局，会避免双方在这个问题上的复杂谈判，减少谈判时间和成本；而风险承担成本效应是指承担风险的一方会要求相应的风险补偿，导致项目成本的增加。

如果在招标公告中，公共部门转移给私营部门的风险越多，投标人在特许报价中主张的权利也越多，例如要求自由调整价格，获得更高的风险补偿，导致特许价格更高，即增加了项目的风险承担成本，将导致资金价值降低。如果让私营部门承担其无法承担的风险，一旦风险发生时又缺乏控制能力，必然会降低提供公共设施/服务的效率和增加项目的生产成本（事实上也将增加公共部门的成本），甚至导致项目的被迫中止。

三、风险分担准则

以往的研究中，许多学者建议过不少风险分担原则。

其中，比较达成共识的准则包括：风险应该由最有控制力的一方承担，而控制力的概念则包括是否完全理解所要承担的风险、能否预见风险、能否正确评估风险对项目的影响、能否控制风险的发生、风险事件发生时能否管理风险和风险事件发生后能否处理风险带来的危害；风险分担与所获得的收益匹配；有承担风险的意愿。

收费公路 PPP 项目的风险分担并不存在绝对的原则，而是应该在基本原则的基础上，综合考虑双方对风险的态度和项目的具体条件。实际风险分担结果与获得利益往往不完全对称。对于先天经济性弱的项目而言，政府为了能够增加项目的财务可行性，往往放弃享有部分相应收益的权利。在这种风险分担安排下，当风险损失超过私营部门的承受范围时，政府承担超额损失，但是当风险收益超过相对范围时，政府却没能享有对应的超额收益,这是不太公平的。

四、动态风险分担

缓释收费公路 PPP 项目风险分担的常用工具(特别对放贷方而言):部分信用担保,全额信用或"换行"担保,出口信用机构,债务支柱(政府担保还债一定额度),政府风险保险,政策银行放贷,可行性缺口基金(VCF),政府担保基金,其他担保(如政府担保最低车流量/垄断性),其他资金来源(如政府放贷)。

风险的分担除了要考虑各方对特定风险的控制力、风险控制成本、风险与回报平衡、每一方承担的风险上限和动态调节/调价,还要考虑项目所在国现有法律对风险分担的约束(如有的国家规定中央政府不提供主权担保、不允许地方政府提供固定或最低回报甚至最低市场需求担保)。

对称是 PPP 项目公平分担风险的原则之一。例如收费高速公路中,若政府在法规允许前提下担保了最低收入或车流量("兜底"),则必须限制SPV 的最高收入或车流量("封顶")。

在实践中,合理安排风险的分担是很困难的,因为参与项目的各方常常对项目的风险及其来源有不同的认识和理解,各方都希望实施不同的方案来分担和管理这些风险,而且他们往往有有不同的目标,而这些目标形成了他们对项目成功含义的不同理解。

制约风险识别过程的最重要因素之一就是缺乏有关风险来源的历史信息,使政府和投资者很难预测收费公路 PPP 项目中可能出现的潜在风险,因而阻止他们制定准确估算和适当计划。没有风险及其后果的所需信息,还会阻碍干系人以最适当的风险应对策略分担和管控风险,难以公平、有效和高效地管理项目。

当与政府签有收费公路 PPP 项目兜底购买合同时,投资者常犯的另一错误是建造非生产设施,认为只要政府兜底,可以随意建造。然而,建造非生产设施只会增加投资成本但不会增加生产能力,结果导致提高收费以收回投资,如印尼 Paiton 电厂的投资者因承担修建娱乐中心、维修中心和公路,使电价每度增加 0.75 美分,最终失败。

在 PPP 项目如电/水厂,当政府担保一定市场需求如够电/水量,即签订 Take or Pay（或取或付/照付不议）合同进行兜底时，投资者常犯的错误之一是把政府的担保需求当作市场需求，忽略市场调研，若政府也忽略市场调研或做出乐观的"可批性"需求预测，忽略对供求平衡的控制，就会导致供过于求，使项目不成功。

一旦设施建成并运作良好，收费公路 PPP 项目风险会逐步减小或消失，即贷款条件随着时间推移而改善，投资者就可利用这些有利条件调整贷款，获得更长期、更低利率的更多贷款，以降低资金成本，提高股权回报率，且不一定影响与政府已签的 PPP 协议。例如英国很多 PPP 投资者即基于此获得极大利益，引起很多争议。

第五节　本章小结

本章从定性到定量分析方式的转化，对收费公路 PPP 项目进行风险分析。通过情景分析、参与者分析、风险清单、风险分担等方式，利用人的思维、思维的成果、人的经验、知识、智慧以及各种情报、资料和信息统统集成起来，形成以人为主的多方面的定性认识。详细分析了在公路 PPP 项目运营过程中，会产生的各种风险以及分担风险。风险分析是投资者进行风险管理的重要工具，能够帮助组织识别和理解潜在风险，并采取相应的措施来降低风险的影响。它对于制定有效的风险管理策略和决策非常关键。

第四章
使用者付费交通项目定价模式分析

PPP 项目融资模式中主要存在三大利益相关群体，分别是政府、项目公司和出行者。由于代表不同的利益，在项目特许价格制定中，具有不同要求。本书从定价目标进行分析并制定更相应的定价模式，以此确定收费公路 PPP 项目特许经营权价格。

第一节 定价目标

定价目标的确定，是收费公路 PPP 项目特许定价研究的根本出发点。PPP 项目中参与方众多，不同的定价主体定价目标也不尽相同。由此造成了收费公路 PPP 项目特许定价的研究中定价目标的多样性[34]，从不同的定价目标出发，学者们制定了各不相同的特许定价方法[1]。在 1997 年 Hong 指出收费公路定价的主要目标有三个：收回建设、运营、维护成本；反映公路运输的社会成本以及项目的外部不经济性；有效管理交通需求[2]。公路定价理论伴随着 PPP 项目的广泛实践而得到迅速发展，定价目标日渐趋向合理化。在 2001 年亚洲交通发展学会（Asian Institute Transport Development）出具的一份研究报告将公路定价目标总结为：社会福利最大化；利润最大化；交通需求管理；收入再分配；可持续发展等目标[3]。其中三个最主要

---

[1] 熊玉璞，雷定猷，宋楚君. 特许定价与分流率联动的高速公路 PPP 定价研究 [J]. 铁道科学与工程学报，2017，14（8）：1792-1798.

[2] Hong K L，Mark D H.Toward an evaluation framework for road pricing [J]. Journal of Transportation Engincering，1997，123（4）：316-324.

[3] Transport and Tourism Division.Sustainable transport pricing and charges-principles and issues [J]. Bangkok：Asian Institute of Transport Development，2001，79（9）：123-134.

的目标是社会福利最大化、利润最大化、交通需求管理。以习近平新时代中国特色社会主义思想为指导，全面推广收费公路差异化收费应当坚持以下原则：坚持政府引导、合理推动；坚持因地制宜、分类施策；坚持改革创新、完善机制。定价目标的演化趋势是由单一目标向综合目标发展，由此可见，权衡多个目标的定价方法能更好地解决实践中的问题，也是未来的研究方向。

一、政府角度的定价目标

从政府角度制定的特许定价目标是在追求社会福利的最大化。政府为了发展项目所在地的公路运输产业，设立收费公路 PPP 项目，组建项目运营公司，目的在于通过公路运输产业的发展，增加项目所在地与周围地域的交流机会，促进区域经济的发展，方便当地居民展开生活生产活动。由此政府在收费公路定价中要求合理的收费标准既要能保证 PPP 项目的建设和运营，同时要考虑出行者的接受程度。在经济学中，当社会边际收益等于社会边际成本时确定的收费公路通行费，达到社会福利最大化，为生产者剩余和消费者剩余之和，在这种条件下的公路定价被称最优定价（First best Pricing）[1]。即：政府角度的定价目标为社会福利最大化，此时的公路定价称为最优定价。

二、项目公司角度的定价目标

项目公司在一定程度上代表了私人投资者的利益。私人投资者是经过项目的经济分析，得到项目可行的结论，加入项目的建设运营中来的一股力量。私人投资者的本质是在项目中获得利润，由此项目公司的定价目标为追求项目利益最大化。由于收费公路 PPP 项目属于经营性公共基础设施，具有自然垄断的特点，结合项目公司的定价目标，一旦拥有项目的定价权，必将制定边际收益和边际成本相等的收费标准，从出行者一方收费尽量多的费用，以期实现利益最大化的目的。但是，这势必会引发出行者

---

[1] 李晓明，胡长顺，曹军念. 收费公路经营及政府公共管制的理论与方法 [J]. 中国软科学，2003（6）：134-142.

的不满，造成社会公众与项目公司之间的矛盾，所以只追求项目公司利益最大化的定价方式，在实践中是不可取的[1]。

三、出行者角度的定价目标

在收费公路 PPP 项目的运营过程中，出行者处于相对被动的地位。没有 PPP 项目的定价权，只能选择是否使用此路出行。出行者的定价目标为追求使用效用最大化。

由于收费公路是经营性公共基础设施，道路的使用对于当地居民来说是生产生活的必需事项。从出行者的角度分析，既希望公路交通设施功能的完善给生活带来便利的同时减低使用公路的通行费。从出行者的角度出发，提出了在社会福利最大化目标下的项目公司净收益不为负的收费公路 PPP 项目特许定价模型，此时的价格水平也实现了政府和项目公司双赢的状态。

出行者的定价目标实质是在追求政府与项目公司定价目标的平衡点，即结合社会福利最大化和项目公司利润最大化来实现的。理想状态是期望以收费的方式控制出行者的路径选择行为，达到交通量的平衡，减少拥堵[2]；以"谁使用谁支付"的原则，进行合理的收入再分配[3]；从可持续发展的角度，将公路运输所产生的空气污染、噪声污染等核算到出行成本中来[4]。

总之，在收费公路 PPP 项目的特许定价研究中，由于利益相关群体（政府、项目公司和出行者）在项目中扮演了不同的角色，定价的目标也因此产生不同。因此特许定价具有三方博弈的特点，必须综合考虑各方的目标，充分体现 PPP 项目多方利益相互冲突的特点，最后确定出均衡各方利益的特许价格。

PPP 项目特许定价模式分析，根据主要存在三大利益相关群体，政府、项目公司和出行者的不同定价目标进行 PPP 定价模式分析。对于政府而言，由于公路项目隶属于经营性公共基础设施，特许经营期过长可能影响

[1] 吴健雄，解保华. 收费公路最优车流量动态设计 [J]. 预测，2004，23（1）：43-47.

[2] Chung LT，Kyle Y L，Satheesh KS.Managing cost overrun risk in project funding allocation [J]. Annals of Operations Research，2005，135（1）：127-153.

[3] 孙克染，王颖志，张丰，等. 考虑抵达时间成本的道路交通事故风险评估方法 [J]. 浙江大学学报（理学版），2024，51（2）：143-152.

[4] 周望军. 收费公路的定价问题研究 [J]. 宏观经济研究，2002（5）：41-47.

政府的公信力甚至威胁到国家领土主权。在 PPP 项目中，一般采用"控制特许期定价模式"对特许经营期进行严格控制。对于项目公司而言，项目公司的组成部分包括私人投资者，是项目经济利益为导向建立的组织。在 PPP 项目中，一般采用"控制特许收益定价模式"对项目收益进行严格控制。对于出行者而言，公路项目的建设给出行者带来了便利的同时需要向出行者收取通行费，出行者会对项目给自己所带来的便利程度与通行费的价格进行衡量，对收费价格指标呈现高度敏感性。在 PPP 项目中，一般要求采用"控制特许价格定价模式"保证出行者的利益。

第二节　定价类型

一、控制特许期定价模式

从政府角度进行 PPP 项目特许定价模式—控制特许期定价模式：政府在进行项目公开招标时，一般首先确定出收费公路 PPP 项目的收费标准。主要使用市场法制定价格范围，即参考同类项目的现行收费标准。或者从保护出行者利益的角度，由政府制定一个出行者可接受的收费标准上限；然后投标人测算自己的 NPV，并以特许期参与竞标，政府选择特许期最短的竞标者中标。

在该模式下，政府对项目的特许经营期拥有最大限度的控制权，在进行项目决策时，需要认真考虑项目贷款的偿还期和使用寿命期的长短。在我国，法律上对经营性公路收费期限有明确的规定，因此项目制定时，须保证项目特许期在法律允许的范围内。2023 年颁布的《收费公路管理条例》中规定：政府还贷公路的收费期限，按照用收费偿还贷款、偿还有偿集资款的原则确定，最长不得超过 15 年。国家确定的中西部省、自治区、直辖市的政府还贷公路收费期限，最长不得超过 20 年。经营性公路的收费期限，按照收回投资并有合理回报的原则确定，最长不得超过 25 年。国家确定的中西部省、自治区、直辖市的经营性公路收费期限，最长不得超过 30 年。《公路收费条例》规定转让政府还贷公路收费权，可以向省级人民政府申请延长收费期限，但延长的期限不得超过 5 年，且累计收费期限和总和不得超过 20 年。国家确定的中西部省自治区、直辖市政府还贷公路累计收费期限的总和，最长不超过 20 年。转让经营性公路收费权，不得延长收费期限，且累计收费期限的总和不得超过 25 年。国家确定的中西部省自治区、直辖市经营性公路累计收费期限的总和，最长不得超过 30 年。不得以转让公路收费权为由提高车辆通行费标准。在实践中，要求政府对特许期控制在一定年限内，以确保出行者的利益，使得"控制特许期定价模式"在收费公路 PPP 项目中得到非常广泛的应用。

采用"控制特许期定价模式"，一般通过两个阶段的运作而确定下来的。首先投标人依据政府设定的特许价格，分析项目的不确定性因素，制定出使项目公司利润最大化的特许经营期，并以该特许经营期进行投标报价。其次政府从众多投标人中选择特许期最短者为中标人，中标特许期就是特许经营协议中规定的特许期。

"控制特许期定价模式"虽然帮助政府更好地控制项目的特许经营期，但政府预先所确定的特许经营收费标准，必须保证在项目初期项目公司能够得到一定水平的收益率。政府需要根据项目的实际情况预测风险，并以风险最大状态来决定收费公路的收费标准，一旦项目风险发生，偏低的收费标准将会导致项目收入无法平衡项目成本，项目失败将会带来更大的经济损失甚至是社会问题。同时，私人投资者在项目运营中，能够得到项目利润，才会有参与到 PPP 项目中的积极性。

在 PPP 项目实践运作阶段，随着时间的推移，由于一些外生不确定性的消除（如项目完工，建设期、建设成本等确定）、明确化（如收费价格等基本固定）以及不确定性提高（如交通量波动较大），需要构建特许定价调整模型。此时，项目公司可以选取关键时间点，根据已有的实际 NPV 数据，重新测算未来收益和特许期，通过与特许经营协议中的特许期比较，向政府提出特许期调整申请；经政府和项目公司协商后，选择相应的特许期延长或者缩短模型，以合理的应对不确定性的变化，保证项目公司实现预期收益目标。

二、控制特许收益定价模式

从项目公司角度进行 PPP 项目特许定价模式—控制特许收益定价模

式：是指在特许经营协议中，对项目特许经营期和特许价格都未给出规定，而只是给出特许经营期截止的条件，即项目收益率达到一定标准；特许经营期的实际发生的长度是由项目的实际收益情况所决定的，存在各种长短变化的可能；特许经营期内的收费标准，只要保证在公众所接受的范围内即可。

在"控制特许收益定价模式"下，政府在招标之前预先确定一个特许经营期区间，投标人通过测算，给出可接受的 PPP 项目总收益的净现值进行投标报价，项目公司所要求的特许经营期间收费标准不得超过政府所规定上限，当项目运营中，通行费的累积限制达到投标报价水平时，项目特许经营期结束，项目无偿移交给政府，称为最小收入现值法（Least Present Value of Revenue，LPVR）。

最早的 LPVR 是由耶鲁大学的 Engel 提出的，但此研究在分析中忽视了经营成本对特许定价研究的影响，在智利的收费公路 PPP 项目应用中，没有积极调动项目公司的运行效率。因此 Gustavo 在此基础上，提出改进的模型，即最小净收入现值模型（Least Present Value of Net Revenue，LPVINR）。该模型要求项目公司给出两个重要信息：一是在不考虑收回经营成本条件下的项目总收入 B，二是 PPP 项目的年均经营成本 E，要求满足 $\min (B+E)$ 的投标人。

在"控制特许收益定价模式"中，虽然项目的实际收益决定着项目运营状况，但在项目投标人给出 LPVR（或 LPVNR）之前时，需要给出一个特许经营期的范围，按照特许经营期是否在法律规定范围内，可以分为以下两种情况：

第一种情况：当给出的特许经营期在 PPP 项目特许期所规定的法律范围时：政府必须确信收费公路 PPP 项目在最大允许的特许经营期内能够达到项目公司的所要求预期收益水平，允许采用 LPVR（或 LPVNR）的投标报价方法。政府在法律规定的特许经营期范围内，对影响特许经营期的不确定性因素进行预测，在满足私人投资者收益水平约束条件下，给出社会福利最大化时的特许经营期。

第二种情况：当给出的特许经营期不在 PPP 项目特许经营期所规定的法律范围内时，分为两种情况：一是特许经营期超出了法律规定的上限[1]。需要按照法律规定的上限设置特许经营期；二是 PPP 项目的类型在法律中没有特许经营期的规定。理论上，应以项目最大的寿命周期为特许经营期的上限。政府的职能是根据特许经营期的变化区间，结合项目公司的预期收益水平，选择一个合适的特许价格。

使用 LPVNR 的投标报价方法，项目公司可以不必承担建设期、建设成本、收费价格、交通量、运营和维护成本等外生不确定性因素的影响，通过实际的特许经营期长短不同，都可以得到弥补。在项目的实践中，风险较低时，PPP 项目可以尽快移交给政府；风险较高时，PPP 项目特许经营期将会延长，即使项目实际运营的特许经营期达到法定的上限，项目公司也能够得到累积净收益与报价现值之间的差额部分，由政府依照特许经营转让协议进行弥补。

因此，采用 LPVR（或 LPVNR）进行项目特许决策，政府将完全承担各类外生不确定性的影响，并且不需要设计特许期调整机制。"控制特许收益定价模式"的出发点在于，政府通过制定一个相对较低的特许价格收费标准，以此保护出行者的利益。由于特许运营过程中全部的风险都由政府承担，大大调动了私人投资者的参与项目的积极性，有利于提高我国公共基础设施的发展水平。由于项目的特许经营期不是一个固定值，也称为弹性特许期模式。从法律上来说，项目公司所获得的固定收益是受到保护的。在固定特许期模式下，政府与项目公司通过调整特许期来应对不确定性；而弹性特许期模式下，政府与项目公司无需关注特许期的变化，只需要关注收益目标。

三、控制特许价格定价模式

以出行者角度进行 PPP 项目特许定价模式—控制特许价格定价模式：政府在进行项目公开招标时，一般首先确定出收费公路 PPP 项目的特许经营期范围，以社会福利最大化为目标，然后投标人测算自己的 NPV，政府选择投标价格中合理的特许价格，一般报价较低竞标者中标。

---

[1] Gustavo N，GinesR.Flexible-term contracts for road franchising [J]. Transportation Research PartA，2004，38（3）：163-179.

　　显然"控制特许价格定价模式"是政府希望严格控制特许价格的水平，适用于公众对特许价格较为敏感的收费公路 PPP 项目。这种定价模式在我国的收费公路 PPP 项目实践运用中很多，例如：四川绵遂收费公路、乐宜收费公路、泸州纳溪至川黔界收费公路都是采用"控制特许价格定价模式"，以最低收费标准作为项目投标报价的主要选择因素[1]。

　　采用"控制特许价格定价模式"，基础特许价格通过两个阶段得以最终确定定价的结果。首先，项目公司依据项目本身的特点设定特许经营期期结构和长度，在对项目风险分析之后，给出符合利润目标的最大的特许价格，并以此价格进行投标报价。其次，政府从众多投标报价中选择最为合理的特许价格。由此可见，在控制特许价格定价模式中的收费公路 PPP 项目特许价格是一种具有竞争性的市场价格，如果政府能够采用合理的评标标准，选择出的特许价格一定是最有效率的。在此定价模式中，项目公司掌握特许价格制定的主动权，提高了私人投资者参与项目的积极性，缺点是容易形成垄断价格，过高的价格会降低出行者的利益。

　　本定价模式中，要求政府先根据项目的特点设定特许经营期期结构和长度，以便私人投资者做相关经济测算。特许经营期期（Concession Period）是指包括建设期和经营期的 PPP 项目执行期限。代表研究有，叶苏东（2003）特许期根据特许经营期的设定情况，分为两种设定情况，一种是单限定特许期（Single Period Concession），只规定出特许经营协议签订之日到项目移交之日的长度，即只限定了建设期和经营期的总长度。一种是双限定特许期（Two Period Concession），分别对建设期和经营期的长度进行了限定。又发现是否存在激励方案（即提前完工按一定比例分享收入，完工延迟按一定比例承担损失），对 PPP 项目特许经营期产生较大的影响。于是，根据激励方案的情况，把 PPP 项目特许经营期分为四种基本设计方案：（1）单限定，固定特许期，没有激励方案；（2）单限定，固定特许期，有激励方案：（3）双限定，固定特许期，没有激励方案；（4）双限定，固定特许期，有激励方案。详见图 4-1 所示。

---

[1] Yang h，Woo K K. Competition and equilibria of private toll roads in a traffic network [J]. Journal of Transportation Research Board，2000，（1733）：15-22.

对于 PPP 项目特许经营期分为四种基本设计方案的选择，应充分考虑本项目的实际情况，例如项目的收入来源和项目建设的复杂程度。对于收入来源来自市场的项目，在特许经营期的选取时，可采用没有激励方案的类型。因为市场已经具有激励机制。对于项目建设复杂性高的 PPP 项目，建设期的风险会大大增加，建议采用双限定的方案确定特许经营期。详见图 4-1 所示。

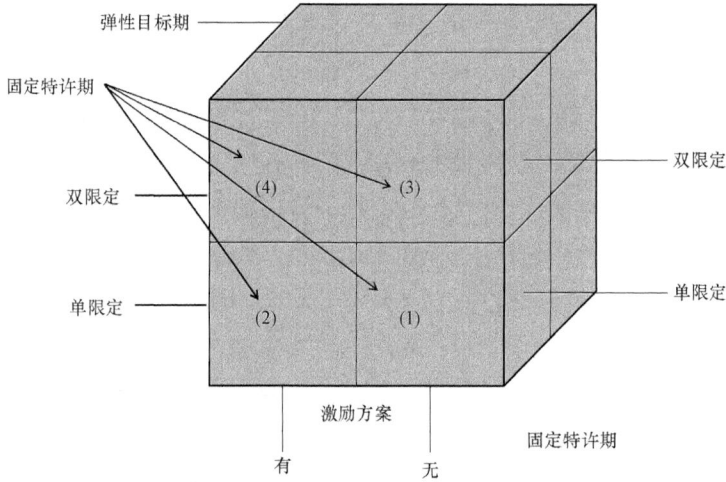

图 4-1　特许经营期的四种设计方案

由于收费公路 PPP 项目建设的复杂性较高，并且收取通行费收入全部来自"市场"中，所以特许经营期的方案，应该采用方案（3），即双限定，固定特许期，没有激励方案。当然，在收费公路 PPP 项目中，采用方案（4）确定特许经营期的方案也是一种可行的方法。

表 4-1　特许经营期方案的选择

收入来源	项目建设复杂性	
	低	高
政府	四种方案皆可	方案（4）
市场	方案（1）	方案（3）

由于 PPP 项目的适用对象是经营性公共基础设施，社会公众对于价格的敏感性较高，所以"控制特许价格定价模式"在项目的实践中，得到越来越广泛的关注。

第三节 定价要素

一、识别关键定价要素

采用文献回顾的方法，对收费公路 PPP 项目进行风险识别的研究。目前主要用案例研究的方法建立了较为全面的项目风险集合，在此基础上遴选出对收费公路 PPP 项目特许定价影响较为重大的关键风险，并详细研究它们之间的影响关系及影响强度。

依据 Schaufeberger（2003，2005）[1,2]的研究结果从风险和投资额、经营成本、交通量等定价要素之间的关系出发，采用头脑风暴法和专家打分法，邀请 PPP 项目公司的决策层成员，社会学专家、经济学专家、环境学专家以及负责项目运营的具体工作人员，进行深度访谈。研究结论为 PPP 项目运营过程中的主要风险（法律风险、政治风险、完工风险、不可抗力风险、金融风险、运营风险和市场风险）通过影响定价要素（投资额、经营成本、交通量、运营期限、经济水平和收益率）而决定着收费公路 PPP 项目特许定价的合理性。具体不同风险类别对特许定价的影响的途径如图 4-2 所示：

二、确定关键定价要素

收费公路 PPP 项目特许定价的合理性依赖于整个项目特许经营期内众多因素相互作用的程度。由于不同的特许定价理论中考虑的定价要素也不同，本书仅从净现值法的角度进行关键定价要素的选取。通过相关文献的整理，周望军[3]、Simon[4]、和杨兆升[5]等学者的观点，可以归纳出影响特许价格形成的五个直接因素。

[1] 林政宏. 施工单位承建 BOT 项目经营风险防范研究 [J]. 建筑经济，2024，45（4）：65-70.

[2] 袁义淞. 基于 ISM 模型和模糊综合评判的 BOT-TOT-PPP 项目集成融资风险研究 [J]. 昆明理工大学学报（自然科学版），2014，39（5）：109-116.

[3] 周望军. 收费公路的定价问题研究宏观经济研究 [J]. 2002（5）：41-47.

[4] Simon PS. Towards marginal cost pricing: a comparison of alternative pricing system [J]. Transportation，2002，30（4）：411-433.

[5] 杨兆升，杨志宏，赵丹华. 长平收费公路最优收费标准制定方法 [J]. 交通运输工程学报，2003，3（1）：57-61.

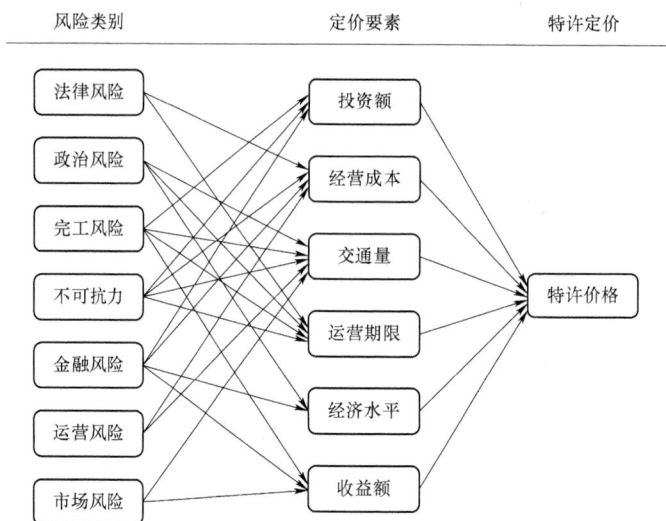

图 4-2　风险-定价要素关系图

（一）建设期

建设期对于 PPP 项目的成本控制是一个至关重要的因素。PPP 项目的建设期不能按照预定计划完成而给项目造成的损失，称为项目的完工风险。学者 Bakatjan[1]和 Keith[2]在研究中认为完工风险是收费公路 PPP 项目最为重要的风险之一。完工风险的发生会导致项目建设成本的增加，从而影响项目定价的合理性。

（二）建设成本

私人投资者在 PPP 项目建设期投入的成本需要在项目运营阶段以收费的方式回收投资成本。建成成本越大的项目，需要收回的资金就越多。建设成本是影响私人投资者投资决策的重要影响因素，也是影响收费公路 PPP 项目定价的重要因素。学者 Bakatjan（2003）在建设成本的研究中，根据成本构成划分为基本成本、成本超支和建设期利息三个部分，并分别对每个构成部分进行详细的分析。Keith[3]通过对时间跨度 70 年的 258 个

[1] Bakatjan S，Arikan M，Tiong R L K. Optimal capital structure model for BOT power projects in Turkey [J]. Joumal of Construction Engineering and Management，2003，129（1）：89-97.

[2] Bent F，Mette K S，Holm S B.What Cause Cost Overrun in Transport Infrastructure Projects [J]. Transport Review，2004，24（1）：3-18.

[3] Schaufelberger J E.Risk management on build-operate-transfer projects [J]. Construction Research Congress，2005，183（91）：1-10.

大型基础项目进行调查研究，指出 90% 的项目低估了建设成本，项目实际建设成本平均高于设计成本 28%。

（三）特许经营期

在传统的收费公路 PPP 项目决策研究中，特许经营期和特许价格是两个最为重要的决策变量。由此可见，特许经营期的确定对 PPP 项目的特许定价具有重要影响。学者 Gustavo 把特许价格作为外生变量的前提下，研究在满足私人投资者定价目标条件下，建立了以社会福利最大化为目标的，最优特许期与特许价格的函数关系[1]。周晶、杨宏伟和何健敏[2]在此基础上进行了深入研究，发现特许经营期的长短还与许多变量有关，包括：运营效率、建造周期、预期收益项目投资金额以及项目运营过程中的不确定性风险因素相关。李启明和申立银[3]从项目内部环境和外部环境两方面进行了影响特许期的影响因素分析：内部环境包括项目运营和维护方案、融资和建设方案、项目类型等；外部因素包括项目风险的影响。经 Brickley，Van 和 Misra[4]研究发现，类似项目经验、初期投资、政策限制、项目技术难度都是影响项目特许期变化的主要因素。国安[5]通过大量的案例研究发现，政府制定 PPP 项目时，定价的主要目标为融资时，项目的特许经营期较长；定价目标为效率优先时，项目的特许经营期较短。Ye 和 Rober[6]研究指出，通过合理设计 PPP 项目的特许经营期，可以减少完工风险对项目的影响。由此，设计了四种模式：双时段不带激励措施、双时段带激励

[1] Gustavo N，GinesR.Flexible-term contracts for road franchising [J]. Transportation Research Part A，2004，38（3）：163-179.

[2] Mohamed M A，Ahmed A G.Problems facing parties involved in Build，Operate，and Transport projects in Egypt [J]. Joumal of Management in Engineering，2002，18（4）：173-178.

[3] Lam K C，Chow W S.The significance of financial risks in BOT procurement [J]. Building Research and Information，1999，27（2）：84-95.

[4] Mette K S，Bent F.Inaccuracy of traffic forecasts and cost estimates on large transport projects [J]. Transport Policy，1997，4（3）：141-146.

[5] Bent F，Mette K S，Holm S B.Underestamating costs in public works projects error or lie Journal of the American Planning Association [J]，2002，68（3）：279-295.

[6] Ghosh S，Jakkapan J.Identifying and assessing the critical risk factors in an underground rail project in Thailand：a factor analysis approach.Intemational [J]. Journal of Project Management，2004，22（8）：633-643.

措施、单时段不带激励措施、单时段带激励措施。

（四）交通量

收费公路 PPP 项目时间往往较长，根据《公路法》规定，最长的公路收费期是 25 年，交通量是一个动态调整的而过程，定价也应该是一个长期的动态调整过程[1]。交通量是收费公路 PPP 项目特许定价研究中非常重要的一个研究变量，它决定着项目运营中收益的大小，在项目分析中，对交通量预测的准确性直接关系到项目的成败。在研究中，交通量和特许价格的函数关系，一般采用指数函数的形式来表达[2]。为了便于计算，在研究中，通常将各车型的交通量都按照一定的换算系数统一为小客车当量 PCU（Passenger Car Unit），并且假定各车型的构成比例保持不变[3]。

（五）运营和维护成本

为保证收费公路 PPP 项目的持续运营，定价应确保私人部门可以收回运营成本。收费公路 PPP 项目的运营成本的构成主要包括以下几个方面：管理费用、财务费用、养护费用和其他建设成本。在保证 PPP 项目的顺利运营的前提下，合理的特许定价必须保证项目能够收费运营和维护成本。根据美国公路局（BPR）的研究，收费公路的运营成本通常占其收入的 25%左右[4]。CHUChin-Peng[5]将运营成本定义为交通量的函数，并以道路容量（通行能力）为外部变量，指出应以收回运营成本为约束条件，确定公路的收费水平[6]。

三、关键定价要素的概率分布

对于交通项目特许期而言，外生不确定性影响因素主要包括建设期、

[1] 刘伟铭，王哲人，郑西涛. 收费公路收费系统理论与方法［M］. 北京：人民交通出版社，2000：44-53.

[2] 王关义. 企业投资风险：衡量与控制［J］. 数量经济技术经济研究，2000（3）：68-70.

[3] Wibowo A，Kochendorfer B. Financial risk analysis of project finance in Indonesian toll roads [J]. Journal of Construction Engineering and Management，2005，131（9）：963-972.

[4] Malimi E.Build operate transfer municipal bridge projects in India [J]. Joumal of Management in Engineering，1999，15（4）：51-58.

[5] 齐国友，曾赛星，贾艳红.BOT 项目投资决策模型研究［J］. 建筑管理现代化，2003，3（72）：12-14.

[6] 荷世平. WACC 及自尝率于 BOT 现金流量折现与评估：论正确使用与误用［EB/OL］.（2010-10-12）［2011-12-08］. http://140.112.10.60/CommentArticles.htm.

建设成本、收费价格、交通量、运营维护费用等[1]。

（一）建设期

建设期及其概率分布函数

公路 BOT 项目建设期的不确定性主要表现在工期延误造成运营期缩短的问题，导致项目公司无法收回预期收益，而要求与政府重新谈判以延长特许期。具体情况包括：前期审批及政策配套滞后；项目设计不当、建设不力，不能按期完工；不可抗力导致工程失败或者需返工、修补。

1. 前期审批及政策配套滞后

项目审批延误是由于政府对项目的审批环节多、审批时间过长，前期征地、动迁、交地工作常常满足不了工程施工进展需要。前期政策工作的不到位导致项目无法按时开工，从而影响正常完工时间，导致工期延误。

2. 项目设计不当、建设不力

在前期准备阶段，由于项目工程设计不合理、设计方案拖延、建筑材料和设备不能及时取得、劳动力来源得不到保障等原因，导致不能按时投入建设；在项目建设过程中，存在对项目进度控制力度不够的问题，使得收费公路的附属工程与全体工程不能完工，部分收费公路建设更是存在为了按时通车而赶工的现象；同时，公路项目建设过程中存在大量工程的变更问题，包括：公路设计管理工作不完善、工程设计精度不够，沿线质地、水文勘探资料不准确，出此影响到公路路线选择、桥位选择、边坡防护、软基处理、不良土质处理、路面材料与结构选择、桥梁桩基型式选择等从而导致项目的工期延误。

3. 不可抗力导致工程失败或者需返工、修补

项目不可抗力是指在项目运营过程中，不能预见、不能避免并不能克服的自然力量。包括：冰雹、雨雪、冰冻、大雾、大风、高温等恶劣气候条件：泥石流、山体滑坡、地震、海啸、洪水、火山暴发、地下径流等水文地质灾害。在项目施工期间，公路PPP项目经常会遇到恶劣气候条件，也有可能遭受到严重的、毁坏性的水文地质灾害，从而导致工期延误，无

---

[1] 王东波. 不确定条件下BOT项目特许期决策模型研究[D]. 大连：大连理工大学, 2010: 47-61.

法正常投入使用。

在建设期的研究中，一般采用工程建设项目常用的 WBS 法，将 PPP 项目整体分解各个子项目任务重，并依据工程的大小预计工期。采用 CPM 计算关键路径和里程碑节点，针对各项子任务的工期赋予相应的概率分布函数。

目前通常采用三角分布、正态分布和均匀分布来描述建设期（或子任务工期）的不确定性，其主要原因是分析者可以根据工程建设的历史数据或者经验作出判断，给定参数的基本数值。诸如 shen[1]、Grimsey[2]、叶苏东[3]、Nasir[4]等学者在评估工程项目建设期的不确定性时也都采用这些分布类型。对于建设期而言，可以采用的概率分布假定主要包括以下三种：

1）假设采用三角分布，则通常表示为 Triangular（$T_{min} T_{pos} T_{max}$）。T_{min} 为工程建设期最乐观估计值；T_{pos} 为工程建设期最可能估计值；T_{max} 为工程建设期最悲观估计值。

2）假设如果采用正态分布，则通常表示为 Normal（$T_{ave} S_T$）。T_{ave} 为建设期的均值；S_T 为建设期的标准差。

3）假设采用均匀分布，则通常表示为 Uniform（T_{min}，T_{max}）。T_{min} 为工程建设期最乐观估计值；T_{max} 为工程建设期最悲观估计值。

（二）建设成本

建设成本和融资结构都会对收费公路 PPP 项目的特许期决策产生影响。在其他因素一定的条件下，投资额越大，回收投资所用的时间就越长，相应的特许期也应该较长。一般来说，贷款利率要小于投资回报率，贷款的回报资金小于自有资金的回报。

[1] The World Bank Group. Philippines：meeting infrastructure challenges [J]. Washington，D.C：The International Bank for Reconstruction and Development，2005：61-70.

[2] Paul A G.Public and private sector discount rates in public-private partnerships [J]. The Economics Joumal，2003，113（486）：62-68.

[3] Wang S Q，Tiong R L K，Ting S K，etc. Evaluation and management of political risks in China's BOT project [J]. Joumal of Construction Engineering and Management，2000，126（3）：242-250.

[4] Liu N，McDonald JF.Efficient congestion tolls in the presence of unpriced congestion：a peak and off-peak simulation model [J]. Joural of Urban Economics，1998，44（3）：352-366.

另外，由于利息在成本中支出，可以降低所得税额度，即增加了项目公司的现金流。因此，在投资总额一定的前提下，如果贷款额较大，项目公司要求的投资回报率则会相对较低，特许期也相应比较短。

收费公路 PPP 项目的建设投资需要以收取通行费的形式在运营期内收回，而在项目的工程实践中建设成本超支是一个非常普遍的现象，因此在计算收费公路 PPP 项目的建设投资时，必须考虑建设成本超支这一不确定性因素[1,2]的影响。

在衡量建设成本超支（或子任务建设成本）的不确定性时，目前通常采用三角分布、正态分布和均匀分布：

1）假改采用三角分布，则表示为 Triangular（$I_{min} I_{pos} I_{max}$），其中，I_{min} 为工程投资最乐观估计值；I_{pos} 为建设成本最可能估计值；I_{max} 代表工程投资最悲观估计值。

2）假设采用正态分布，则表示为 Normal（$I_{ave} S_l$），其中，I_{ave} 代表建设成本的均值；S_l 代表建设成本的标准差。

3）假设采用均匀分布，则可以表示为 Uniform（I_{min}，I_{max}），其中，I_{min} 代表工程投资最乐观估计值；I_{max} 代表工程投资最悲观估计值。

（三）特许经营期及其概率分布函数

对于收费公路 PPP 项目的特许经营期的概率分布假设，一般采用三角分布和 β 分布，主要原因是这两种分布只需要三个分布参数，即最乐观估计值、最悲观估计值和最可能估计值，适用于特许经营期的经济含义。便于分析者根据项目的具体情况作出简单判断。为了后续数值模拟分析的方便，将特许经营期的概率分布规定如下：

1）假设采用三角分布，则表示为 Triangular（$T_{min} T_{pos} T_{max}$），其中，T_{min} 为特许经营期最乐观估计值，即最短特许经营期；T_{pos} 为特许经营期最可能估计值；T_{max} 为特许经营期最悲观估计值，即最长特许经营期。

2）假设采用 β 分布，则表示为 β（$I_{min} I_{max}$ α，β），其中，I_{min} 代表特

[1] Robert B.Should road users pay the full cost of road provision [J]. Journal of Urban Economics，2001，50（2）：367-383.

[2] Vickrey W S. Congestion theory and transport investment [J]. American Economics Review，1969，59（2）：251-261.

许经营期小值，I_{max} 代表特许经营期最大值：α 和 β 是这两个参数决定了概率分布形状，当 α＝β 时，β 分布为对称分布。

（四）交通量及其概率分布函数

交通量是项目公司收入函数中的另一重要变量，与收费价格相对固定不同，在特许期内随着时间的推移和公路路况的变化，交通量增加或减少的幅度相对较大，而且交通量构成也会发生改变。交通量的不确定性会对项目公司特许期内的现金流入产生重要影响，从而影响特许期的决策。

从交通量的基本定义看，交通量一般出三部分组成：趋势交通量、诱增交通量和转移交通量[1]。

1. 趋势交通量

趋势交通量是指项目影响区域内自然增长的交通量在本项目上的分流，与项目所在区域经济规模、人口、汽车保有量、人均收入、固定资产投资等因素密切相关。趋势交通量是公路项目交通量因素的主要组成部分，因此，区域经济的不断发展带动趋势交通量的不断增加，也就表现为交通量的不断增加。

2. 诱增交通量

诱增交通量是指由于公路 PPP 项目的建成后，丰富了公路运输资源，节约行车时间和运输成本，同时增加了公路运输供给能力，全面提高了项目的服务水平，进而促进了经济发展水平，使得道路两侧土地的利用强度和性质都得到了一定程度上的提高，从而在趋势交通量增长的基础上额外增加了的一定的交通量。在相当长的一段时期内，项目收费标准不变，外界环境改变不大，转移交通量基本保持稳定，诱增交通量就成了收费公路交通量增长的主要因素[2]。

3. 转移交通量

转移交通量分为交通路线转移交通量及其他运输方式转移交通量两部分。交通路线转移交通量指从公路并行轨道（一般是指与 BOT 交通项

[1] Palma A，Lindsey R.Private toll roads：competition under various ownership regimes [J]. The Annuals Regional Science，2000，34（1）：13-35.

[2] Palma A，LindseyR.Private roads，competition，and incentives to adopt time-based congestion tolling [J]. Journal of Urban Economics，2002，52（2）：217-241.

目并行的低等级交通方式）及其他绕行路线分流的交通量；其他运输方式转移交通量则指从本项目以外的其他交通方式（如铁路、航空、水运及管道运输等）转移过来的交通量。无论是交通路线转移交通量还是其他运输方式转移交通量，其大小都取决于项目给使用者带来的效益和项目使用成本两个因素。交通路线转移交通量其实是从公路网内部转移的交通量，主要影响因素有：路网及道路条件的变化、公路间的级差效益、收费价格在用户效益中所占的比例、项目的行驶距离等[1]。

为了选择合适的概率分布函数描述交通量的不确定性，需要对交通量的变化规律进行分析。在本书中，定义 PPP 项目的交通量由年均交通量和交通量变化两部分构成。

一方面，年均交通量通常会随着公路 PPP 项目使用时间的推移、项目所在区域经济水平的提高而增长。根据交通量的分类，交通量增长的主要因素是诱增交通量的增长。由于诱增交通量具有有限性滞后性、潜在性和区域性的特点，致使诱增交通量的形成主要包括以下三个阶段：聚集形成阶段、快速增长阶段和逐渐稳定阶段。同时，诱增交通量的增长率会随着时间的变化由高到低，最后趋于稳定。因此，年均交通量的增长率也符合这样的规律，即在特许期内随着时间的推移由高到低。在本书中采用正态分布函数来估计年均交通量，表示为 Normal（$Q_{ave}S_Q$），其中，Q_{ave} 代表年均交通量的均值，S_Q 代表年均交通量的标准差。同时，根据历史数据，设定 Q_{ave} 的平均增长率在特许期前几年内最高，以后逐渐呈现递减的趋势。

另一方面，公路 PPP 项目运营受到气候条件的影响很大，尤其对于某些年均降水量大或雾天多的地区，交通量的变化更大，在描述交通量的不确定性时，需要对这部分交通量变化进行考虑。导致收费公路封闭的恶劣气候条件一般为大雪或者大雾，造成交通量的减少可以通过本地区恶劣气候年发生的天数和每次持续的时间1来进行估计，通常可以参考气象系统的历史数据获得相关参数[2]。现此地区的大雪或者大雾年发生天数可以采

[1] FrieszTL，Bernstein D，KydesN.Dynamic congestion pricing indisequilibrium [J]. Networks and Spatial Economics，2004，4（2）：181-202.

[2] Yang H，Lam WH K.Optimal road tolls under conditions of queueing and congestion [J]. Transportation Research A，1996，30（5）：319-332.

用均匀分布函数估计，表示为 Uniform（d_{min} d_{max}），其中，d_{min}，d_{max} 分别表示大雪或者大雾年发生的最短和最长天数。每次持续时间 1 可以根据气象数据采用阶梯形经验分布函数，当然也可以根据收费公路 PPP 项目所在地区的历史数据进行概率分布拟合的相关检验。

（五）运营和维护成本

公路 PPP 项目的运营和维护成本对项目公司每年的现金流出具有重要影响，是影响 PPP 特许期的重要不确定性因素之一。从成本构成的角度看，运营和维护成本主要包括：营业成本、财务费用及税费等[1]。

1. 营业成本

公路 PPP 项目的营业成本主要包括以下六大方面，包括交通设施养护成本、收费业务费、安全、通信及监控设施的维护成本、收费公路灾害预防及抢修成本其他成本和项目维护成本、收费公路灾害预防及抢修成本、项目维护成本和其他成本。

交通设施养护成本：是指公路构筑物（例如：路基、路面、桥梁及涵洞等）在养护的过程中所发生的各项支出，包括公路小修保养支出和大中修支出的人工费、材料费、机械使用费、施工管理费和其他直接费等，公路 PPP 项目的养护水平要求较高，因此养护成本在所有支出费用中占有较大比重，并且随着交通负荷的增加而增加；

收费业务费：是指为了收取公路 PPP 项目上，运行车辆通行费而发生的支出费用，包括收费人员的工资、福利费和其他相关人员经费支出：

安全、通信及监控设施的维护成本：在指为了保证公路 PPP 项目正常通车运营而设置的安全、通讯及监控设施，包括：维护防撞栏、隔网、标志号、电话机及线路、监控设施及线路。在项目的运营过程中，这些设施存在一定程度上的消耗，为了维护相关设施，所发生的各项支出成为安全、通讯及监控设施的维护成本；

收费公路灾害预防及抢修成本：公路 PPP 项目在漫长特许经营期内，可能遇到公路的灾害性事故，例如，水毁工程。由此，预设一定的费用，

[1] Yang H，Bell M G H.Traffic restraint，road pricing and network equilibrium [J]. Transportation Research B，1997，31（4）：303-314.

用来预防公路灾害，同时抢修项目。项目维护成本随着交通设施使用年、限的增加，其养护维修费用会不断上升。

其他成本：上述项目以外的其他支出，包括交通安全支出和路政支出等。

2. 财务费用

财务费用是项目公司为筹集项目资金所发生的各项费用，包括企业经营期间发生的利息净支出、买卖外汇差价、金融机构手续费、汇兑净损失以及在筹资过程所发生的其他财务费用等。财务费用主要与项目投资结构、规模及利息率水平有关。公路 PPP 项目融资的利息成本一般要高出同等条件公司贷款的 0.3%～1.5%，其增加幅度与贷款银行在融资结构中承担的风险以及对项目投资者的追索程度密切相关联。

3. 税费

税费主要包括营业税、所得税、及城市维护建设税等。税费虽然是公路 PPP 项目公司缴纳，但最终还是通过收费的方式转嫁给公路使用者。政府应该在交通量较小时对 PPP 项目提供一定的税收优惠。减免项目公司的相关税项，间接地保证了项目的现金流，项目公司也会因此降低车辆通行收费标准，以此提高公路 PPP 项目的使用效率，增加社会福利。

运营和维护成本的不确定性体现在两个方面。一方面是年均运营和维护成本自身可能存在一定的波动，可以采用正态分布对其进行估计，表示为 Normal（Cave，Sc），其中，Cave 代表收费价格的均值：Sc 代表收费价格的标准差；从另一方面来说，交通量的增长将导致公路运输载荷效应的累积，使得路基和路面的状况被破坏，降低公路的级差效益。在计算公路 PPP 项目的运营和维护成本时，必须确定合适的交通量修正系数和路龄修正系数，以合理反映运营和维护成本的变化规律。

第四节　定价策略

一、特许定价决策者的风险偏好

不同的项目公司对项目运作过程中的风险认识不同，在面对风险时的管理和应对水平也不同。PPP 项目特许定价决策者，对风险态度存在明显的差异，将分成三种类型：包括风险喜好型、风险厌恶型、风险中立型。在经济学中，认为高风险高收益，低风险低收益。即高风险的项目在运营过程中带来不确定性的同时，使投资者获得了更多的利润，反之，亦然。

（一）风险喜好者的定价目标

风险喜好者的定价目标是为了追求更高的项目收益。它属于高度冒险者，对风险有较高的偏好，相信自己对风险的处理能力，在面对获利机会时，愿意承担较高风险去追求较高收益。在收费公路 PPP 项目特许定价研究中，就是对 PPP 项目的运营情况持积极乐观态度，认为项目运营过程中遇到的风险在控制范围内，心理预期较高，即在特许经营期内，由于风险的不确定产生的负面影响较小，期待项目有更高的获利空间[1]。

（二）风险厌恶者的定价目标

风险厌恶者的定价目标是为了规避项目在运营过程中的风险。它属于低度冒险者，对风险有较低的偏好，希望在达到预期项目利润水平的前提下，承担最低的不确定性风险[2]。在收费公路 PPP 项目特许定价研究中，就是对 PPP 项目的运营情况风险的发生持悲观态度，认为项目运营过程中遇到的风险在不控制的范围内，即在特许经营期内，由于风险的不确定产生的负面影响较大，期待项目承担较少的不确定性风险。

（三）风险中立者的定价目标

风险中立者的定价目标是在追求项目利润与规避项目风险寻找平衡点。它属于中度冒险者，即对风险的偏好适中。这种投资者，既不追求项目利润的最大化，也不期望风险水平的最小化，而是以折中的态度，达到项目的预期利润水平即可[3]。在收费公路 PPP 项目特许定价研究中，就是项目公司综合评价利润和风险指标之后，给出一个符合期望净现值的水平的特许价格报价。

[1] Gustavo N，GinesR.Flexible-term contracts for road franchising [J]. Transportation Research Part A，2004，38（3）：163-179.

[2] ChungLT，Kyle Y L，Satheesh KS.Managing cost overrun risk in project funding allocation [J]. Annals of Operations Research，2005，135（1）：127-153.

[3] 姜青舫，陈方正. 风险度量原理［M］. 上海：同济大学出版社，2000：156-167.

特许定价决策者的风险偏好是一个相对稳定的变量，但不是恒定变量。它与决策者对项目的了解程度、风险应对能力紧密相关，而且在较长的特许经营期内，如果项目环境发生变化时，其风险偏好也随之变化，即体现出可变性。在"控制特许价格定价模式"中，决策者的风险偏好对特许价格的调整具有重大影响。

二、特许定价的确定

本书根据风险偏好的不同，分析了决策者的定价目标，并在此基础上建立特许经营权价格的随机规划模型：

（一）风险喜好者的特许定价随机规划模型

风险喜好者的随机规划模型适用于项目公司决策者在政府给定的价格区间内定价，以追求期望净现值的最大化为目标，据此随机规划模型见式（4-1）：

$$\begin{cases} \text{Max}E(NPV) \\ \text{s.t.} \\ \underline{P} \leqslant P \leqslant \overline{P} \end{cases} \qquad (4\text{-}1)$$

在风险喜好者的随机规划模型中，E 表示项目公司决策者对项目收益期望值，$\overline{P}$ 表示为政府规定的特许价格收费标准的上限，$\underline{P}$ 表示为政府规定的特许价格收费标准的下限。

（二）风险厌恶者的特许定价随机规划模型

风险厌恶者的随机规划模型适用于项目公司决策者注重对不确定性风险的考量，定价目标是在能实现项目预期利润水平的条件下，规避风险的不确定性因素给项目带来的影响，由此，在该模式下如何对风险进行衡量，成为需要解决的问题。

在现阶段的研究中，风险的量化方式主要采用方差和标准差来表示。PPP 项目的预测变量（即：收益率或净现值）的方差和标准差越大，概率分布的密集性就越差，也意味着同等条件下可能结果的离散程度就越大，相应地投资活动的风险也就越大[1]，由此，在收费公路 PPP 项目研究中，

---

[1] 王关义. 企业投资风险：衡量与控制 [J]. 数量经济技术经济研究，2000（3）：68-70.

把预测变量 NPV 的标准差作为衡量风险的变量，表示为 σ（NPV），见式（4-2）：

$$R = \sigma(NPV) \qquad (4-2)$$

学者对衡量风险的变量做出如下综述：Chung（2005）认为风险厌恶的决策者在进行决策时需要对期望值和方差这两个变量同时考虑。使用方差或者标准差单独来衡量项目风险的不确定性，还不能满足风险厌恶者的投资决策要求，引入变异系数（Coefficient of Variability，CV），所能够同时兼顾标准差和期望值的关系，比较符合风险厌恶投标人的特许定价特点[1]。徐莉[2]（1999）也提出如果既考虑风险安全，又想要追求较大盈利，可以采用最小变异系数的方法来解决。阮连法（2003）在房地产投资效益评价方法的研究中[3]，李国荣[4]（2005）在期货套期保值优化策略的研究中，都采用变异系数这一指标来衡量决策风险。本书中 NPV 的变异系数可以表示为式（4-3）：

$$C.V(NPV) = \frac{\sigma(NPV)}{E(NPV)} \qquad (4-3)$$

风险含义表示为：一定项目期望净现值条件下，值越大表明决策者需要承受的风险越大，值越小表明决策者需要承受的风险越小。

据此建立风险厌恶者的随机规划模型如式（4-4）：

$$\begin{cases} Min C.V(NPV) \\ s.t. \\ Pr\{NPV \geqslant N\underline{P}V\} \\ \underline{P} \leqslant P \leqslant \overline{P} \end{cases} \qquad (4-4)$$

上式中 $Pr\{\cdot\}$ 表示 $\{\cdot\}$ 中的事件成立的概率，a 表示为某一置信水平。

[1] ChungLT, Kyle Y L, Satheesh KS.Managing cost overrun risk in project funding allocation [J]. Annals of Operations Research，2005，135（1）：127-153.

[2] 李启明，申立银. 基础设施 BOT 项目特许经营权期的决策模型 [J]. 管理工程学报，2000，14（1）：43-46.

[3] 阮连法，施鑫华，吴锡华. 考虑风险因素的房地产投资效益评价方法研究 [J]. 土木工程学报，2003，36（9）：55-59.

[4] 李国荣，吴大为，余方平. 基于差异系数 a/μ 的期货套期保值优化策略 [J]. 系统工程，2005，23（8）：78-81.

风险厌恶者的随机规划模型式（4-5）属于机会约束规划，约束条件中含有随机变量，且必须在观察到随机变量的实现之前作出决策。所作决策在不利情况发生时可能不满足约束条件，则允许所作决策在一定程度上不满足约束条件，但该决策应使约束条件成立的概率不小于某一置信水平 a[1]。

（三）风险中立者的特许定价随机规划模型

风险中立者的随机规划模型的决策者既不追求项目净现值最大化，也不追求项目风险最小化，决策者只关注能否到达给定期望净现值水平[2]。由此，通过求解 PPP 项目期望净现值得到项目的特许价格，具体公式表示为式（4-5）：

$$E(NPV) = \overline{NPV} \qquad\qquad (4\text{-}5)$$

上式中，$\overline{NPV}$ 表示为项目公司净现值的期望水平。

如果解得的特许价格收费标准 P 超过政府规定价格上限，私人投资者应该通过降低净现值的期望水平 $\overline{NPV}$，来降低 PPP 项目的特许经营权价格。

随机规划定价模型是包含有随机因素的数学规划问题，有两类方法可以求解此类问题的最优解：（1）求解的问题较为简单，已有的原始资料齐全、信息可靠的情况下，通常采用解析法求解问题；（2）求解的问题较为复杂，求解难度较大，无法用解析方法求解的问题时[2]，一般选用随机模拟的方法来求解问题在随机模拟方法的应用中，蒙特卡罗（MonteCarlo）模拟法是一种使用较多的方法[3]。蒙特卡罗模拟法的原理是利用随机数在随机变量中取值，通过生成一系列的模拟结果来进行计算，每一次模拟运行，都给出一个可能出现的模拟结果（NPV），通过对产生的大量的 NPV进行数量统计分析，获得相关预测变量（净现值和方差）等统计参数[4]本

[1] 刘宝碇，赵瑞清. 随机规划与模糊规划［M］. 北京：清华大学出版社，2004：72-79.

[2] ChungLT，Kyle Y L，Satheesh KS.Managing cost overrun risk in project funding allocation [J]. Annals of Operations Research，2005，135（1）：127-153.

[3] Zhao T，Satheesh KS，Tseng C L.Highway development decision-making under uncertainty：a real option approach [J]. Journa of Infrastructure System，2004，10（1）：23-32.

[4] 于国安，杨建基. 模拟法在特许权项目投资回报分析中的运用［J］. 水利水电科技进展，2004，24（2）：36-39.

书在求解最优收费公路 PPP 项目特许定价随机规划模型时，采用蒙特卡罗模拟法的方法进行数值模拟分析，详见第七章案例应用研究，通过计算机软件实现。

第五节　本章小结

项目融资模式中的利益相关者分类，分别从政府、项目公司和出行者的角度进行了定价目标分析；然后根据不同的利益相关方的要求，制定了三种不同的 PPP 项目特许定本章分三个部分逐次对收费公路 PPP 项目特许定价模式进行分析，首先对 PPP 价模式：政府角度出发—控制特许期定价模式、项目公司角度出发—控制特许收益定价模式和出行者角度出发—控制特许价格定价模式。结合公路项目的属性，本书认为从出行者角度出发制定的控制特许价格定价模式更适用于收费公路项目；最后，在投资学的理论基础上，根据项目公司决策者不同风险偏好建立风险喜好者的随机规划模型、风险厌恶者的随机规划模型和以险中立投标人的随机规划模型。

第五章
使用者付费交通项目定价决策模型

收费公路 PPP 项目的特许经营权定价是在分析项目运营初期定价要素和相应风险之后确定出来的，在满足政府所要求的社会福利最大化目标同时满足项目利润最大化的，为提供项目产品或者服务所制定的初始公路收费标准。

PPP 项目初始公路收费标准的水平将直接影响到项目利益相关者的利益，是 PPP 项目在招投标中的重要参数，在特许经营协议条款中有明确规定，初始公路收费标准的设定对项目运营收益，以及价格水平将会产生重要影响。不论在理论研究还是在项目运营中都成为社会公众关注的焦点。学者 Kerf（1998）[1]、Malirti（1999）[2]就明确提出基础特许价格的概念并加以分析计算。在收费公路 PPP 项目融资过程中，特许定价的水平牵动着各方的利益，也是 PPP 项目决策的核心。

收费公路 PPP 项目的特许经营权定价设计合理，一方面可以吸引私人投资者参与到项目中，由此降低项目的融资成本；另一方面对项目公司的运营起到激励作用，提高运营效率，避免因定价不合理造成项目重新谈判，降低交易成本。对于收费公路 PPP 项目而言，初始公路收费标准关系到出行者的利益，出行者要求项目的使用效用最大化，即要以一个较低的价格，保证项目达到运营要求。

如何保证收费公路 PPP 项目的特许经营权定价的合理性呢？本书从定性和定量两个角度进行分析，首先分析了 PPP 特许定价的理论基础，然

---

[1] Hanna Armelius.An Integrated Approach to Urban Road Prcing [J]. Journal of Transport Economics and Policy，Volume 39，Part 1，January，2005：75-92.

[2] Jiang-qian Ying，Hai Yang.Sensitivity analysis of stochastic user equilibrium flows in abi-modal network with application to optimal pricing [J]. Transportation Research Part B.2005，39：769-795.

后构建收费公路 PPP 项目特许定价决策模型。将影响特许价格的关键定价要素进行量化，建立不同的定价模型，以体现不同风险偏好者的定价行为特点，为政府决定最终合理的基础特许价格提供依据。本书从出行者的角度出发，提出了在社会福利最大化目标下的项目公司净收益不为负的收费公路 PPP 项目特许定价模型，此时的价格水平也实现了政府和项目公司双赢的状态。

第一节　PPP 特许定价理论基础

一、PPP 特许定价形成理论

（一）效用价值理论

现代经济学效用价值理论将效用视作"个人从消费一种物品或劳务中得到的主观上的享受或有用性"。物品的稀缺性和所能提供的总效用决定物品的价值，而消费该物品最后一取位的边际效用则决定其价格，即交换价值。

（二）消费者剩余理论

消费者剩余指一种物品的总效用与其总市场价值之间的差额，它的产生根源于递减的边际效用。（如图 5-1 所示）

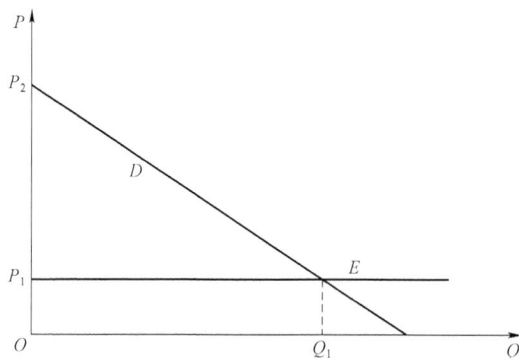

图 5-1　边际效用递减图示

根据边际效用递减规律，物品的价格取决于其被消费的最后一个单位的效用。假设该物品的价格为 P_1，需求曲线 D 下的总面积 OQ_1EP_1 为消费

者购买 Q_1 量的物品所能得到的总效用，减去其支付的市场成本 OQ_1EP_1，可得出消费者购买 Q_1 量该物品所得到的消费者剩余 P_1EP_2，即：

消费者剩余＝支付所满足的总效用－实际支付的总成本　　（5-1）

（三）无形资产评估价值的决定理论

首先，无形资产价值量难以用社会必要劳动时间来衡量。许多的无形资产并没有生产同类单位"产品"所需的平均必要劳动时间，因而无法统一用社会必要的劳动时间去衡量所有无形资产的价值量。其次，无形资产价值实现不仅取决于凝结在其中的市场供求和社会必要劳动时间，而且与无形资产受让方的状况密切相关。

经济学领域提出了若干个关于无形资产价值决定的理论：

1. 价值多元论

由于有些种类的无形资产并非直接的劳动产品，价值多元论认为：价值的产生除了劳动以外，资本、信息教育、地租、社会服务、科技以及供需矛盾等等所谓非"劳动生产要素"均可以产生价值。

2. 新劳动价值一元论

该理论是通过扩展劳动范畴的外延而把资本等非劳动生产要素纳入劳动的范畴之中。其理由是：随着增加的所投入资本和技术，必将导致劳动生产率的提高，而增加单位社会必要劳动时间所创造的价值。从这个意义上来说，资本等非劳动生产要素也参与劳动创造价值的过程。

3. 社会劳动价值论

其基本观点是除了直接生产商品的社会必要劳动时间外，还应包括已经物化在生产资料中的以前人的劳动，以及使商品进入流通和消费领域所花费的各种社会服务的劳动，以上均创造商品的价值。

二、PPP 特许定价方法确定

PPP 模式评估定价模型有收益现值法、重置成本法、现行市价法、巴拉特模型评估等；遇到资产拍卖、清算、抵押等情况要用到清算价格方法。根据我国资产评估管理要求和国际上资产评估管理，资产评估的价格标准有重置成本标准、现行市价标准、收益现值标准和清算价格标准。

（一）收益现值法

收益现值是指资产产生的未来净现金流量的贴现现值之和。在市场经济条件下，私人投资的最直接目的就是获得预期收益。以收益现值标准作为资产的价格标准，资产所有者流动的不是一般的商品买卖，而是将资产作为收益能力来买卖，在预期收益比较稳定的情况下：

$$资产现值＝预期收益/（1＋资产收益率）\tag{5-2}$$

PPP 模式资产价值的确定应当是未来的获利能力而不是其建造成本，收益法较好适应了评估未来获利能力这一需要。

1. 收益现值法的含义及其公式

用公式表示收益现值法的原理为：

$$P=\frac{a_1}{(1+r_1)}+\frac{a_2}{(1+r_1)(1+r_2)}+\cdots\frac{a_n}{(1+r_1)(1+r_2)\cdots(1+r_n)}\tag{5-3}$$

上式中：式资产的收益现值（评估值）

a_1、a_2、$\cdots a_n$——资产未来各年的收益值；

r_1、r_2、$\cdots r_n$——资产未来各年折现率；

n——收益年限。

上式中 a_1 为收益期各年收益额，如果收益期较长，则要准确预期各年收益难度较大，此时，可认为各年年收益额相等来进行简化处理，即（$a_1=a_2=\cdots a_n=A$），则：

$$评估值=\frac{A}{(1+r)}+\frac{A}{(1+r)^2}+\cdots+\frac{A}{(1+r)^n}=A\left[\frac{1}{(1+r)}+\frac{1}{(1+r)^2}+\cdots+\frac{1}{(1+r)^n}\right]$$

$$=A\cdot\frac{(1+r)^n-1}{r}=\frac{A}{r}\left[1-\frac{1}{(1+r)^n}\right]$$

$$\tag{5-4}$$

在实践中，往往还会出现以下几种情况：

1）PPP 模式资产的收益年限是一定的，前若干年收益均不相等，以后各年收益相等。在这种情形下，首先对前若干年内各年预期收益额进行预测，然后假设前若干年中最后一年的预期收益即为以后各年的固定收益值，最后对该评估资产的未来预期收益进行折现。现值和即为评估值。计算公式为：

$$评估值 = \frac{a_1}{(1+r)} + \frac{a_2}{(1+r)^2} + \cdots + \frac{a_m}{(1+r)^m} + \frac{a_m}{(1+r)^{m+1}} + \frac{a_m}{(1+r)^{m+2}} + \cdots + \frac{a_m}{(1+r)^n}$$

（5-5）

a_1、a_2、a_m——前 m 年各年预期收益额，m 年后每一年的收益额均为 a_m；

r——资产折现率（各年相等）；

$n > m$。

2）PPP 模式资产预期收益按等差级数递增或递减。

在预期收益年限内，PPP 模式的资产收益按等差级数递增（减）的情形，假如第一年的收益为 a，第二年为 $a \pm b$，推至第 n 年为 $a \pm (n-1)b$。则计算公式为：

$$评估值 = \frac{a}{(1+r)} + \frac{a \pm b}{(1+r)^2} + \cdots + \frac{a \pm (n-1)b}{(1+r)^n} = \left(\frac{a}{r} \pm \frac{b}{r^2} \right) \left[1 - \frac{1}{(1+r)^n} \right] + \frac{b_n}{r(1+r)^n}$$

（5-6）

式中：b——PPP 模式资产收益逐年递增（减）的常数量；

A——PPP 模式资产在第一年的预期效益；

其他符号与前式相同。

上述公式中，若 PPP 模式资产的预期收益逐年递增时取"±"号上面的符号，递减时则取下面的符号。

3）PPP 模式资产预期收益按一定比率递增（减）。

PPP 模式资产在预期收益年限内收益按等比级数递增（减）的情形，如果第一年的收益为 a，第 H 年为 $a(1 \pm s)$，递推至第 n 年则为 $a(1 \pm s)n$，其计算公式如下：

$$评估值 = \frac{a}{(1+r)} + \frac{a(1 \pm s)}{(1+r)^2} + \cdots + \frac{a(1 \pm s)^n}{(1+r)^n} = \frac{a}{(r \pm s)} \left[1 - \left(\frac{(1 \pm s)}{(1+r)} \right)^n \right]$$

（5-7）

式中：s——PPP 模式资产收益逐年递增（减）的比率；

其他符号与前式相同。

如果 PPP 模式资产的预期收益逐年按等比数列递增时，公式中的"±"取上面的（+），递减时则取下面的符号（−）。

收益现值法很大程度上是建立在对公司的中短期收益的基础上，将收入流进行贴现后，要收集有关公司前途、发展的未来价格，投资需求和环境因素等信息。

2. 确定收益现值法中的各项指标

收益现值法在评估资产时的主要有以下三个指标：模式资产收益额；适用的折现率；收益期限。

（1）收益额的确定

PPP 模式资产收益额的确定把握三点：第一，收益现值法公式中的收益所指的均是资产的净收益，可取资产使用所带来的税后利润，或净现金流量；第二，项收益指的是通过预测分析获得的资产未来各个收益年限内的期望收益；第三，项收益必须是由公共资产直接形成的。

（2）折现率的确定

折现率所指的是将资产的未来收益折算为现值的比率，是根据资金具有时间价值这一特性，按复利计息原理把未来一定时期的预期收益折合成现值的一种比率。用收益法评估 PPP 模式资产价值时，折现率的确定是一个比较困难的问题。折现率本质上是一个资本投资收益率，既是受让方预期的投资收益率，同时也是转让方所认可的在转让期内 PPP 模式资产经营的合理收益率。其值的大小是决定收益现值，也是影响 PPP 模式资产评估值的决定性因素。

折现率的构成：从成本构成上看，资产评估中的折现率应由两部分组成，即：折现率＝无风险报酬率＋风险报酬率。如果通货膨胀率不包含在风险报酬率之中，则折现率又可表示为：折现率＝无风险报酬率＋风险报酬率＋通货膨胀率。

无风险报酬率的选取：我国的银行存款利率是有关方面根据市场需求情况制定的，反映了最基本的市场供求情况和投资收益情况。所以，在当前的资产评估实践中，考虑到复利的因素，应该以银行定期存款利率为安全利率。

风险报酬率的选取：可以用风险报酬率来表达风险与收益的关系，在资产评估学中，风险报酬率被表述如下：风险报酬率是风险补偿额相对于风险投资额的比率。

在收费公路 PPP 项目中，折现率的确定主要有以下三种方法：组成要素累加法、资本资产定价模型和加权平均资金成本模型。

1）组成要素累加法

有多种途径对折现率进行测定，在 PPP 模式特许经营期的折现率确定过程中，组成要素法一个较为实用且有效的测定折现率的方法，该方法可列式如下：

折现率 = 风险收益率 + 安全收益率 + 通货膨胀率

① 安全收益率

安全收益率，又称作安全利率或无风险收益率，一般指当年市场状态下投资者应得到的最低的收益率。我国国债是一种安全的投资，因此国债利率可被视为投资方案中最稳妥，同样也是最低的收益率，即安全收益率。采用国债利率作为安全收益率时，应注意国债利率作为折现率一部分，将单利换算成复利，其公式如下：

$$r = \sqrt[N]{1 + N_i} - 1 \tag{5-8}$$

式中：

r—国债复利率；

N_i—国债单利率；

N—所选国债剩余收益期限。

② 风险收益率

风险收益率是指高于安全收益率的额外收益率。由于投资过程中需要承担风险，也就需要有较高的收益率。在通常状况下，风险收益率的高低取决于投资风险的大小。一般来说，风险越大，风险收益率也就越高。

公共基础设施资产的风险主要表现在以下三个方面：其一是政治经济原因引起的社会风险；其二是由地震、洪水或雨雪带来的自然风险；其三是由于一次性投入数额巨大的转让费，投资回收期较长，以及公共基础设施基本固定的规模、固定的地域等因素，使公共基础设施经营不灵活等而产生的行业风险。由于我国目前政治稳定，经济持续稳定发展，社会风险相对较小；对于投资公共基础设施资产而言，自然风险也较少；就行业风险来说，虽然存在不少风险，但在低于全球金融危机前提下，公共基础设施是国家重点扶持、优先发展的行业，被认为是一种高收益、低风险的投资。所以，在确定 PPP 模式特许经营期的折现率时风险收益率不应取值过大。

③ 通货膨胀率

资产评估理论要求折现率与收益二者的内涵相对应，如果在测定 PPP 模式特许经营期的预期收益时考虑了通货膨胀的因素，则在测定折现率也应将其考虑其中。持续的通货膨胀会不断降低货币的实际购买力，也会降低投资者的实际收益，投资者必然要求提高收益率水平以补偿实际收益下降所造成的损失。所以，在确定折现率时除了考虑安全收益率和风险收益率外，还应考虑通货膨胀带来的影响。在确定 PPP 模式特许经营期的折现率时，因有的项目特许经营期限一般较长，尤其要考虑通货膨胀这一因素。通常用同期的物价上涨率来表示通货膨胀率。

2）资本资产定价模型

资本资产定价模型（CAPM 模型）用公式表示如下：

$$R_i = R_f + \beta_i(R_m - R_f) \tag{5-9}$$

上式中：R_i 表示在给定风险水平 β_i 的条件下，项目 i 的合理预期投资收益率，即项目 i 带有风险校正系数的折现率（风险校正折现率）；R_f 表示无风险投资收益率；β_i 表示项目 i 的风险校正系数，其值体现着项目对资本市场系统风险变化的敏感程度；R_m 表示资本市场的平均投资收益率。

3）加权平均资金成本模型

在确定 PPP 模式特许经营期折现率的过程中，项目投资者要求报酬率必须至少能够弥补筹资成本，而筹资方式与筹资时间的不同会导致不同经济组织的筹资成本存在差异，因此，引入加权平均资本成本率反映投资个体间的成本差异。

通常用每年所用资金费用与筹得的资金净额（即融资金额与融资费用二者之差）之间的比率来定义资金成本，其计算公式如下：

$$K = \frac{D}{P-f} \tag{5-10}$$

式中：K 表示资金成本，D 表示每年的用资费用，P 表示融资金额，f 表示每年分摊的融资费用。

加权平均资金成本指的是项目全部长期资金的总成本，通常情况下以个别长期资金占全部资金的比重为权数，通过对个别长期资金成本进行加权平均来确定，故也称为综合资金成本。加权平均资金成本则是由个别长期资金成本和加权平均数两个因素决定的。它的计算公式如下：

$$K_w = \sum_{j=i}^{n} K_j W_j \left(\sum_{j=1}^{n} W_j = 1 \right) \qquad （5-11）$$

上式中，K_w 表示加权平均资金成本，K_j 表示第 j 种个别长期资金成本，W_j 表示第 j 种个别长期资金占全部资金的比重，即权数。

PPP 模式特许经营期折现率的加权平均资金成本模型可以用式子表示为：

$$K_w = K_i W_i + K_0 W_0 \qquad （5-12）$$

上式中，K_i 表不长期负债成本，即贷款利息率，W_i 表示长期负债占总投资资本的比重，K_0 则表示自有资本成本，即自有资本要求的回报率，通常可用风险校正折现率来代替，W_0 表示自有资本占总投资资本的比重。

在确定 PPP 模式特许经营期的折现率的过程中，不能仅单纯地使用某一种方法且迷信其结果，而应该组合使用三大测算方法来进行折现率的测算。这样可以最大限度地减少因方法使用单一而造成的估测偏差，从而达到互相验证测算结果的目的，使 PPP 模式特许经营期折现率的测算结果更趋于科学性和合理性。

（3）转让期限的确定

收费公路 PPP 项目特许经营权是一个具有显著时间特征的法律概念，具有确定生效时间与终止时间。在收费公路 PPP 项目中，特许经营权生效时点与终止时点之间的时间段称为收费公路 PPP 项目特许经营期，以下简称特许经营期。对于收费公路 PPP 项目特许经营期的计算有两种方法：① 合适的投资收益率计算法；② 投资回收期加合理盈利期法。在特许经营期内，PPP 项目的利益相关方按照合同中规定履行相关义务并享受权利，对于私人投资者来说，特许经营期是一个投资与回收投资并赚取利润的过程。

收费公路 PPP 项目特许期主要分为两种类型：收费公路 BOT 项目特许期和收费公路 TOT 项目特许期，如图 5-2 所示。

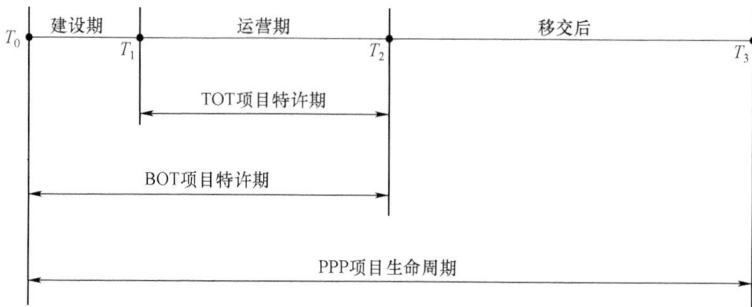

图 5-2 收费公路 PPP 项目特许期示意图

（4）确定收益现值法各项指标过程中应注意的问题

收益现值定价法是作为一种获利能力（即未来能带来多少收益）来估算其价值的一种比较科学的评估方法。它能使投资者预见到该资产未来的收益，能真实准确地反映资产，易为双方接受。在使用收益现值定价法进行定价时，未来的收益具有不确定性，计算中的相关指标增长率、折现率和收益额都是预测得到的，也具有一定的不确定性和主观性。中国经济处于飞速发展的阶段，物价、经营环境都在发生变化，对于项目生产能力预计难，或资产收益率无法确定的情况下，不建议采用此法进行计算。

（二）重置成本法

重置成本法也被称现行成本法或重置价值法，是指按照项目的功能重新购置该项资产，并使资产处于可用状态时，所消耗的成本。重置成本与历史成本一样，都是反映资产购建、运输、安装、调试等建造过程中消耗的成本，所不同的是重置成本是按该项资产的原设计方案套用现行的费用标准和定额计算确定的购建价格。

虽然收益法是评估 PPP 模式资产的首选方法，但并不排除成本法的应用。正常情况下（除去古迹、历史文物等），公共基础设施实物资产的建造成本与其功能联系是比较紧密的。

PPP 模式资产重置成本法是指：在评估 PPP 模式资产时按现时价格重置，然后根据转让期限对重置成本进行时间因素调整，再减去应扣损耗额，来求得资产的评估值。重置成本数学公式可表示为：

$$评估值 = 重置成本 - 时间因素调整值 - 应扣损耗 \qquad (5\text{-}13)$$

（1）重置成本

重置成本又可以根据对象的不同，分为复原重置成本和更新重置成本。复原重置成本是指用与原资产相同的材料、设计结构、技术条件和建造标准等，以目前的价格再购建相同的全新资产所需花费的成本。更新重置成本是指使用新型材料并根据先进标准和设计，基于当前的价格条件，对与现有资产功能相同或相类似的全新资产所需花费的成本进行购建。在选择重置成本的过程中，考虑到更新重置成本一般比复原含义重置成本低，且很少有功能性值因素，计算也相对较为简便，应优先选用更新成本。

（2）时间因素调整值

PPP 模式的收费期长应等于项目的动态投资回收期。而 PPP 模式的转让期限往往只占收费期限的一部分，因此只在转让期限内考虑重置成本并不十分合理。要想对重置成本进行时间因素的调整，应将其考虑到转让期限以外的收费期限中去，在此称之为重置成本的时间因素调整值，予以扣除。

在实际操作过程中，比较合理的做法是基于收费期限（动态投资回收期）平均收回重置成本的前提下，来进行重置成本的时间因素调整值的计算：

$$时间因素调整值 = (重置成本) \times \frac{收费期限(动态投资回收期) - 转让期限}{收费期限(动态投资回收期)}$$

$$(5\text{-}14)$$

（3）应扣损耗（有形损耗、功能性损耗、经济性损耗）

1）有形损耗的估测

确定代评估资产有形损耗的方法通常有三种：即观察法、修复费用估算法和使用年限法。

在测定 PPP 模式实物资产的有形损耗时应该采用修复费用法。有形损耗是指实物资产在使用过程中所发生的磨损和损坏等情况，这种损坏在一定程度上是可以量化的。以全新实物资产为标准，通过实地考察，计算出修复现有实物资产至全新状态所需的费用，此费用即为现有 PPP 模式实物资产有形损耗的参考值，而后再通过考虑实物资产的大修等其他因素调整该参考值。

2）功能性损耗和经济性损耗的测算

◆ 功能性损耗的测算

功能性损耗通常采用收益现值法估算：

$$功能性损耗 = \sum_{t=1}^{n}\left[\begin{array}{l}(预计第t年减少的生产能力×收费\\标准-税、费)×第t年的折现系数\end{array}\right] \quad (5\text{-}15)$$

式中：n 表示功能性损耗的持续时间（通常以年计）。

◆ 经济性损耗的测算

济性损耗的测算思路为；

$$经济性损耗 = \sum_{t=1}^{n}\left[\begin{array}{l}(预计第t年的产量与可预测产量的差额×\\收费标准-税、费)×第t年的折现系数\end{array}\right] \quad (5\text{-}16)$$

式中：n 表示功能性损耗的持续时间（通常以年计）。

（三）现行市价法

该方法指的是资产在公开市场上的销售价格，现行市价应是在充分的市场竞争，并且交易双方都没有垄断及强制的情况下进行的。主要有以下几种基本因素决定着 PPP 模式资产的现行市价：（1）资产本身再生产成本价格，一般来讲，资产价格高低取决于其生产成本的高低；（2）市场供需情况，一般一项资产供大于求，其价格就会下降，反之亦然。以现行市价作为资产的计价标准称为现行市价标准。

现行市价法指比照与被评估对象相同或相似的资产的市场价格，来确定被评估资产价值的一种评估方法，是常用的评估方法之一，具有合理、公允、简便等特点。

1. 适用条件

（1）市场范围内存在同被评估资产相同或相似的资产交易案例，数目达三个以上并可作为参照物。

（2）存在明确的价值影响因素，且可以将其量化。

（3）资本市场发达且可取得充分的参照物。

2. 现行市价法评估 PPP 模式资产价值的关键问题

（1）确定 PPP 项目具有合理的类似资产

在至少满足功能相似、形式相似、载体相似以及交易条件相似等要求的基础上，对作为参照物的无形资产同被评无形资产进行比较。

（2）对交易资料的收集和分析

将类似的资产交易的市场信息收集起来作为横向比较的依据，而将被评估资产以往的交易信息进行收集则是为了纵向比较。

（3）确定条件

作为现行市价法应用基础的价格信息应满足相关、合理、可靠和有效的要求所收集的价格信息与需要作出判断的被评估无形资产的价值有较强的关联性；合理是指所收集的价格信息能反映被评估资产的载体结构和市场结构特征；可靠是指所收集的价格信息经过对信息来源和收集过程的质量控制；有效是指在模拟条件下，所收集的价格信息能够将评估基准日的被评估资产可能的价格水平有效地反映出来。

（4）必要时应作出调整

参照物和被评估资产会由于空间、时间和条件等的变化而产生差异，评估人员应对此作出相对合理的调整。

2. 评估方法

（1）直接法

是指在资产市场上寻找评估参照物，一般是与评估资产条件完全相同的资产交易记录，并计算所评定资产的评估价格。

（2）类比法

指的是针对一项被评估资产，在市场上不能找到与之完全相同的参照物，但能找到与其相类似的资产时，要以此作参照物，依照其本来的成交价格，作出必要的调整来确定被评估资产的价格。所选参照物在时间上与评估基准日则越接近越好，若无近期参照物，也可以远期的为参照物，继而再作基准日修正。类比法评估资产的价格公式表示如下：

评估值 = 市场参照物的交易价 + 被评估资产比参照物优异部分的金额总和 − 被评估资产比参照物低劣部分的金额总和，见式（5-16）。

现行市价法主要用于单项资产的评估，如土地、房屋和机器设备等评估，很少用于专用设备资产的评估[1]。

（四）清算价格法

清算价格是指企业停止经营或破产后，要求在一定期限内以变现的方式处理其资产，以清偿债务和分配剩余权益条件下所采用的资产价格。清算价格是指企业由于破产等原因，被要求于一定期限内将企业或资产变

---

[1] 北京市人民政府. 北京市城市基础设施特许经营办法［EB/OL］.（2003-08-28）[2011-10-17]. http://www.cin.gov.cn/city/dv2003091802.htm.

现，从而预期转让资产在清算之日便获得变现值。一般在运用清算价格法进行评估时，应持有具有法律效力的破产处理文件或抵押合同及其他文件等。

1. 适用范围

（1）企业破产

是指针对不能清偿到期债务的债务人，法院将以其全部财产依法清偿其所欠的各种债务的情况，不足的部分则不再清偿。

（2）抵押

在抵押人不履行其合同时，抵押权人有权在法律允许的范围内将抵押财产转让，并优先从转让抵押物中获得赔偿。

（3）清理

指的是企业由于经营不善而导致严重亏损、已临近破产的边缘或其他原因导致无法继续经营时，为将企业的财务现状搞清楚，对其全部财产进行清点、整顿和核查，为经营决策（破产清算或继续经营）提供有力依据以及因资产损毁、报废而进行清理、拆除等的经济行为。

2. 评估清算价格的方法

估算资产清算价格的方法不是一种独立的评估方法，它是结合运用其他方法而进行的。常用的有现行市价折扣法、整体资产评估法和模拟拍卖法等。

（1）整体评估法

整体评估法是指对整个企业或能独立使用的单项资产的清算价值所进行的评估。首先应用此方法评定该资产或企业能否继续经营使用，若能够继续经营或使用，则可参照重置成本法或现行市价法对资产或企业进行评估；如果企业或单项不能继续使用或经营，则可用变现价值或残值价值进行评估。

（2）现行市价折扣法

现行市价折扣法是在清理资产时，首先在市场上寻找一个相应的参照物，以现行市价为基础，根据清算条件及其他因素估定一个折扣率，据以确定其清算价格的评估方法。

（3）模拟拍卖法

模拟拍卖法指的是通过向被评估资产的潜在购买者询价的方法取得相应的市场信息，而后经评估人员分析确定其清算价格。供需关系将会在很大程度上影响此方法确定的清算价格，要进行充分考虑。

（五）巴拉特模型

PPP 融资模式的资产评估定价问题是一个风险——收益对称的虚拟物品定价问题。当前在该研究领域内被普遍接受程的为巴拉特模型。

巴拉特模型是由美国西北大学教授阿尔费雷德·巴拉特创立的，通过贴现现金流量方法确定最高可接受的并购价格的一种模型，这就需要估计期望的增量现金流量和折现率（或资本成本），即企业进行新投资时市场范围内可接受的最低报酬率。

巴拉特模型公式：

$$CF_t = St_{t-1} \times (1 + G_t) \times P_t(1 - T_t) - (S_t - S_{t-1}) \times (F_t + W_t) \qquad (5\text{-}17)$$

式中：CF_t——现金流量；

$\quad S_t$——年销售额；

$\quad G_t$——销售额年增长率；

$\quad P_t$——销售利润率；

$\quad T_t$——所得税率；

$\quad F_t$——销售额每增加元时所需追加的固定资本投资；

$\quad W_t$——销售额每增加元时所需追加的流动资本投资；

$\quad t$——预测期内的年度。

测算步骤：

1）预测自由现金流量，根据项目的财务现金流量表确定项目的自由现金流量；

2）折现率的确定，通常用加权平均资本成本（资本资产定价模型）测算；

资本资产定价模型：

预期股本成本率＝市场风险报酬率×目标企业的风险程度＋市场无风险报酬率或

$$KS = RF + RR \times \beta = RF + \beta \times （Rm - RF） \qquad (5\text{-}18)$$

$$WACC = \sum K_i \times B_i \qquad (5\text{-}19)$$

式中：RF——市场无风险报酬率；

$\quad RR$——市场风险报酬率；

$\quad \beta$——目标企业的风险程度；

$WACC$——加权平均资本成本；

K_i——各单资本成本；

B_i——各单项资本成本所占总成本的比重。

3）模式经营权转让期 t 的确定：

根据下述公式：

$$\sum_{t=1}^{n}(B_t - C_t)(1+i)^{-t} - I = 0 \qquad （5\text{-}20）$$

式中：P_t——项目投资回收期；

B_t——第 t 年的收费收入；

C_t——第 t 年的经营成本；

I——初始投资。

4）确定资产的评估价格企业价值定价模型：

$$TV_a = \sum \frac{CF_t}{(1+WACC)^t} + \frac{V_t}{(1+WACC)^t} \qquad （5\text{-}21）$$

式中：TV_a——企业价值评估值；

CF——在 t 时期目标企业的自由现金流量；

V_t——第 t 时期目标企业的终值；

$WACC$——加权平均资本成本。

三、PPP 特许定价流程构建

收费公路 PPP 项目实施主要包括三个阶段：建设期、运营期和移交期，如图 5-3 所示。（注：第一阶段用下标"1"表示，第二阶段用下标"2"表示，第三阶段用下标"3"表示）。

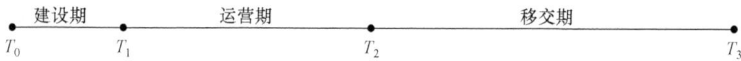

图 5-3　收费公路 PPP 特许定价模拟求解流程

构建 PPP 特许定价流程主要分为五个步骤：第一步，建设期和建设成本模拟；第二步，建立运营期收入函数；第三步，建立运营期成本函数；第四步，移交后期成本模拟；第五步，计算特许权移交价格。如图 5-4 所示。

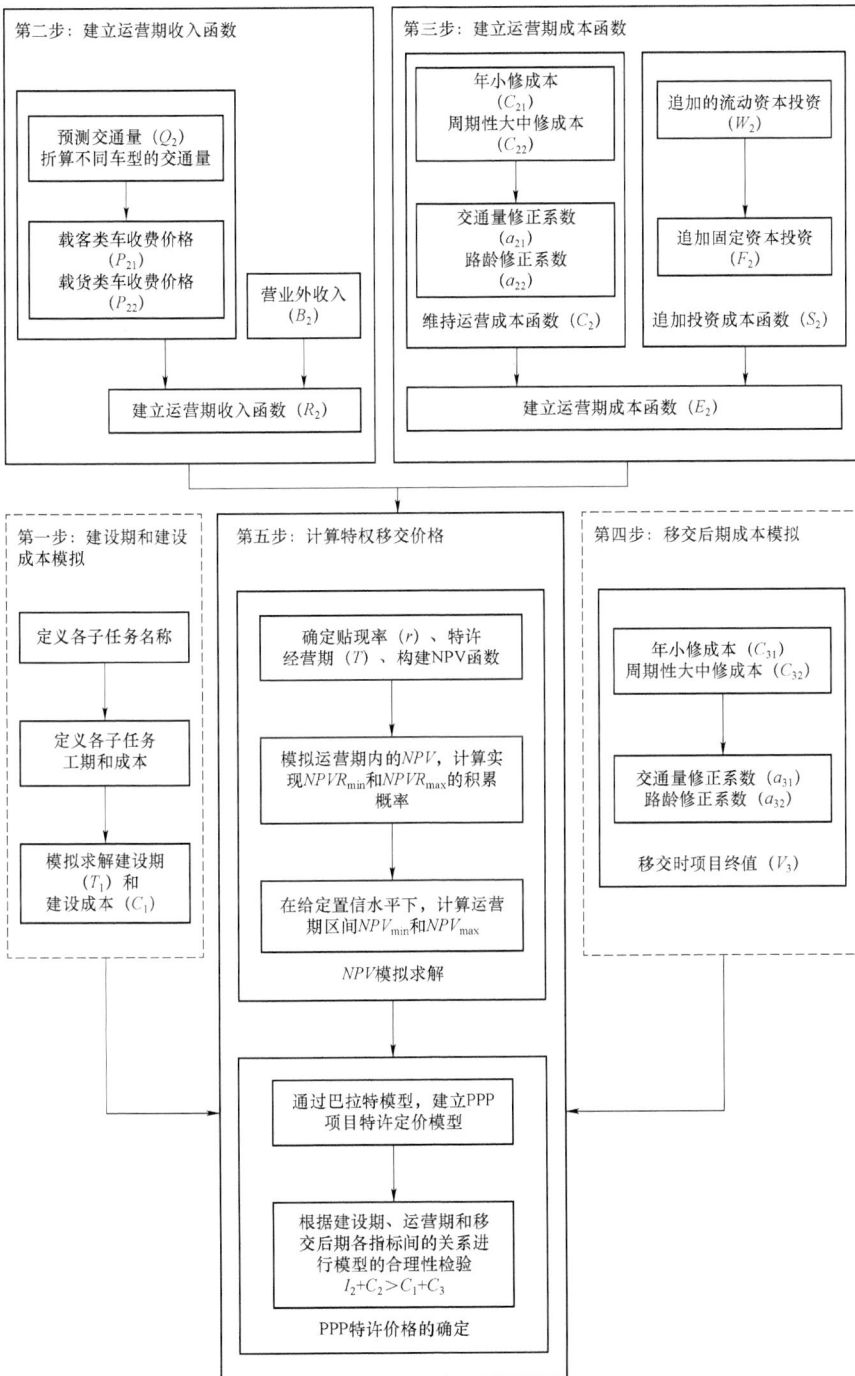

图 5-4 PPP 特许定价模拟求解流程

第二节　收费公路 PPP 项目特许定价决策模型的构建

收费公路 PPP 项目特许定价决策模型的构建，从收费公路 PPP 项目的三个阶段分别进行分析。PPP 项目的特许定价取决于净现金流量的变化，而净现金流量的变化受到风险的影响。

一、建设期成本函数构建

由于建设期只有现金流流出量，没有现金流流入量。由此构建建设期的成本函数。建设期对 PPP 项目运营期起点的确定有着直接的影响。公路等大型基础设施建筑工程项目，通常采用工作分解结构（Work Break down Structure）将施工阶段分解成各项子任务，根据工程量大小赋予相应的工期进行分析，常用的分析评估方法有关键路径法（Critical Path Method）和计划评审技术（PERT）[1,2]。

关键路线法（CPM）和计划评审技术（PERT）在各行业的项目管理工作中被广泛地应用。关键路线法是根据经验数据确定项目活动时间，视其为确定数值，然后通过对网络中时间参数的计算，如最早开始时间（EST）、最早结束时间（EFT）、最迟开始时间（LST）、最迟结束时间（LFT）、松弛时间（Slack Time）等，其中松弛时间为 0 的各项活动所组成的序列即为关键路线。在关键路线法中对项目活动时间的确定方法是一种单点估计（Single Point Estimation）法。

计划审批技术（PERT）主要用于不确定性网络的求解，并应用这种不确定性，找出计划的可能完成规律同时对完成的可能性进行预测[3]。计

[1] 刘兵，池宜兴，曾建丽，等. 空间科学卫星工程项目进度及风险分析——基于蒙特卡罗模拟仿真 [J]. 科技管理研究，2021，41（13）：158-166.

[2] 王彦超，吴雨珊，刘芷蕙，白璐. 宏观审慎、地方政府隐性债务监管与系统性风险防范——基于微观企业风险的网络传导机制研究 [J]. 中国工业经济，2023（8）：23-41.

[3] Mr.Mohamed K.Khedr PSP. Project Risk Management Using Monte Carlo Simulation [C].AACE International 2006（23）：334-451.

划审批技术（PERT）主要针对完成工作时间的不确定性，通常使用三点估计法（悲观时间、乐观时间和最可能时间）来计算项目完工时间的期望值和概率，该方法注重对整个项目计划的评价和审查。技术评审技术则是一种情景分析（Scenario Analysis）法。上述两种方法均存在自身的缺点，前者没有考虑不确定性，而后者对不确定性的考虑不够，易导致在项目管理过程中不能按预期达到管理目标，因而都在实际应用中受到一定程度的限制。

由于在实践过程中存在各种各样的风险因素，使各项子任务的工期很容易发生变动。因此，为了达到在不确定条件下对建设期进行预测的目标，将各项子任务的工期定义为随机变量，并根据历史经验数据界定各项子任务工期的概率分布[1]。模拟（Simulation）是对不确定性最好的处理方法，它是在大量试验（考虑了全部的可能性）的基础上模拟运行实际的项目管理活动，在项目管理过程中实现对不确定性的定量分析，为项目管理提供更有价值的信息并帮助决策。常用的模拟大都基于计算机软件技术[2]，如 GPSS，SimScript，Arene，Extend，@Risk，CrystalBall 等，本书以 CrystalBall[3]为例介绍如何利用它进行收费公路 PPP 项目建设期管理的建模分析。

二、运营期收入函数构建

收费公路 PPP 项目运营期收入包括，营业收入和营业外收入两部分。营业收入函数包括两个变量，分别是交通量（Q_2）和收费价格（P_2）。运营期收入函数构建框架如图 5-5 所示。

（一）运营期营业收入函数变量分析

1. 交通量（Q_2）

交通量由两部分构成，分别为年均交通量（Q_0）。和交通量变化（ΔQ），

[1] 杨琴，胡辉. 基于 Crystal Ball 的项目管理建模分析 [J]. 中国管理信息化，2007，10（12）：27-28.

[2] Decisioneering，Inc [J]. Cry Ball 7.2.2 User Manual.

[3] Eduardo Herrera Lana.Stochastic Critical Path（EB/OL].www.crystallball.com，Proceedings of the 2006 Crystall Ball User Conference，2006.

见公式（5-22）。

$$Q_2 = Q_0 + \Delta Q \qquad （5\text{-}22）$$

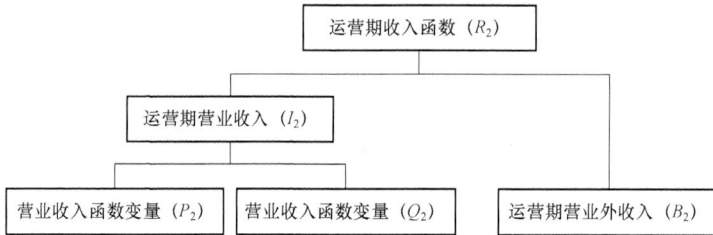

图 5-5　运营期收入函数构建框架

Q_0 有多种预测方法，其中较为常用的方法之一是增长率预测法。根据历史数据，如果以 5 年作为计算期，则在整个运营期的第一个 5 年内的交通量平均增长率最高，此后一般呈递减趋势。

ΔQ 则主要体现在大雾天气等不可抗力风险对 Q_0 的影响。这部分变化可以通过雾天在项目所在地区的每年发生天数（d）和每次持续时间（l）来进行估计，通常参考气象系统的历史数据获得相关参数。d 一般采用均匀分布函数进行拟合，l 则可以通过历史监测数据和计算发生概率得到。因此，ΔQ 的计算公式为：

$$\Delta Q = \frac{d}{360} \cdot \frac{l}{24} \cdot Q_0 \qquad （5\text{-}23）$$

为便于计算，通常将交通量以小客车当量（Passenger Car Unit，PCU）计算，并且假定在运营期内各车型的构成比例保持不变[1]。在进行 Q_2 的预测时，可以根据周边地区公路交通量情况进行类比假定各种类型的载客类车、载货类车之间的构成比例，并根据《关于调整公路交通情况调查车型分类及车辆折算系数的通知》（规统便字〔2005〕126 号）进行折算。

2. 收费价格（P_2）

目前国内许多地区针对载客类和载货类两种类型的车采用两种独立的收费方式。其中，根据座位数量划分不同等级的载客类车收费价格（P_{21}），随着座位数增加相应提高其收费价格；载货类车则采用计重收费方式

---

[1] Yang H，Tang WH，Cheung WM，et al.Profitability and welfare gain of private toll roads in a network with heterogeneous users [J]. Transportation Research Part A，2002，36（6）：537-554.

（P_{22}），根据不同的载重吨位规定相应的收费标准，通常又可以分为正常装载部分和超限装载部分。为了简化计算，本书暂不考虑超重车辆罚款带来的收入以及由于超重带来的养护成本的增加。

（二）运营期营业收入函数分析

运营期营业收入函数（I_2）

收费公路 PPP 项目收入函数可以表示为公式（5-24）

$$I_2 = P_{21} \cdot Q_2 S_2 + P_{22} \cdot Q_2 \cdot (1 - S_2) \qquad （5\text{-}24）$$

其中，S_2 为载客类车的交通量所占 Q 的比例。

（三）运营期营业外收入函数变量分析

营业外收入（B_2）

收费公路 PPP 项目营业外收入是指收费站之外由于项目而产生的收入，例如收费公路的服务区等。

（四）运营期收入函数分析（Revenue）

运营期收入（R_2）

运营期收入为营业收入和营业外收入之和，函数可以表示为公式（5-25）

$$R_2 = I_2 + B_2 \qquad （5\text{-}25）$$

三、运营期支出函数构建

收费公路 PPP 项目运营期支出包括，维持项目运营成本和再次投资成本。维持项目运营成本函数包括公路养护维修（C_{21}、C_{22}）、变量和修正系数（a_{21}、a_{22}）、变量。再次投资成本函数包括追加的流动资本投资（W_2）和追加的固定资本投资（F_2）。运营期支出函数构建框架，如图5-6所示。

与污水处理、电厂等 PPP 项目不同，收费公路项目的成本函数构成较为复杂，在其所有成本中占有最大比重的是常运营和维护成本。为计算简便，在本书中仅考虑公路的运营和维护成本（C_2），即路基、路面、桥梁及涵洞等公路构筑物所发生的，包括人工费、材料费、机械使用费、其他直接费和施工管理费等在内的各项支出，其他成本项目均按照一定比例折算计入 C_2。

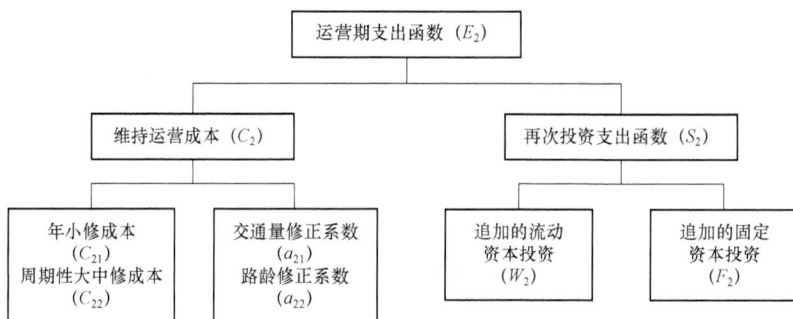

图 5-6 运营期支出函数构建框架

（一）运营期维持运营成本函数变量分析

1. 养护费用（C_{2x}）

由公路养护类型的不同，C_{2x} 可以分为年小修成本（C_{21}）和周期性大中修成本（C_{22}）。在正常情况下，公路项目大中修周期一般设定为 10 年。

2. 调整系数（α_{2x}）

伴随着交通量的增长，尤其是货物运输载荷的累积效应，公路的路基和路面会受到一定程度的破坏，由此将会导致运营和维护成本随着交通量和路龄增长而增加。确定 α_{21} 为交通量修正系数，α_{22} 为路龄修正系数。

（二）运营期维持运营成本函数分析

考虑到交通量和路龄等特定因素的影响，对运营和维护成本进行调整，其计算见公式（5-26）

$$C_{2x} = \begin{cases} C_{21} \cdot \alpha_{21} \cdot \alpha_{22}L \to 小修养护时 \\ C_{22} \cdot \alpha_{21} \cdot \alpha_{22} \cdot L \to 大中修养护时 \end{cases} \tag{5-26}$$

其中，L 为路长。

（三）运营期追加投资成本函数变量分析

在收费公路 PPP 项目运营期，需根据项目的进展的具体情况追加投资。在追加的投资里面又分为流动资本投资和固定资本投资。

1. 追加的流动资本投资（W_2）

追加的流动资本投资是指在项目运营期间根据实际情况增加的公路维护费用、加油站等维护设施的投资。

2. 追加的固定资本投资（F_2）

追加的流动资本投资是指在项目运营期间根据实际情况增加的工人

工资及福利等费用。

（四）运营期追加投资成本函数分析

对追加的流动资本投资和固定资本投资进行调整，构建追加投资成本函数的见公式（5-27）。

$$E_2 = W_2 + F_2 \qquad (5\text{-}27)$$

四、交后期支出函数构建

为了保证项目后期的可持续发展，移交时项目终值不能低于移交后期的维护费用，以保证项目的正常生命周期。同运营期维持运营成本相类似，项目移交后期维持运营成本，考虑到交通量、路龄等特定因素的影响，对运营和维护成本进行调整的计算见公式（5-28）。

$$C_3 = \begin{cases} C_{31} \cdot \alpha_{31} \cdot \alpha_{32} \cdot L \rightarrow 小修养护时 \\ C_{32} \cdot \alpha_{31} \cdot \alpha_{32} \cdot L \rightarrow 大中修养护时 \end{cases} \qquad (5\text{-}28)$$

其中，L 为路长。

$$V_3 \geqslant C_3 \qquad (5\text{-}29)$$

V_3 为移交时项目终值。

五、特许定价决策模型

本书采用巴拉特定价模型，隶属于收益现值法。选用依据是由国家交通运输部门、国家发展和改革委员会和财政部共同颁发的《收费公路收益转让办法》自 2008 年 10 月 1 日起实施。第十八条转让收费公路权益进行收费权价值评估，评估办法应当采用收益现值法，所涉及的收益期限由转让方与资产评估机构在批准的收费期限内约定。

在巴拉特模型定价过程中，通常采用一定的概率模型来描述不确定性因素的变化特性，从而对不确定性变量进行评估，即需要确定风险变量的概率分布函数和参数。当项目在某些风险事件或者影响因素方面积累的数据资料较多时，可以通过对历史数据进行统计分析，来得到不确定性变量的客观概率分布函数；如果已经探索和研究了有些风险事件或者影响因素的发生规律，或者没有足够的历史数据支撑风险发生概率的统计分析时，也可采用理论概率分布来进行风险估计[1]。

首先，对价格、交通量、年小修成本以及周期性大中修成本等随机变量进行定义，根据收费公路 PPP 项目运作的实践规律，采用相应的概率分布函数对这些风险因素对特许期决策的影响进行拟合，并基于此构建收入函数和成本函数。

巴拉特模型定价的思路为：① 预测交通量，确定净现值；② 折现率的确定；③ 根据相关政策及项目实际确定特许经营期；④ 由巴拉特模型确定特许经营权价格为：

$$TV_a = \sum \frac{NCF_t}{(1+WACC)^t} + \frac{V_t}{(1+WACC)^t} \tag{5-30}$$

收费公路 PPP 项目共分为三个阶段，分别为建设期、运营期和移交期，如图 5-7 所示。

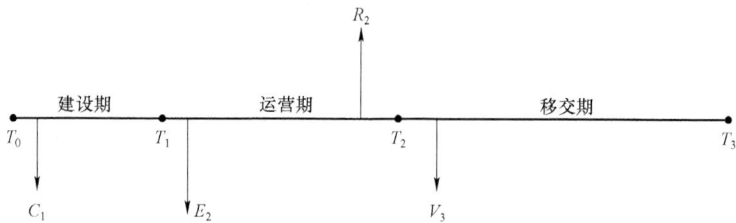

图 5-7 收费公路 PPP 项目阶段划分

（一）总收入函数（R）

收费公路 PPP 项目的收入来自项目运营期内车辆通行收取的过路费。

$$R = R_2 = P_2Q_2 + B_2 \tag{5-31}$$

（二）总支出函数（Investment）

项目建设期的支出（C_1）为施工建筑成本；项目运营期的支出（E_2）包括维持运营成本和再次投资支出；项目移交期后的支出费用主要为公路的维护费用（C_3），此费用的支出保证项目的价值及完整的生命周期。

$$I = C_1 + E_2 + C_3 \tag{5-32}$$

[1] Jiaojie H，Hongju H .Cooperative Behavior，Supervision，and Contract Choice in PPP Projects：An Evolutionary Game Theory Approach Incorporating an Other-Regarding Preference [J]. Journal of Construction Engineering and Management，2023，149（12）.

（三）净现值率指标的分析（NPVR）

为了保证收费公路 PPP 项目的净现值率在一定的合理水平上，项目需要根据实际情况确定项目公司可接受的最低净现值率 $NPVR_{\min}$ 和政府允许的最大净现值率 $NPVR_{\max}$。（项目公司的盈利水平在 50%）。

$$NPVR = \frac{NPV}{I} \qquad （5\text{-}33）$$

$$NPVR_{\min} \leqslant NPVR \leqslant NPVR_{\max} \qquad （5\text{-}34）$$

$NPVR_{\min}$ 为项目公司可接受的最低净现值率。

$NPVR_{\max}$ 为政府允许的最高净现值率。

本文采用项目的净现值率作为收费公路 PPP 项目特许定价的评价指标，能更好地反映项目的实际运营状态。主要原因有两个：一是项目的净现值率值为项目净现值除以总投资，实际运营过程中项目的动态投资能够反映出来，能够客观地评价项目的经济能力；二是由于收费公路 PPP 项目的投资额巨大，不同的项目投资额差异较大，实际运营过程中项目收益也千差万别，统一标准的净现值率能够更好地规范此类项目。

（四）净现金流量（NCF）

传统的净现金流量（NCF）为项目的总收入减去总支出，即：$NCF = R - I$。由于收费公路 PPP 项目运营期较长，涉及方较为复杂。本书根据巴拉特定价思想，用项目的总利润减去项目运营过程中追加投资费用。

$$NCF = (P_2Q_2 + B_2)NPVR(1-T) - (W_2 + F_2) \qquad （5\text{-}35）$$

其中，T 为所得税税率。

（五）确定折现率（r）

在 PPP 特许定价方法确定，收益现值法中各项指标的确定里面详细地阐述了折现率的测定的多种途径。

根据收费 PPP 项目特点，由于资金需求量巨大，单一的融资体系无法达到要求，一般把多元化的资金来源分为两大类：贷款和自有资金。采用加权平均资金成本模型的方法，其计算公式如下：

$$K_w = K_1W_1 + K_0W_0 \qquad （5\text{-}36）$$

上式中，K_w 表示加权平均资金成本；

K_1 表示长期负债成本，即贷款利息率；

W_1 表示长期负债占总投资资本的比重;

K_0 表示自有资金成本,即自有资本要求的回报率;

W_0 表示自有资金占总投资资本的比重。

（六）项目特许经营期的确定（T）

由国家交通运输部门、国家发展和改革委员会和财政部共同颁发的《收费公路收益转让办法》自 2008 年 10 月 1 日起实施。

第十三条转让政府还贷公路收费权,可以向省级人民政府申请延长收费期限,但延长的期限不得超过 5 年,且累计期限和总和最长不得超过 20 年。国家确定的中西部自治区、直辖市政府还贷公路累计收费期限的总和,最长不超过 25 年。

转让经营性公路收费权,不得延长收费期限,且累计期限的总和最长不得超过 25 年。国家确定的中西部自治区、直辖市经营性公路累计收费期限的总和,最长不得超过 30 年。不得以转让公路收费权为由提高车辆通行费标准。

（七）构建净现值函数并模拟（NPV）

根据公式,运营期内的项目收益净现值公式为:

$$NPV = \sum_{t=0}^{T} \frac{NCF_t}{(1+r)^t} = \sum_{t=0}^{T} \frac{(P_2Q_2 + B_2)NPVR(1-T) - (W_2 + F_2)}{(1+R)^t} \quad (5\text{-}37)$$

（八）特许经营权定价的确定

因此,本书假设政府在收费公路 PPP 项目特许定价中面对风险态度为中立型决策者。在社会福利最大化、项目利益最大化、出行者效用最大化三个目标之间寻求平衡状态。在文献研究中发现,学者于国安[1]、Michel 等认为政府通常会众多项目同时运营,项目风险被分散,因此假定政府为风险中立型决策者。

因此,根据本文第四章第三小节中:特许定价的确定一节所述,通过求解项目公司净现值的期望水平得到基础特许价格,具体公式表示为:

$$C(NPV) = \overline{NPV} \quad (5\text{-}38)$$

---

[1] 于国安. 特许权人风险厌恶条件下的基础设施特许权合约分析 [J]. 合肥工业大学学报（自然科学版）2006,29（3）：361-364.

如果解得的特许价格收费标准 P 超过政府规定价格上限，私人投资者应该通过降低净现值的期望水平 $\overline{NPV}$，来降低 PPP 项目的特许经营权价格。

第三节　本章小结

本章首先从收费公路PPP项目特许定价模式形成理论和PPP特许定价方法两个方面，介绍了 PPP 项目特许定价理论的基础。PPP 项目特许定价模式形成理论主要包括：效用价值理论、消费者剩余理论、无形资产评估价值决定理论。PPP 特许定价方法主要包括：收益现值法、现行市价法、重置成本法、清算价格法以及巴拉特模型等。

本书从出行者的角度出发，提出了在社会福利最大化目标下的项目公司净收益不为负的收费公路 PPP 项目特许定价模型，此时的价格水平也实现了政府和项目公司双赢的状态。构建收费公路 PPP 项目特许定价决策模型，根据项目实施的不同阶段构建建设期成本函数、运营期收入函数、运营期支出函数和移交后期支出函数，最后形成特许定价决策模型。从特许定价决策模型中的总收入、总支出、净现值率、净现金流量、折现率、项目特许经营期、净现值等七个指标进行分析，确定最终 PPP 项目特许经营权价格。

第六章
特许定价调整模型

　　收费公路 PPP 项目的特许经营期相对较长，且影响特许价格的关键风险水平会在运营过程中发生变化，由此可能导致现行的特许价格并不能够达到决策者所期望的未来目标，因而需要对现行特许价格进行调整。Tam（1997）指出 PPP 项目得以成功的关键因素之一是要有设计合理的特许价格调整机制[1]。因此确定特许价格调整与否，如何进行调整以及调整幅度关系到政府和项目公司的切身利益，对项目的顺利运营具有重要的影响。

　　对特许价格进行调整的目的应该是既能使项目公司获得合理回报，又能促进其提高经营效率，积极地应对项目风险。此外，设计合理的特许价格调整机制，也有利于吸引私人部门的投资，降低其所承担的风险水平。因此合理的特许价格调整方法在设计过程中，必须同时考虑私人部门的激励机制和参与约束。

　　在固定特许期下的特许定价中，需要考虑设计价格调整方法，而在弹性特许期下则不必考虑。Engele（2001）指出若不引入特许价格调整机制，就不能得到最优的固定特许期合同[2]。这主要是因为存在特许价格和特许期是两个重要的特许决策变量，二者都会对项目收益产生非常大的影响。如果将特许期固定，就需要通过调整特许价格来减少风险的影响；如果将特许价格固定，同样也需要采用调整特许期的方法来进行风险应对。理论上讲，同时调整特许期和特许价格也是可以的，但是这会使项目投标报价

　　[1] 王建军，徐伟宣，张勇. 基于 Beta-PERT 分布的单项不良资产定价决策 [J]. 数理统计与管理，2007，26（3）：495-501.

　　[2] Engle E，Ronald D F，Alexander G Least-Present-Value-of-Revenue Auctions and Highway Franchising [J]. Journal of Political Economy，2001，109（5）：993-1020.

更为复杂,且在实践中尚未有类似的做法出现,因此对于此问题可以暂时不进行深入研究。

第一节　特许价格调整的依据

设计特许价格调整方法目的就是为了将风险导致的成本和利润上的变化转变为特许价格的变化,确保有效减少私人投资者的风险压力,并获得合理回报,在进行具体调整方案设计时,首先需要确定价格调整的依据。从收费公路 PPP 项目特许定价模型分类的角度分析,控制特许期定价模型与控制特许价格定价模型需要项目运营的实际情况设计价格调整方法,而在控制特许收益定价模型中,由于通过特许经营期的调整保证项目收益,就不需要考虑此问题了。

一、特许价格的调整原则

(一)综合考虑风险因素影响的原则

市场风险、法律风险、不可抗力风险和通货膨胀风险可以看成是彼此相互独立的概率事件,任一风险事件的发生,既不影响其他风险事件的发生,又不提供其他风险事件发生的任何信息。这说明,任何一种风险事件在一个风险分担周期内的发生都会影响到定价目标的实现与否,不能仅依据一种风险的发生情况去分析价格调整的可能,必须综合考虑所有关键风险事件所带来的影响。对于风险发生后的影响分析,也不能只考察一种关键风险事件所造成的损失,因为有可能其他关键风险事件会导致项目收益增加,风险影响之间彼此抵消,最终并不需要调整特许价格。

另外,收费公路和其他路桥工程等公共交通 PPP 项目,产品成本的构成相对简单,并不像水处理项目、能源供应项目和环境保护项目等成本构成那么复杂,不需要从单个风险对定价要素的影响出发来调整价格,而应该根据收费公路的特点,采用综合分析风险影响的价格调整原则[1]。

---

[1] Suryeon K,Prashnna G,David H J,et al.Comparative Analysis of Project Risks across Construction Sectors [J]. Journal of Construction Engineering and Management,2024,150(6).

（二）激励效率提高的原则

特许价格主要依据关键风险发生的变化，弥补风险所带来的损失，或者利用风险所带来的额外收益等来进行调整。如果特许价格调整方法设计不够合理，会导致项目公司缺乏积极应对风险，努力提高经营效率的动力。如果设计的特许价格调整方法能够弥补全部风险所带来的损失，那么项目公司在一个风险分担周期内便不需要认真管理风险，即便发生风险损失，也可以在下一个风险分担周期内通过调高特许价格这样的方式来加以弥补，这种现象在需求价格弹性低的项目中有尤为突出的表现。因此，在特许价格调整方法的设计中，必须建立能够有效地激励项目公司提高经营效率的内在机制，同时减少特许价格的调整频率和调整幅度，以避免对社会效益带来不利影响。

（三）保证合理回报的原则

项目公司在一个风险分担周期内给出最低和最高两个边界利润水平，风险的发生会带来损失和额外收益，项目的实际利润水平可能落入最低水平到最高水平这一区间内，也可能在该区间外。而政府和项目公司经过风险分担的一系列博弈后，已经找到一个双方利益的均衡点。对于项目公司来说，该均衡点代表着位于最低到最高利润水平之间，其所能够得到的合理回报水平。特许价格的调整需要缩小均衡点和实际利润水平二者之间的差异，当期发生的正负偏差能够在下一风险分担周期得到弥补和利用，并保证项目公司的收益在特许经营期内始终保持在一个合理回报的水平。

（四）分阶段调整的原则

在收费公路 PPP 项目实践中通常采取定期调整特许价格，或者因特定风险触发而调整特许价格的方法。当 PPP 项目的收入并不是来自消费者而是主要直接来自政府时，可以采用关键风险损失超过规定程度就调整特许价格的方法。而收费公路 PPP 项目必须直接面对消费者，就不宜采用这种调价方法，否则将导致市场价格的频繁变动，引发出行者的不满。为了尽量减少价格调整对社会所带来的不利影响，可以遵循分阶段定期调整的原则，在一个风险评估周期内，维持稳定的特许价格，在下一个风险评估周期到来之前，分析特许价格调整的必要性来决定调整与否和调整幅度的大小。

二、特许价格调整周期的确定

特许价格调整是在评估风险的不确定性影响程度进行的，因此价格调整周期需要与实践中风险的发生状况相对应。在收费公路 PPP 项目特许定价研究中，风险评估周期越短，特许价格调整的频率越高。

通常，在特许经营期 T_c 内，政府和项目公司事前确定每隔 T 年进行一次风险评估，在第一个风险评估周期内执行初始 PPP 项目特许价格收费标准，从第二个风险评估周期开始，进行项目特许价格调整分析。由此可见，在整个收费公路 PPP 项目特许经营期内，特许价格的最大可能调整次数 ω 的计算公式为：

$$\omega = N \operatorname{int}\left(\frac{T_c}{T}\right) - 1 \qquad (6\text{-}1)$$

上式中：Nint（·）表示四舍五入的取整函数，特许价格调整周期 T_c 由政府和项目公司根据项目的具体情况协商而确定，并要求作为特许经营协议中的重要合同条件。在收费公路 PPP 项目特许经营期内，通常采用恒定的调整周期，譬如每 5 年调整一次价格。Kerf[1]，在特许价格调整的研究中也建议以 5 年为周期，进行重新评估特许价格的合理性，Subprasom[2] 还主张采用更短的调整周期，先制定 PPP 项目特许价格，然后以 3%的年增长率，每三年调整一次价格。

实际上，特许价格调整周期的长度并没有统一的确定标准，除采用固定的期限之外，也可以根据特许经营期内风险信息掌握程度的变化，改变调整周期的长度。例如在经营初期风险信息掌握较少，可以规定较短的价格调整周期，随着风险的逐渐暴露，当掌握充分的风险信息时，则可以延长价格调整周期的长度。

[1] Kerf M，Gray R D，Irwin T.Concessions for infrastructure：A guide to their design and award [J]. Washington，D.C: The World Bank，1998：133-140.

[2] Subprasom K，Chen A. Analysis of policy and regulation on Build-Operate-Transfer scheme：a case study of the Ban Pongkanchanaburi motorway in Thailand [J]. Journal of the Eastern Asia Society for Transportation Studier，2005（6）：3883-3898.

第二节　特许定价调整的分析

在收费公路 PPP 项目特许经营权定价的研究中，由于特许经营期较长，运营过程中各种风险的不断发生增加了交通量的不确定性。随着运营时间的推移，在项目实践运作阶段，由于各种信息的到来，风险不确定性逐渐减少，交通量的确定性也在逐渐增大。根据实际发生的交通量来调整车辆通行费的高低，确保项目净现值率在项目公司和政府均可接受的范围内，对项目的顺利运营具有重要的影响。例如，机场建设项目需根据预测客流量制定价格，但在运营的过程中，由于高铁技术的发展给民航系统的客流量带来了巨大挑战。为了保证项目的顺利实施，需根据实际客流量进行变相调整，给出不同的折扣。

针对如何调整，本章进行特许经营期车辆通行费价格调整分析。大体思路是，为了实现预期的收益，项目公司期望设置一个净现值率下限 $NPVR_{min}$ 来降低自身的风险；政府从社会公平的角度考虑，期望设置一个净现值率上限 $NPVR_{max}$ 从而限制项目公司获得暴利，便形成了项目净现值率的上、下限约束条件。在特许经营协议的谈判过程中，双方会经过多次博弈，将项目的净现值率 $NPVR_0$ 控制在区间 [$NPVR_{min}$ 、 $NPVR_{max}$] 以内。当实际发生的交通量致使项目净现值率高于政府所接受的最大净现值率时 $NPVR_A > NPVR_{max}$ ，构建车辆通行费降价模型；当实际发生的交通量致使项目净现值率低于项目公司所接受的最低净现值率时 $NPVR_B < NPVR_{min}$ ，构建车辆通行费提价模型。由于项目运营期实际发生的交通量与项目的净现值率直接相关，通过调整特许经营期车辆通行费价格又可以对项目净现值率进行控制，解决由于交通量的不确定性导致项目净现值率过高或高低的问题，保证了政府和项目公司的切身利益，同时完成双方决策目标的实现。因此建立收费公路 PPP 项目特许经营权定价调整模型，进而增加收费公路项目特许经营权定价模型的实用性。

首先，根据公式 $NPVR = \dfrac{NPV}{I}$ ， $NPV = \sum_{t=0}^{T} \dfrac{NCF}{(1+r)^t}$ ， $NCF = R - I$ ， $R = P_2 Q_2 + B_2$ 可以计算求得项目的净现值率 $NPVR$ 。

$$NPVR = \frac{NPV}{I} = \frac{\sum_{t=0}^{T}\frac{NCF}{(1+r)^t}}{I} = \frac{\sum_{t=0}^{T}\frac{NCF}{(1+r)^t}}{I} = \frac{\sum_{t=0}^{T}\frac{R-I}{(1+r)^t}}{I} \qquad (6\text{-}2)$$

其中 I 为项目的总投资，r 为折现率，B_2 为项目特许经营期内的营业外收入，P_2 为特许经营期车辆通行费价格，Q_2 为特许经营期内交通量。

通过以上函数关系 $NPVR = \dfrac{\sum_{t=0}^{T}\frac{P_2Q_2+B_2-I}{(1+r)^t}}{I}$，我们发现变量 I、r、B_2

随着项目的确定而确定，而随机变量 P_2、Q_2 要随着项目的进展而确定才能保证项目的净现值率 $NPVR$。本文采用 Matlab7.0 建立函数模型，进行函数性质分析。（注明：由 MATLAB 做三维模拟图，其中 $I（Q）$，I 是 Q 的函数，但在 $NPVR$ 公式中，由于 Q 的变动引起 I 的变动值较小，在模拟图中看为常数。）$NPVR$-P-Q 三维坐标下的模拟图（6-1）。详见附录 1。

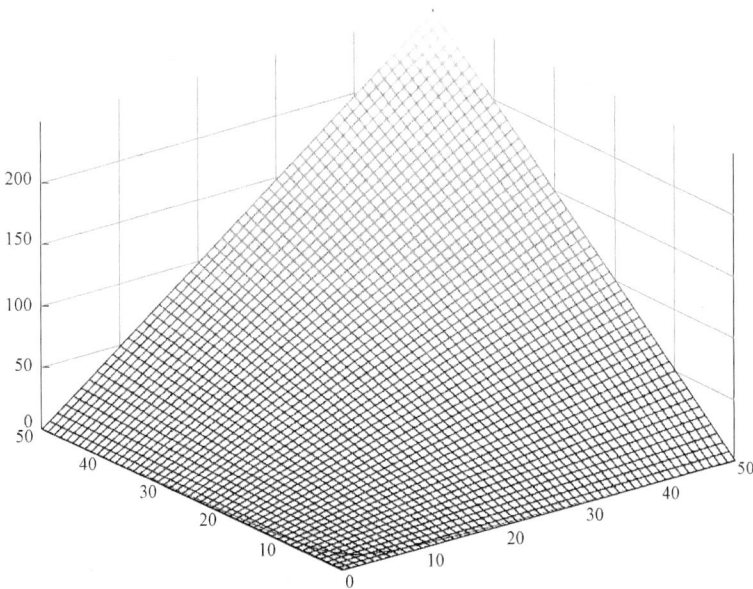

图 6-1　NPVR-P-Q 三维坐标下的 MATLAB 模拟图

由图像（6-2）可知，随着交通量 Q 的增大，项目的净现值率 $NPVR$ 增大，即 $NPVR$ 与 Q 正相关；随着特许经营期车辆通行费价格 P 的增大，项目的净现值率 $NPVR$ 增大，$NPVR$ 与 P 正相关。

通过特许经营期车辆通行费价格 P 与交通量 Q 坐标系中的等高图发现，在恒定净现值率 $NPVR$ 的条件下，特许经营期车辆通行费价格 P 随着交通量 Q 的增加而减少。即 P 与 Q 为反函数关系。详见附录 2。

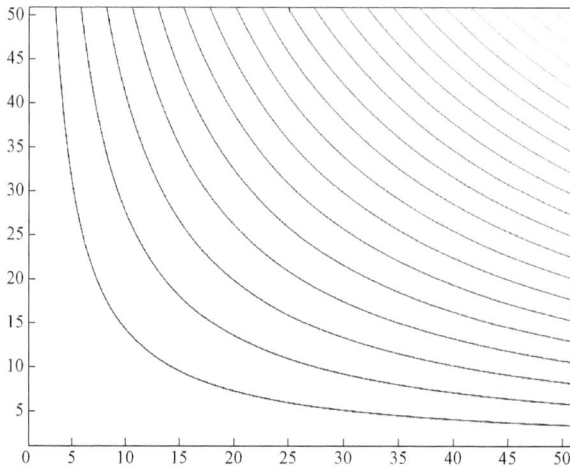

图 6-2　P-Q 坐标下的等高图

通过以上分析，$\partial NPVR/\partial Q > 0$，$NPVR$ 与 Q 正相关。我们假设 Q 的变动量服从正态分布，在 Q-t 坐标系中见图 6-3，结合第五章对交通量的分析，根据项目实际情况。通过 $MATLAB$ 模拟得到。详见附录 3。

在 $NPVR = \dfrac{\sum\limits_{t=0}^{T} \dfrac{P_2 Q_2 + B_2 - I}{(1+r)^t}}{I}$ 公式中，可以看到 $\partial NPVR/\partial P > 0$，$NPVR$

与 P 正相关。通过分析发现，P 与 Q 对于 $NPVR$ 应该具有相同的函数图像。

通过 $MATLAB$ 模拟，在三维立体图中得到 $NPVR$-Q-T 和 $NPVR$-P-T 的关系，如图 6-4 所示。两个面分别为 Q-T 坐标系、P-T 坐标系。详见附录 4。

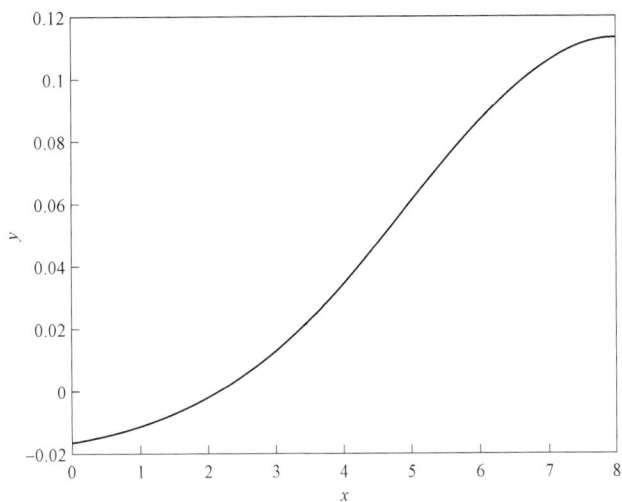

图 6-3 *Q-t* 坐标图像

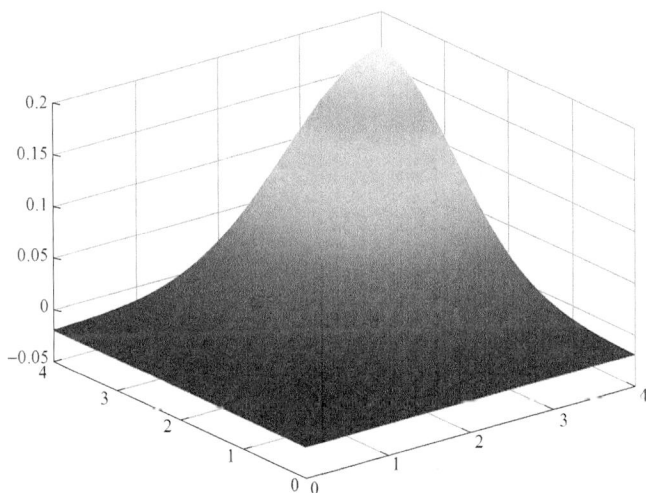

图 6-4 正态分布的三维立体图

一、交通量变动分析

在收费公路 PPP 项目的特许经营权定价研究中，关键风险的不确定性影响交通量的变化。本书从项目运营期实际发生的交通量为切入点，当实际发生的交通量增大，致使 $NPVR > NPVR_{max}$ 时，需调整车辆通行费价格降低项目净现值率；当实际发生的交通量减小，致使 $NPVR < NPVR_{min}$ 时，

需调整车辆通行费价格降低项目净现值率，即满足 $NPVR_{min} \leqslant NPVR \leqslant NPVR_{max}$ 条件见图 6-5。

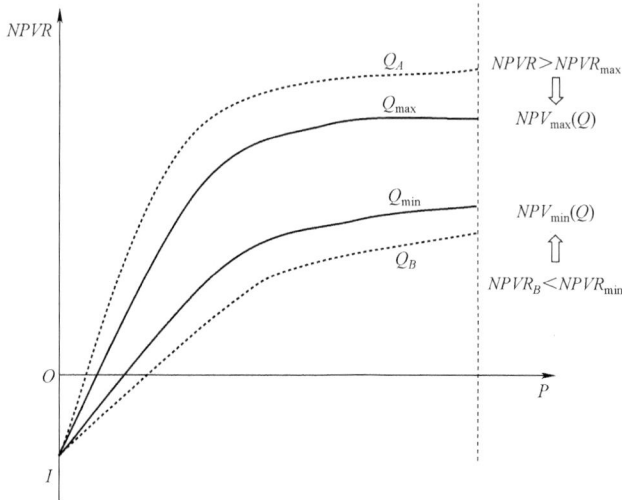

图 6-5　交通量变动分析

在车辆通行费价格 P 与净现值率 $NPVR$ 的坐标系中，对交通量 Q 进行分析，如图。政府规定的净现值的上限对应的交通量为 Q_{max}，项目公司接受的净现值的下限对应的交通量为 Q_{min}。

交通量随着项目的实际情况发生变化，当交通量增加到 $Q_A > Q_{max}$，以至于净现值率 $NPVR_A > NPVR_{max}$ 时，超过了政府所能接受的净现值率上限，项目公司获取暴利，必须降低项目的净现值率才能实现社会公平。当交通量增加到 $Q_B > Q_{min}$，以至于净现值率 $NPVR_B < NPVR_{min}$ 时，超过了项目公司所能接受的净现值率下限，项目公司运营不经济，必须提高项目的净现值率才能保证项目的顺利进行。

二、净现值率变动分析

针对 NPVR 可能发生的偏离，分成三种情况来讨论：当 $NPVR_A < NPVR_{min}$ 和 $NPVR_B > NPVR_{min}$ 时，实际净现值率没有满足 $NPVR_{min} \leqslant NPVR \leqslant NPVR_{max}$ 的条件。需要通过车辆通行费价格 P 调整项目净现值率。在交通量 Q 与净现值率 $NPVR$ 的坐标系中，净现值率较高的曲线对应的车辆通行费价格 P 较高。如图 6-6 所示。

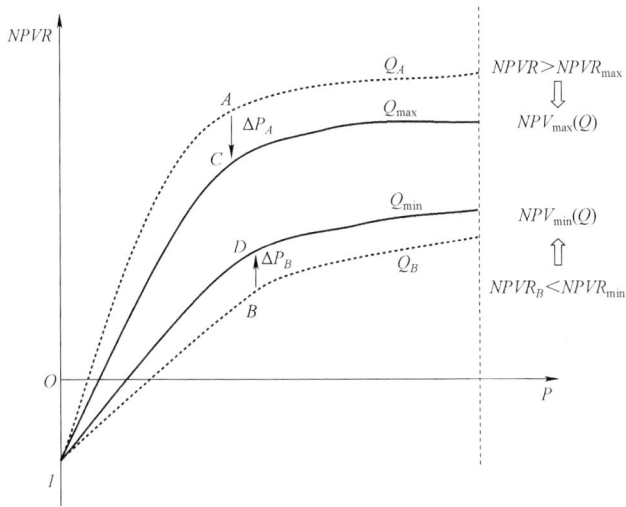

图 6-6 净现值率变动分析

情况一：$NPVR_A > NPVR_{max}$，所测算的项目实际净现值率超过政府设定的上限，应当使项目公司的情况 A 的净现值率 $NPVR_A$ 降到 $NPVR_{max}$ 以下。实际操作中，需要通过降低车辆通行费价格 P 使实际净现值率下降到政府规定的净现值率的上限，P_A 曲线过渡到 P_{max} 曲线，即要求从 A 点下降到 C 点，下降幅度为 $\Delta P_A = |P_A - P_{max}|$。

情况二：$NPVR_{min} \leqslant NPVR \leqslant NPVR_{max}$，所测算的项目实际净现值率介于上限与下限之间，此时降低车辆通行费价格 P 不需要调整。

情况三：$NPVR_B > NPVR_{min}$，所测算的项目实际净现值率不足项目公司设定的下限，应当使项目公司的情况 B 的净现值率 $NPVR_B$ 降到 $NPVR_{min}$ 以下。实际操作中，需要通过降低车辆通行费价格 P 使实际净现值率下降到政府规定的净现值率的上限，P_B 曲线过渡到 P_{min} 曲线，即要求从 B 点下降到 D 点，下降幅度为 $\Delta P_B = |P_B - P_{min}|$。

三、价格与交通量变动分析

在给定的 $P\text{-}Q$ 坐标系中，不同的净现值率对应着不同的曲线。如图 6-7 所示。离原点越近的曲线净现值率越小，反之越大。即 $NPVR_A > NPVR_{max} > NPVR_{min} > NPVR_B$。

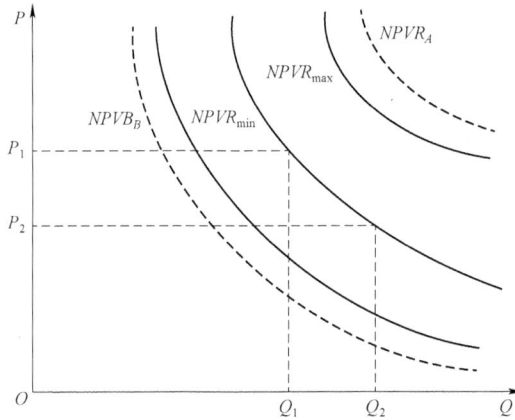

图 6-7　价格与交通量变动分析

第三节　本章小结

本章对特许定价模型的有效性进行定性分析和定量分析。从定性分析角度，对特许价格调整的原则和调整的周期进行了分析。从定量的角度，首先进行了交通量的变动分析、净现值变动分析、价格与交通量变动分析。当交通量超过政府规定的净现值的上限对应的交通量为 Q_{max}，或低于项目公司接受的净现值的下限对应的交通量为 Q_{min} 时，会导致净现值率过高或过低，都会影响项目的顺利实施。需要通过收费价格的调整，使得 $NPVR_{min} \leqslant NPVR \leqslant NPVR_{max}$。以保证项目的顺利实施。

应用篇

第七章
案例应用研究

数值模拟分析是求解随机规划问题比较有效的一种方法，主要通过使用蒙特卡罗随机模拟的方法，最终得到随机规划模型的最优解。本书中，基于随机规划的思想建立了收费公路 PPP 项目特许经营权定价模型和调整模型，为了检验上述模型的有效性，有必要对其进行数值模拟分析。

第一节　PPP 新机制下收费公路
收费定价实践案例分析

数值模拟分析的基本数据主要来源于个旧至大屯收费公路 PPP 项目。个旧至大屯公路及隧道是云南省通往南亚、东南亚的重要通道，也是云南省委、省政府《昆河经济带"九五"计划和 2010 年远景目标》中建设云南第一个上百万人口的群落城市总体战略部署的重要项目，隶属于昆河经济带中个开蒙城市群，是其最主要的交通基础设施工程之一。个旧市政府与云南路桥股份有限公司双方自愿采取 BOT 即"建设—经营—移交"的投融资模式，建设个旧至大屯全长 15.86 千米的公路及其隧道。由路桥股份有限公司根据《公司法》等有关法规牵头组建"个旧至大屯公路及隧道开发有限公司"，全面负责本项目的实施，个旧市政府负责指定组建一个公司作为持股人进入本公司，按公司章程界定的内容展开工作；政府全权负责本项目的立项和审批，并按程序报批为经营性收费公路，收费年限为 30 年，工程初步设计，施工图设计等前期设计费用由政府承担，征地拆迁费用由政府与路桥公司共同承担，其中政府方负责三分之二，路桥公司方负责三分之一[1]。

个旧至大屯一级公路的建设，将改善边疆六县与州府的联系，成为边疆——个旧——蒙自联系的重要通道，对促进边疆民族地区经济发展具有现实意义。本工程位于云南省红河州个旧市境内，起点位于个旧八号洞明珠雕塑附近，经老阴山隧道，大屯坝，止于鸡蒙线。本工程按照一级公路标准建设，双向四车道，设计行车速度 60 千米/小时，路基宽度 22.5 米，路线全长 15.86 千米，永久占地为 865.81 亩。全线共设置平面交叉 5 处、涵洞通道 29 处、大桥 14 座、中桥 12 座、收费站 1 处、隧道管理所 1 处；隧道 1 座（单洞长 6 940 米），为分离式隧道。投资控制在 82 500 万元内，工程于 2003 年 10 月 30 日全线开工，2007 年 2 月 13 日全面建成通车。

整个项目的主要运行方式为 BOT 转 BT 转 TOT，于 2002 年底开始建设并于 2007 年起运行收费。个旧-大屯公路隧道项目 BOT 模式经营不善，竞争力下降，建设成本占用资金短期难以回收，还款压力大，投资方信心不足。故拟将 BOT 转为 BT 移交回红河州政府，红河州政府再次以 TOT 形式移交出去，以期实现多方共赢。

本项目的主要目标有以下几点：首先，本项目的完工使个旧至蒙自快速连接成为现实，使其他干道能够及早进行快速链接，本项目作为个旧东移，蒙自西扩快速链接的通道，必须具有里程短，标准高，速度快等特点，对个、开蒙群落城市和昆河经济带的建设至关重要；其次，本项目的建设对红河民用机场这一云南省和红河州基础设施建设的有力交通支持，以促进区域综合运输体系的形成；最后，本项目的实施重要目标在于能够对旧老工业城市进行改造，调整个旧市经济结构，并能够促进交通运输的发展。

个旧-大屯公路隧道项目，以云南省路桥集团为融资主体，采取市场化的多元融资模式；项目建设成本为 75 162 万元，其中国内贷款 48 855 万元，占 65%，资本金 26 307 万元，占 35%。经测算，红河州政府以 8.79 亿元的价格通过 BT 模式回购，在政府回购之后，应再次以 TOT 形式将项

---

[1] 国务院. 国务院关于投资体制改革的决定［EB/OL］.（2005-08-12）［2011-09-20］. http://www.gov.cn/zwgk/2005-08/12/content21939.htm.

目移交出去，以期实现多方共赢。

根据个旧-大屯公路隧道开通以来的经营情况对未来的二十年进行预测，最后通过结合收费标准，推算公司的经营效益及项目拟转让价格的范围。

第二节　定价机制与效果评估

数值模拟分析工具一般选择 CrystalBall 软件。通过运用蒙特卡罗模拟系统对某特定状况预测其所有可能的结果，从而自动完成各种假设过程。该程序在定义许可的范围内生成随机值，然后经过成百上千次的严格运算，再将每种结果分别赋给每种可能性，这个过程大大减少了必须由人工输入各种不同可能性的工作量，从而节省了大量时间。

本书的数值模拟分析过程主要是基于在 Excel 数据表，对影响特许价格的关键风险因素做出概率分布假设，根据 NPV 公式和特许定价的随机规划模型，将 NPV 和消费者剩余作为预测变量，以特许价格为决策变量，利用 CrystalBall 软件的"OptQuest"模块计算得出随机规划的最优解。

第三节　特许定价模型构建

一、建设期和建设成本模拟求解

根据个旧-大屯收费公路。在项目的施工阶段，即从设计完成施工图并通过审查提交建设方开始，直到工程竣工验收合格投入使用为止[1]。建设工程实施阶段的基本操作步骤如表 7-1 所示。

---

[1] 刘兵，池宜兴，曾建丽，等. 空间科学卫星工程项目进度及风险分析——基于蒙特卡洛模拟仿真 [J]. 科技管理研究，2021，41（13）：158-166.

表 7-1 施工阶段基本操作步骤

序号	步骤
A	完成施工图并经审查合格
B	开工前的准备阶段
C	工程招标投标
D	征地拆迁、场地平整等开工前准备
E	合同订立
F	施工组织设计审查
G	施工图会审
H	合同的履行监管
I	签证变更
J	工程计量
K	材料管理
L	处理索赔
M	工程款支付
N	竣工结算

（一）建设期模拟求解

项目的任务关系如表 7-2 所示。

1. 数据输入

把表 7-1 中的数据输入到 Excel 表中，按关键路线法输入相应的公式，计算出最早开始时间（EST）、最早结束时间（EFT）、最迟开始时间（LST）和最迟结束时间（LFT）[1]。

表 7-2 项目的任务关系

任务编号	紧前时间	时间估计			关键路线	持续时间	时间分析			
		悲观时间	最可能时间	乐观时间			EST	EFT	LST	LFT
A		100	110	125	1	0	0	110	0	110
B	A	110	180	225	1	0	110	290	110	290

---

[1] 杨琴，胡辉. 基于 Crystal Ball 的项目管理建模分析 [J]. 中国管理信息化，2007，10（12）：27-28.

任务编号	紧前时间	时间估计			关键路线	持续时间	时间分析			
		悲观时间	最可能时间	乐观时间			EST	EFT	LST	LFT
C	B	65	95	120	1	0	290	385	290	385
D	B	210	220	235	0	0	290	510	380	600
E	C	125	135	180	1	0	385	520	385	520
F	E	60	80	125	1	0	520	600	520	600
G	E	55	65	80	0	0	520	585	535	600
H	E	135	145	160	0	0	520	665	961	1 106
I	D、F、G	85	95	110	1	0	600	695	600	695
G	I	125	135	150	1	0	695	830	695	830
K	I	290	300	315	0	0	695	995	806	1 106
L	J	66	96	165	1	0	830	926	830	926
M	H、K、I	170	180	195	1	0	926	1 106	926	1 106
N	M	110	120	135	1	0	1 106	1 226	1 106	1 226

关键路线为：A—B—C—E—F—I—J—L—M—N。

2. 绘制项目的网络图（Visio）（见图 7-1）

注意：关键路线的活动为 A、B、C、E、F、I、J、L、M、N，非关键路线的活动为 D、G、H、K。在模拟运行过程中，关键路线会随着各活动时间不同而实时变化。

3. 模拟变量设置

在模拟值中，设置变量的分布[1]（此处选择 Beta-PERT 分布），如图 7-2 所示。

---

[1] 王建军，徐伟宣，张勇. 基于 Beta-PERT 分布的单项不良资产定价决策 [J]. 数理统计与管理，2007，26（3）：495-501.

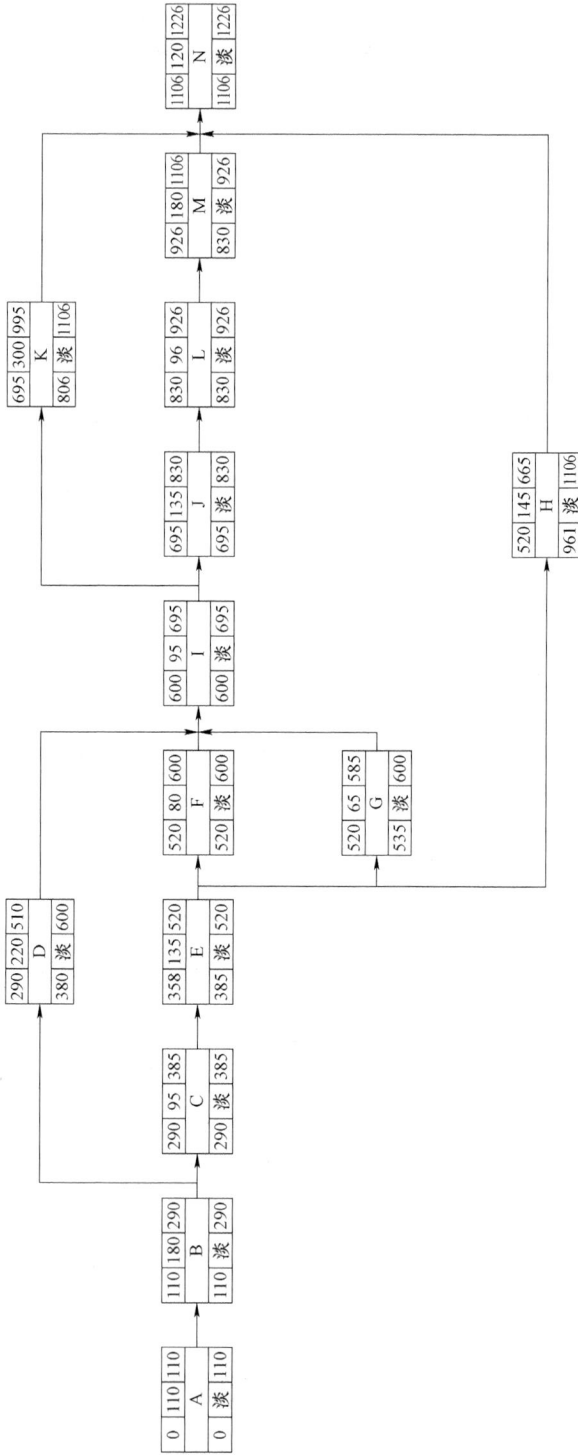

图 7-1 绘制的网络图（Visio）

任务编号	紧前时间	时间估计			关键路线	持续时间
		悲观时间	最可能时间	乐观时间		
A		100	110	125	1	0
B	A	110	180	225	1	0
C	B	65	95	120	1	0
D	B	210	220	235	0	0
E	C	125	135	180	1	0
F	E	60	80	125	1	0
G	E	55	65	80	0	0
H	E	135	145	160	0	0
I	D，F，G	85	95	110	1	0
G	I	125	135	150	1	0
K	I	290	300	315	0	0
L	J	66	96	165	1	0
M	H，K，I	170	180	195	1	0
N	M	110	120	135	1	0

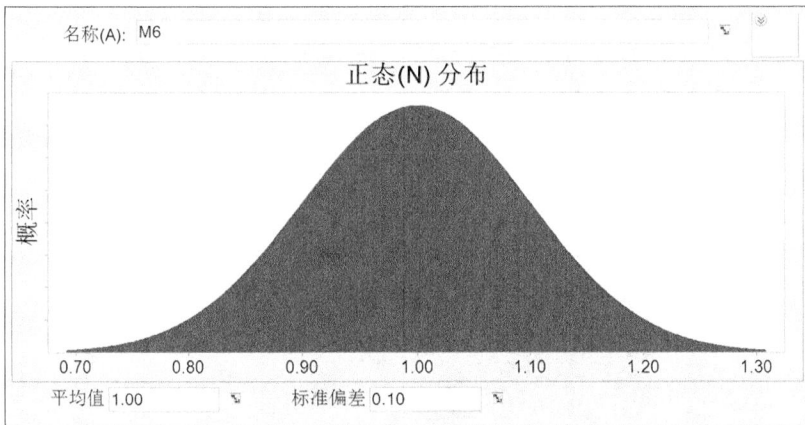

图 7-2　模拟变量概率分布的设置

4. 预测变量设置

将关键路线下的"项目完工时间"的数据单元设置为 Forecast 变量。

如在 F17 中输入公式为总持续时间＝关键路线任务时间之和，把此单元格的均值填入到 F17 单元格中，如图 7-3 所示。

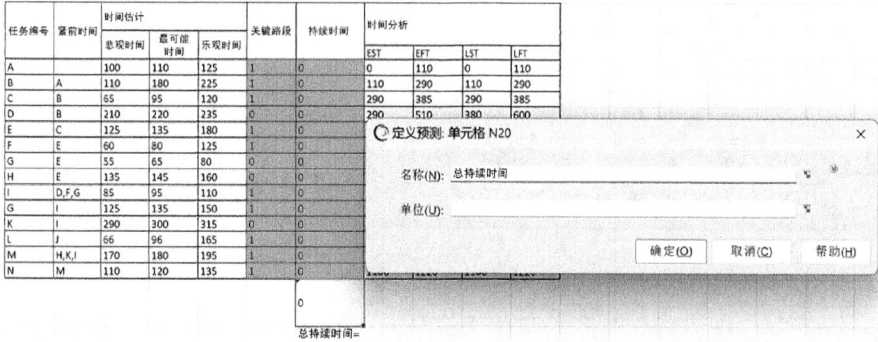

任务编号	紧前时间	时间估计			关键路段	持续时间	时间分析			
		悲观时间	最可能时间	乐观时间			EST	EFT	LST	LFT
A		100	110	125	1	0	0	110	0	110
B	A	110	180	225	1	0	110	290	110	290
C	B	65	95	120	1	0	290	385	290	385
D	B	210	220	235	0	0	290	510	380	600
E		125	135	180	1	0				
F	E	60	80	125	1	0				
G	E	55	65	80	0	0				
H	E	135	145	160	1	0				
I	D,F,G	85	95	110	1	0				
G	I	125	135	150	1	0				
K	I	290	300	315	1	0				
L	J	66	96	165	1	0				
M	H,K,I	170	180	195	1	0				
N	M	110	120	135	1	0				

定义预测：单元格 N20

名称(N): 总持续时间

单位(U):

确定(O)　取消(C)　帮助(H)

总持续时间=

图 7-3　设置预测变量

5. 模型运行结果的分析

按系统默认设置，点击菜单 Run-startSimulation，模拟运行，很快输出模拟结果。图 7-4，图 7-5 是在软件模拟运行 30 000 次后得到的项目完成时间的概率分布和影响项目完成时间的主要活动。

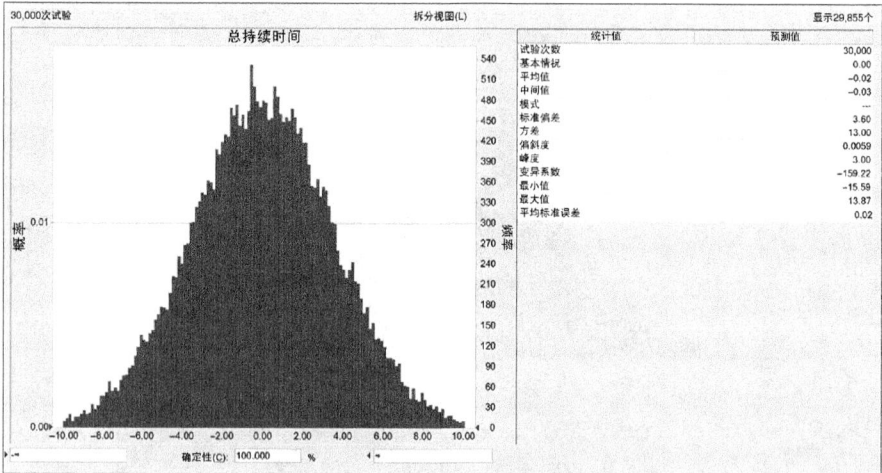

30,000次试验	拆分视图(L)		显示29,855个
	总持续时间	统计值	预测值
		试验次数	30,000
		基本情况	0.00
		平均值	−0.02
		中间值	−0.03
		模式	---
		标准偏差	3.60
		方差	13.00
		偏斜度	0.0059
		峰度	3.00
		变异系数	−159.22
		最小值	−15.59
		最大值	13.87
		平均标准误差	0.02

确定性(C): 100.000 %

图 7-4　模型模拟运行结果的输出

30,000 次试验　　拟合优度视图　　显示 29,855 个

分布	A-D 检	P 值	参数
正态	.2318	0.790	平均值=-0.02,标
对数	.2398	0.704	位置=-1,813.25,平
Beta	.3526	---	最小值=-51.13,最
Gam	1.5166	0.000	位置=-114.06,标
逻辑	19.9485	0.000	平均值=-0.02,标
最大	354.6905	0.000	最可能值=-1.82,
最小	359.6288	0.000	最可能值=1.78,标
学生	636.3924	---	中点=-0.02,标度=
BetaP	1,573.737	---	最小值=-15.70,最
三角	1,842.459	---	最小值=-15.70,最
均匀	4,890.921	0.000	最小值=-15.59,最
Weibu	17,112.60	0.000	位置=-15.59,标度
Paret	---	---	无拟合
指数	---	---	无拟合

图 7-5　概率分布拟合结果

由于 Skewness 为 0，Kurtosis 为 3，且数据拟合服从正态分布，因此认定近似服从 Normal（1 239.77，35.23），则在置信水平 α 下的 $T|_{\alpha}$。可以根据公式（7-1）计算。（符合中心极限定理）

$$T|_{\alpha}=\overline{T}+z_{\alpha}\cdot\sigma \tag{7-1}$$

式中，T 是 $T|_{\alpha}$ 的均值，σ 是标准差，z 的值可以从正态分布表中查得。

假设 PPP 项目在置信区间 $\alpha=95\%$ 的水平下，按照计划进度能够完工。得到 $T=1\ 239.77+1.645\times35.23=1\ 297.72$ 天，按照每年 360 天计算，为 3.6 年。

从图 7-6 中可看出。将影响项目完工时间的主要活动依次进行排序为任务 B、任务 L、任务 F、任务 C、任务 E、任务 I、任务 A 等，其中任务 B、任务 L、任务 F、任务 C、任务 E 的变化总和对项目完工周期的影响超过 90%。

（二）建设成本模拟求解

同理，根据类似项目建设的历史规律，给出建设工程实施阶段成本的概率分布。在此采用正态分布函数来进行估计，且均值为 C，标准差为 $10\%C$。（见表 7-3）

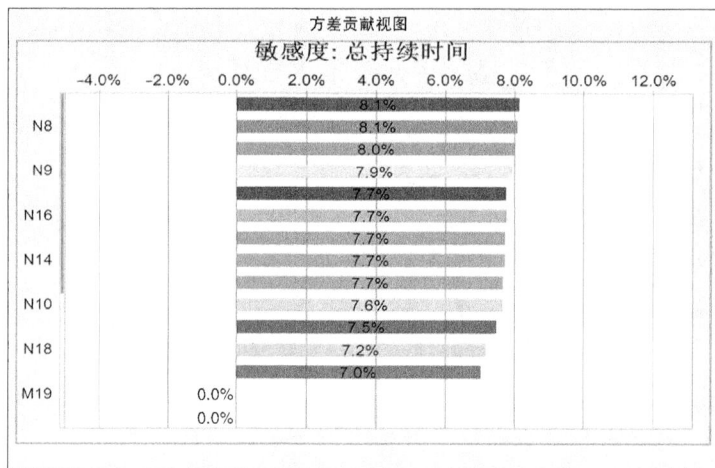

图 7-6　项目敏感性分析

表 7-3　建设成本的概率分布

序号	步骤	建设成本概率分布（万元）
A	施工图已完成并经审查合格	Normal（2624，262.4）
B	开工前的准备阶段	Normal（5000，500）
C	工程招标投标	Normal（3650，365）
D	征地拆迁、场地平整等开工前准备	Normal（8040，804）
E	合同订立	Normal（2509，250.9）
F	施工组织设计审查	Normal（6000，600）
G	施工图会审	Normal（6000，600）
H	合同的履行监管	Normal（3512，351.2）
I	签证变更	Normal（2841，284.1）
J	工程计量	Normal（8100，810）
K	材料管理	Normal（8096，809.6）
L	处理索赔	Normal（5376，537.6）
M	工程款支付	Normal（6564，656.4）
N	竣工结算	Normal（6852，685.2）

通过 crystalball 11.1 模拟可得到图 7-7。

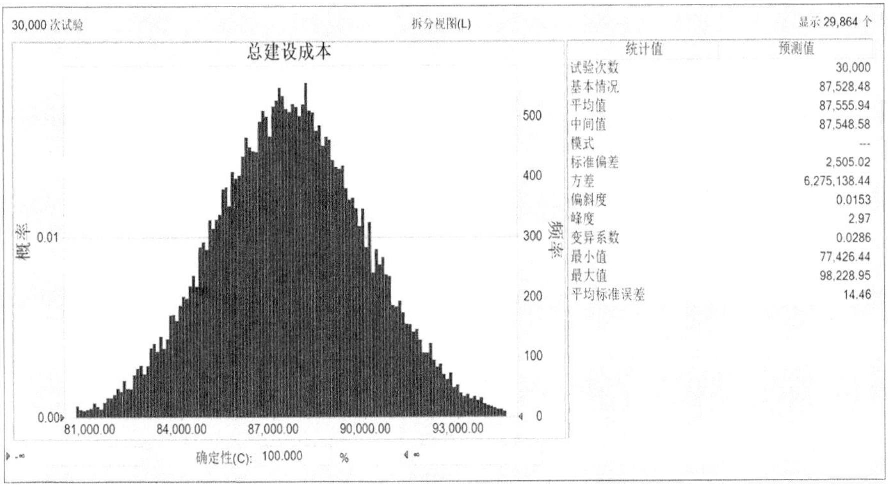

图 7-7　总建设成本模拟结果

数据的拟合结果为图 7-8 所示。

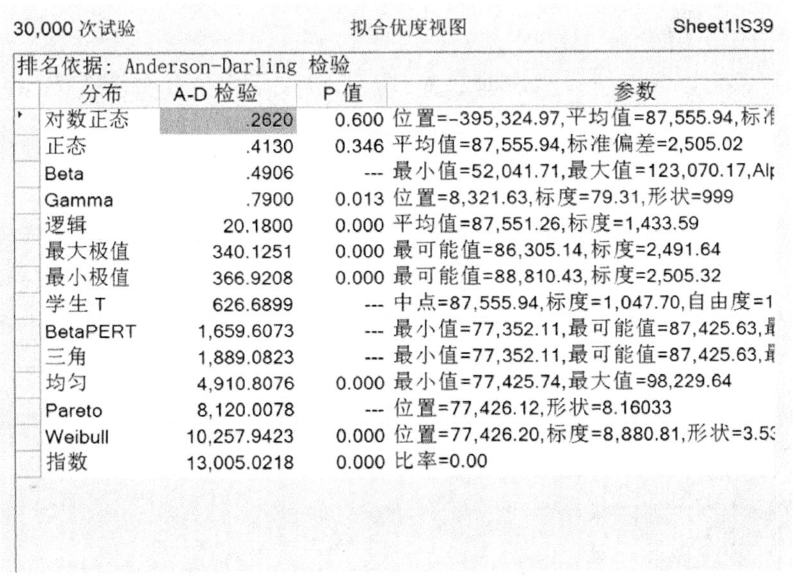

30,000 次试验　　拟合优度视图　　Sheet1!S39

排名依据: Anderson-Darling 检验

分布	A-D 检验	P 值	参数
对数正态	.2620	0.600	位置=-395,324.97,平均值=87,555.94,标准
正态	.4130	0.346	平均值=87,555.94,标准偏差=2,505.02
Beta	.4906	---	最小值=52,041.71,最大值=123,070.17,Al
Gamma	.7900	0.013	位置=8,321.63,标度=79.31,形状=999
逻辑	20.1800	0.000	平均值=87,551.26,标度=1,433.59
最大极值	340.1251	0.000	最可能值=86,305.14,标度=2,491.64
最小极值	366.9208	0.000	最可能值=88,810.43,标度=2,505.32
学生 T	626.6899	---	中点=87,555.94,标度=1,047.70,自由度=1
BetaPERT	1,659.6073	---	最小值=77,352.11,最可能值=87,425.63,
三角	1,889.0823	---	最小值=77,352.11,最可能值=87,425.63,
均匀	4,910.8076	0.000	最小值=77,425.74,最大值=98,229.64
Pareto	8,120.0078	---	位置=77,426.12,形状=8.16033
Weibull	10,257.9423	0.000	位置=77,426.20,标度=8,880.81,形状=3.5
指数	13,005.0218	0.000	比率=0.00

图 7-8　总建设成本概率分布拟合结果

同理，项目总建设成本服从 Normal（75 233.69，2 063.37），可计算出：$C_0 = 75\,233.69 + 1.645 \times 2\,063.37 = 78\,627.93$（万元）。

二、运营期收入函数构建

（一）预测交通量

1. 预测 Q_0

根据第 1 年至第 5 年的日交通量基数和平均增长率，预测第 6 年至第 30 年的日均交通量，见表 7-4。

表 7-4 Q_0 预测结果和概率分布

运营年份	增长率（%）	交通量（辆/日）	分布类型—正态分布（辆/车）
1～5	—	1 785	Normal（642600，64260）
6～10	5%	3 911.25	Normal（1408050，140805）
11～15	10%	4 097.5	Normal（1475100，147510）
16～20	35%	4 656.25	Normal（1676250，167625）
21～25	20%	4 470	Normal（1609200，160920）
26～30	10%	4 097.5	Normal（1475100，147510）

2. 计算 ΔQ

考虑到该项目所处的地理位置，d 可以采用均匀分布函数估计，以 Uniform（45，60）表示，大雾持续时间的概率分布采用该项目所在地区的历史监测数据，见表 7-5。

表 7-5 大雾持续时间的概率分布

持续时间（小时）	$0 < l \leqslant 3$	$3 < l \leqslant 6$	$6 < l \leqslant 12$	$12 < l \leqslant 24$
概率（%）	52.17	21.01	24.64	2.18

根据公式 $\Delta Q = \dfrac{d}{360} \cdot \dfrac{l}{24} \cdot Q_0$，计算出 ΔQ，并进一步根据公式 $Q = Q_0 + \Delta Q$，可以计算出 Q。

3. 车型与交通量分布

鉴于载客类车和载货类车不同的收费方式，需要将 Q 按照车型分解。根据项目前期日常运行情况，载客类车与载货类车的交通量比例为 35%:65%，载客类小中大车型比例为 8:1:1，载货类车型比例为

5:3:0.5:0.5:0.5:0.5。交通量构成情况如表 7-6 所示。

表 7-6　车型收费方式与交通量分布

车型	收费类型		交通量比例	
	座位（个）	单价（元/辆·千米）		
载客类	$N \leq 10$	0.36	35%	0.8
	$10 < n \leq 30$	1.42		0.1
	$N > 30$	1.78		0.1
	载重量（吨）	单价（元/吨·千米）		
载货类	$T \leq 1$	0.71	65%	0.5
	$1 < t \leq 3$	1.07		0.3
	$3 < t \leq 6$	1.42		0.05
	$6 < t \leq 9$	1.78		0.05
	$9 < t \leq 12$	2.13		0.05
	$T > 12$	2.49		0.05

（二）确定收费价格

在运营期内，各车型单位里程的收费方式如表所示。假定每辆车行驶里程均为全程（个旧-大屯全程 15.717 千米），计算出各车型的全程收费机价格。云南省其他收费公路收费标准见附录 2。

（三）计算营业收入（I_2）

收费公路 PPP 项目营业收入函数可以表示为公式（7-2）：

$$I_2 = P_{21} \cdot Q_2 \cdot S_2 \cdot L + P_{22} \cdot Q_2 \cdot (1 - S_2) \cdot L \qquad （7-2）$$

上式中，S_2 为载客类车的交通量所占 Q 的比例。

通过 CrystalBall 11.1 模拟得到，项目收入控制在 90%，获得资金 7.5 亿元如图 7-9 所示。

（四）运营期营业外收入函数变量分析营业外收入（B_2）

为了保障项目收益，红河州政府给予 BOT 模式项目运营方在公路沿线服务区、加油站、广告和通行费及边际延伸收益的经营权，作为收费风险补偿来平衡项目的风险收益配比。

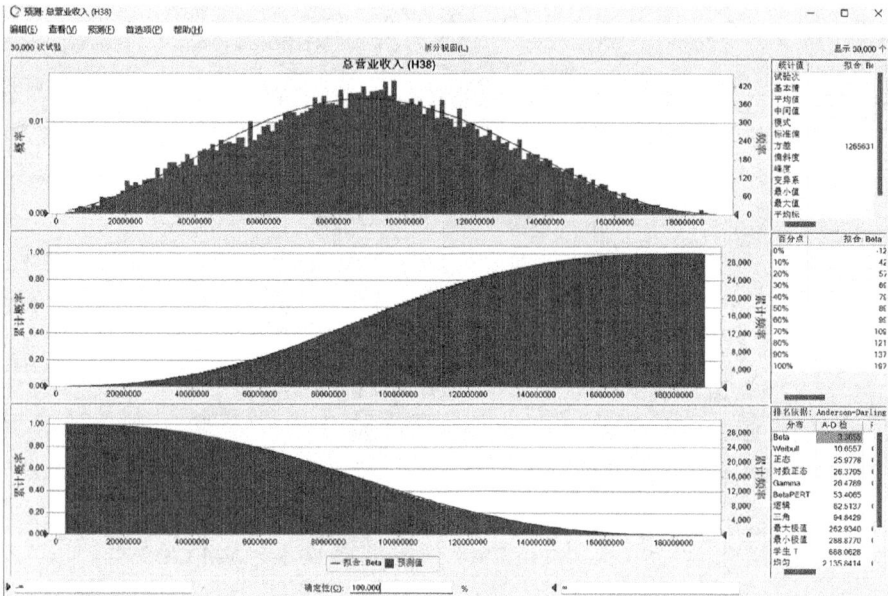

图 7-9　总营业收入

同时允许运营商开发生态旅游项目，构建生态旅游区，引导现代农林业、畜牧业与旅游业有机结合，发展"观光农业""乡村旅游"等新形式，既带动当地农民致富，又能够带动车流量进一步提升。

针对个旧-大屯一级公路，预测交通量不足的问题，红河州政府依据云政办发〔2004〕68号文件《云南省国有土地有偿使用费管理规定》的有关内容，给予项目运营商公共基础设施建设用地 700 亩，其土地使用权出让金实行"先征后返"的政策。配套开发建设用地 800 亩的土地使用权出让金，按 10%收取，并给予有关优惠政策，该项用地由运营商用于房地产开发。

参考调整更新后的蒙自县城区土地定级和基准地价[1]（2008 年 11 月 15 日通过云南省国土资源厅组织的省级评审验收，并经 2010 年 2 月 10 日蒙自县第十五届人民政府第二十四次常务会议研究通过，于 2010 年 3 月 1 日起实施），公共建筑用地 V 级土地基准地价为 28.45 万元/亩，700 亩土地使用权转让金合计 1.991 5 亿元；住宅用地 IV 级土地基准地价为

---

[1] 李平，顾新一.PERT 网络工期风险计算方法的研究［J］. 统计与决策，2004：16-17.

30.14 万元/亩，300 亩土地使用权转让金合计 0.904 2 亿元，90%未收取成本即为 0.813 78 亿元。即项目运营商无偿获取两项土地使用权出让金共计 2.805 28 亿元。

（五）运营期收入函数分析（Revenue）

运营期收入（R_2）为营业收入和营业外收入之和，函数可以表示为公式（7-3）：

$$R_2 = I_2 + B_2 \qquad （7-3）$$

三、运营期支出函数构建

（一）运营期维持运营成本函数分析

1. 养护费用（C_{2x}）

充分考虑公路养护类型的不同，可以将 C 分为年小修成本（C_{21}）和周期性大中修成本（C_{22}）。运营和维护成本采用正态分布函数估计，均值为基准值，标准差为基准值的 10%，其中，C_{21} 表示为 Normal（500 000，50 000）；C_{22} 表示为 Normal（4 000 000，400 000）。本项目要求每年进行一次小修，项目运营期 $N_1 = 30$ 年，故小修 30 次；大修周期一般设定为 10 年，故大修 $N_2 = 3$ 次。

2. 调整系数（α_{2x}）

伴随着交通量的不断增长，尤其是货物运输载荷的累积效应，路基和路面状况会受到一定程度的破坏，由此随着交通量和路龄的增长，也必将会导致运营和维护成本有所增加。定义 α_{21} 为交通量修正系数，α_{22} 为路龄修正系数，见表 7-7。

表 7-7　α_{21} 和 α_{22} 取值表

运营年份	交通量（辆/日）	α_{21}	α_{22}
1～5	3 785.00	1	1
6～10	3 974.25	1.25	1
11～15	4 371.68	1.25	1.2
16～20	5 901.76	1.5	1.2
21～25	7 082.11	1.5	1.4
26～30	8 498.54	1.5	1.4

由于交通量和路龄等特定因素的影响，对运营和维护成本进行调整的计算公式如（7-4）：

$$C_{2x} = C_{21} \cdot \alpha_{21} \cdot \alpha_{22} \cdot N_{21} \cdot L + C_{22} \cdot \alpha_{21} \cdot \alpha_{22} \cdot N_{22} \cdot L \qquad (7\text{-}4)$$

其中，L 为路长。

（二）运营期追加投资成本函数分析

在收费公路 PPP 项目运营期，需根据项目的进展的具体情况追加投资。在追加的投资里面又分为流动资本投资和固定资本投资。

1. 追加的流动资本投资（W_2）

为了保证项目的顺利实施，在 30 年的特许运营期内，需在公路沿线增加加油站、服务区等维护设施的投资 500 万元。

2. 追加的固定资本投资（F_2）

由于交通量的增加，在项目运营期间需追加的流动资本投资 200 万元。例如：增加的工人工资及福利等费用。

对追加的流动资本投资和固定资本投资进行调整，构建追加投资成本函数的公式见：

$$E_2 = W_2 + F_2 \qquad (7\text{-}5)$$

四、移交后期支出函数构建

为了保证项目后期的可持续发展，移交时项目终值不能低于移交后期的维护费用，以保证项目的正常生命周期。同运营期维持运营成本相类似，项目移交后期维持运营成本，考虑到交通量、路龄等特定因素的影响，对运营和维护成本进行的调整计算公式详见（7-6）：本书考虑项目移交后期 10 年的维护费用。

$$C_{3x} = C_{31} \cdot \alpha_{31} \cdot \alpha_{32} \cdot N_{31} \cdot L + C_{32} \cdot \alpha_{31} \cdot \alpha_{32} \cdot N_{31} \cdot L \qquad (7\text{-}6)$$

其中，L 为路长。

$$V_3 \geqslant C_{3x} \qquad (7\text{-}7)$$

五、特许定价决策模型分析

构建净现值函数并模拟（NVP），根据公式（7-8），运营期内的项目收

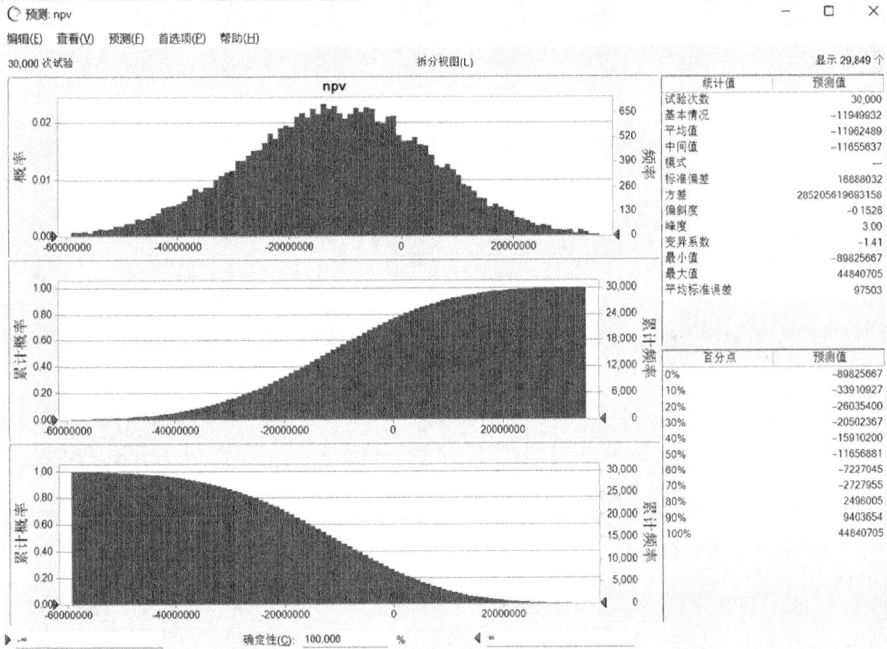

图 7-10　项目净现值

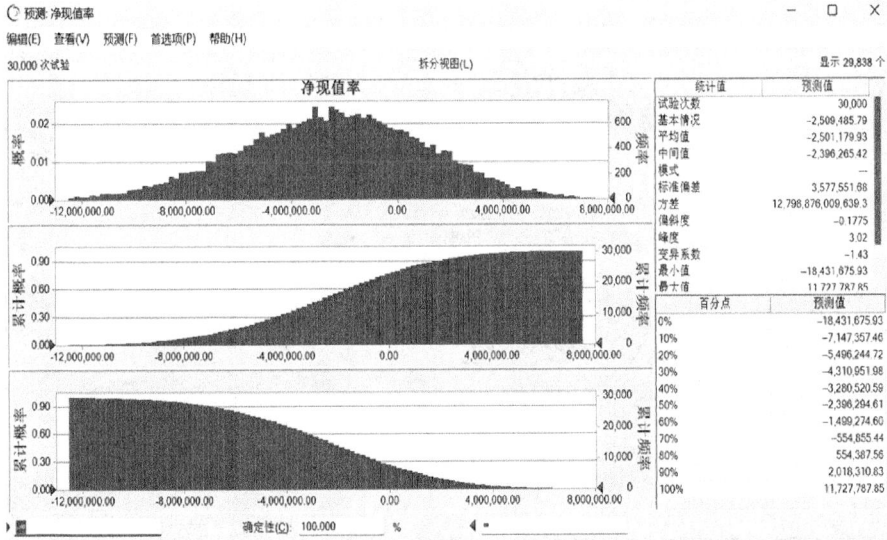

图 7-11　调整前项目净现值率

益净现值公式为[1]:

$$NPV = \sum_{t=0}^{T} \frac{NCF_t}{(1+r)^t}$$

$$= \sum_{t=0}^{T} \frac{(P_2Q_2 + B_2)NPVR(1-T) - (W_2 + F_2)}{(1+r)^t} \tag{7-8}$$

通过 CrystalBall11.1 模拟得到，项目均值为 10 683 万元，如图 7-10，7-11 所示。

第四节　特许定价模型的有效性分析

一、交通量变动分析

个旧-大屯收费公路 PPP 项目中，对于交通量的预测采用增长率法，根据项目地区类似项目运营情况，预测值为 5%、10%、15%、10%、5%，通过特许定价模型，进行蒙特卡罗模拟计算，结果如图 7-12 所示，项目净现值率为 21%。

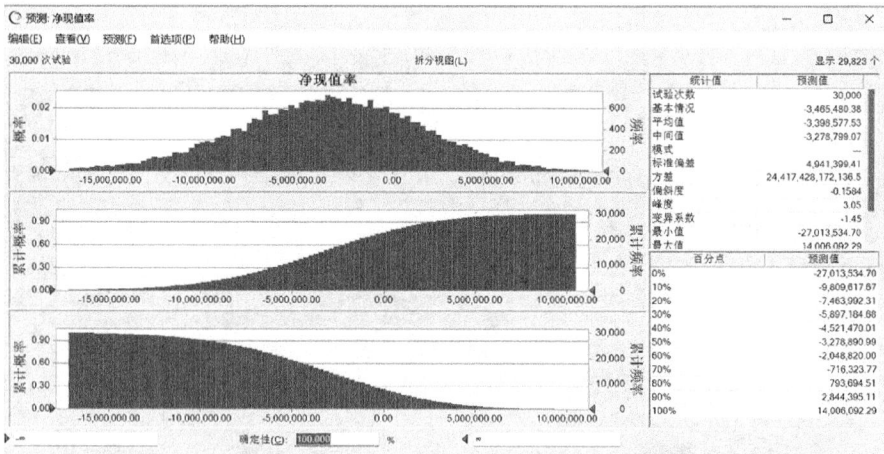

图 7-12　调整前项目净现值率

[1] ChungLT，Kyle Y L，Satheesh KS.Managing cost overrun risk in project funding allocation [J]. Annals of Operations Research，2005，135（1）：127-153.

在收费公路 PPP 项目中，由于风险的不确定性导致项目的交通量具有一定的不确定性。在我国，社会经济增长率增速较快，许多公路项目的交通量增长迅速。针对这一现实情况，当交通量的增加导致项目净现值率超过政府所能接受的净现值率上限时，超出了特许的定价模型的适用范围模型失效。需要运用特许定价调整模型进行相关调整。

二、净现值率变动分析

由于经济的迅速发展，交通量每五年的增长率为 15%、30%、45%、35%、20%，项目的净现值率为 29%，超过了政府所能接受的净现值率的上限 25%如图 7-13 所示。

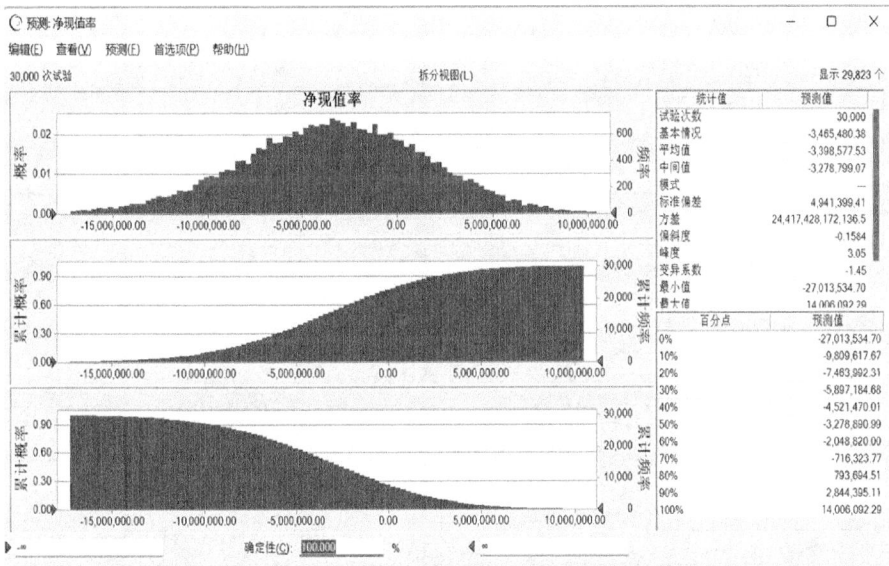

图 7-13　调整后项目净现值

当项目实际运营的净现值率超过政府所允许的项目最大收益率时，可能导致社会公众的不满，激发社会矛盾。为了保证 PPP 项目的顺利运营，项目公司需要通过各种方式，降低项目收益率，使之在政府所要求的合理范围内。对于收费公路 PPP 项目来说，一般采用降低公路收费价格的方式，

降低项目的盈利水平，增加公路出行者的使用效用，更好地促进本项目的
顺利实施。

三、价格与交通量变动分析

收费公路项目隶属于经营性公共基础设施，社会公众对收费价格的关
注较为明显，如果项目公司的盈利水平超过政府做规定的上限，将会引起
公众的不满。所以，在本案例中，需要对收费公路 PPP 项目的收费价格下
调，下调幅度为 10%。收费标准下调后的个旧-大屯收费公路 PPP 项目，
详见表 7-8。

表 7-8　个旧-大屯公路收费标准

车型	收费类型	
	座位（个）	单价（元/辆·千米）
载客类	$n \leq 10$	0.26
	$10 < n \leq 30$	1.32
	$n > 30$	1.68
车型	载重量（吨）	单价（元/吨·千米）
载货类	$t \leq 1$	0.61
	$1 < t \leq 3$	0.97
	$3 < t \leq 6$	1.32
	$6 < t \leq 9$	1.68
	$9 < t \leq 12$	2.03
	$t > 12$	2.39

以收费标准下调后的数据，计算收费公路 PPP 项目净现值为 25%，结
果如图 7-14 所示。可以看出，下调后的收费标准，既能保证项目的在一
定收益水平下，同时受到公路使用者的欢迎。在此情况下，政府应该监督
项目公司，做出收费标准下调的举措。

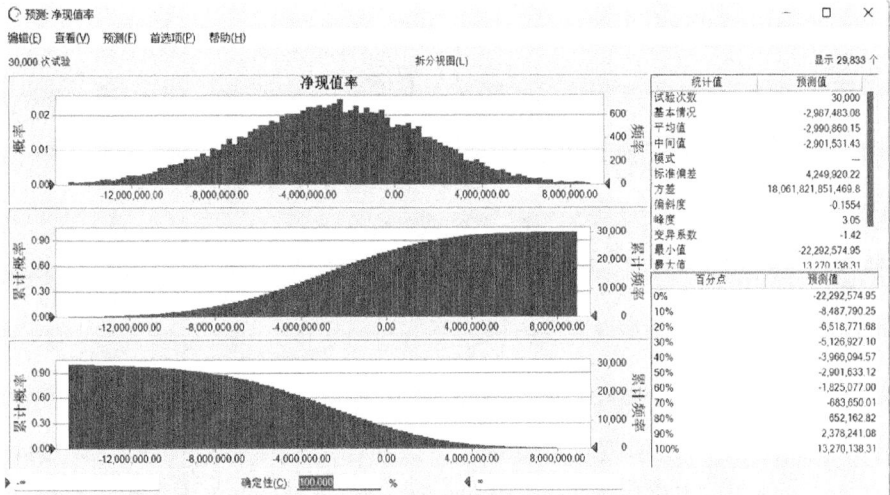

图 7-14　收费公路 PPP 项目净现值

第五节　本章小结

本章主要参考了个旧至大屯收费公路 PPP 项目的基础数据，通过对建设期、运营期和移交期三个时期内影响定价关键因素的概率分布假设，使用 CrysalBall 11.1.1 软件作为随机模拟分析的工具，对不同风险偏好项目公司，项目的特许定价模型和特许定价调整模型进行数值模拟分析。数据模拟的结果表明，本案例的特许定价模型和特许定价调整模型，能够应对在特许经营期内所发生的风险，最终确定出满足政府、项目公司以及出行者三方面定价目标的特许价格。

第八章
PPP新机制下使用者付费型交通
项目定价政策建议

在 PPP 新机制中，使用者付费型交通项目定价政策是一个至关重要的议题。这种政策不仅影响着交通基础设施的建设和运营，也直接关系到民众的出行成本和交通体验。我们将就 PPP 新机制下使用者付费型交通项目定价政策进行深入分析和探讨，并提出相关的建议。首先，我们将审视使用者付费型交通项目定价政策的背景和意义，探讨其在促进交通基础设施建设、提高运营效率和优化用户体验方面的作用和影响。接着，我们将分析目前使用者付费型交通项目定价政策存在的问题和挑战，包括定价不合理、费用过高、公平性不足等方面的困境。最后，我们将提出一些具体的政策建议，包括优化定价机制、合理制定收费标准、加强监管和服务保障等方面的措施，以期为促进交通基础设施建设、提高运营效率和优化用户体验提供有益的参考和借鉴。

第一节　政策制定建议

一、PPP 相关法规发展

PPP 项目离不开完善的法律体系的支持，这对于创造政企互信环境、降低交易成本、提高运作效率等都至关重要，依据我国 PPP 的发展历程和相关法规的演变情况，可以将我国 PPP 法规的发展概括三个阶段：

第一阶段：1994 年到 2001 年为 PPP 法规的探索阶段。1994 年，国家计委选择了包括广西来宾 B 电厂在内的五个 BOT 项目进行试点。1995 年，对外经济贸易部颁布了《关于以BOT方式吸收外商投资有关问题的通知》。同年，国家计委，电力部和交通运输部联合颁布了《关于试办外商投资特许权项目审批管理有关问题的通知》。这些法规内容多属于原则框架上的规定，管理对象主要为国外资本。

第二阶段：2001年至2008年PPP法规的普及阶段。2001年12月，国家计委发布了《关于促进和引导民间投资的若干意见》，提出了"鼓励和引导民间投资参与供水、污水和垃圾处理、道路、桥梁等城市基础设施建设"。2002年，建设部出台了《关于加快市政公用行业市场化进程的意见》，提出要在"供水、供气、供热、污水处理、垃圾处理等经营性市政公用设施"的建设中吸引社会资本和外国资本的参与。2004年7月，国务院颁布《关于投资体制改革的决定》，决定"转变政府管理职能，确立企业的投资主体地位"。同年，建设部颁布了《市政公用事业特许经营管理办法》，并逐步发布了一系列不同领域的特许经营协议示范文本。随后，各地方政府也相继出台了当地的公用事业特许经营实施办法。2005年2月，国务院下发了《关于鼓励支持和引导个人私营等非公有制经济发展的若干意见》（"旧36条"）。2006年，原铁道部发布了《关于鼓励支持和引导非公有制经济参与铁路建设经营的实施意见》，将铁路建设、运输、装备制造、多元化经营四大领域向非公有资本全面开放。

这一阶段的PPP应用拓展到了自来水，燃气，地铁，路桥等领域。项目的参与者包括了外企、民企和国企。特许经营领域的法规逐步健全，但在PPP的合同设计、利益分配、风险分担和外部监督等方面仍然不够细化，如缺乏合理的定价和调价机制、公私部门风险分担不合理、特许经营合同性质不清、社会公众参与不足、难以实现对企业的外部监管等。

第三阶段：2008年至今为PPP法规的深入阶段。以2012年年底、2013年初为界又可再划分为两个子阶段。2008年至2010年，地方政府从4万亿财政刺激计划中获得下充裕的信贷支持，对PPP的兴趣不高，社会资本参与基础设施建设的规模有所萎缩。随着地方债务危机的凸显，政府开始再次重视社会投资。2010年和2012年，国务院先后出台"新36条"及其实施细则，但因法制和地方政府信用不足，以及金融体系"嫌贫爱富"，对民间资本的吸引效果欠佳。2012年12月，四部委联合下发了《关于制止地方政府违法违规融资行为的通知》（"463 号文"），试图制止地方政府及其融发平台公司的各类违法违规融资行为。

2013 年，十八届三中全会提出了"让社会资本进入公共服务基础设施建设和运营"，发展改革委、财政部等相关部门随后颁布了系列改革举措。9 月 30 日，国务院办公厅发布《关于政府向社会力量购买服务的指导意见》。同年 10 月，《基础设施和公用事业特许经营法》正式列入十二届全国人大常委会立法规划。2014 年 4 月 30 日，发展改革委发布了《关于 2014 年深化经济体制改革重点任务意见的通知》，指出将"推动非国有资本参与中央企业投资和进入特许经营领域。"5 月，发展改革委推出了首批。80 个鼓励民资参与示范项目。9 月 23 日，财政部发布《关于推广运用政府和社会资本合作模式有关问题的通知》，要求进一步推广运用 PPP 模式，并在全国范围内开展项目示范，10 月初，"政府与社会资本合作模式操作指南"已进入征求意见阶段，后续还会有物有所值（Value for Money，VFM）评价指南、示范合同模板等更多操作性文件出台。

2023 年 11 月 8 日，《国务院办公厅转发国家发展改革委、财政部〈关于规范实施政府和社会资本合作新机制的指导意见〉的通知》（国办函〔2023〕115 号，以下简称 115 号文）正式对外发布，标志着停滞了九个月之久的 PPP，迎来了新机制引领下全新的发展阶段。《中华人民共和国国民经济和社会发展第十四个五年规划和 2035 年远景目标纲要》提出要规范有序推进 PPP。近十年来，PPP 受到了市场青睐，据统计，2023 年 1 月至 10 月，新入库重大项目 92 个、投资额 3 782 亿元，PPP 广泛应用于国民经济各个行业和领域的基础设施、公用事业，一定程度上起到了改善公共服务、拉动有效投资的作用。PPP 新机制相比过去的有关政策，在方向上做出了较大调整，发布后市场反响之强烈也充分说明了其影响程度之大、影响范围之广。

新机制的建立有助于进一步落实企业投资自主权，引导激发创新活力，鼓励社会资本创新管理机制和提升科技水平，促使社会资本转变角色、思维和行为方式，充分发挥社会资本的专业能力和创新潜力，在保证项目服务质量的同时尽可能降低项目成本，提高投资效率和效益，促进项目高效运营，实现健康可持续发展。

政府和社会资本合作新机制已经发布，其中对项目审批核准流程进行了调整，将批复的时间节点从采购社会资本开始前变更到了采购社会资本后，这将使政府和社会资本合作项目的前期工作更科学、更扎实，有助于促进政府和社会资本合作项目的高质量发展。

二、原有政策下的问题与挑战

在原有政策要求下，地方政府应在开始选择社会资本工作之前先行组织开展可行性研究论证工作，并以可行性研究报告的审批通过作为项目实施方案编制和审核的必备前置条件，实施方案、招投标文件、合同的主要内容应与经批准的可研究报告保持一致，否则一旦项目投资超出10%则需报请审批机关重新履行项目审批程序。实践中，这种安排导致项目执行面临一系列问题。

首先，可研批复的刚性限制了社会资本的投资自主权和主体创新性，使得创新管理机制失灵。政府和社会资本合作项目不同于一般基建项目，主要魅力在于创新，需要用社会资本的智慧改进政府对项目的初始设想，选择社会资本的过程需要经过政府和市场主体之间充分博弈。在此过程中项目方案及条件发生变化是必然的，而按照原有政策，这些变化不能在项目最终成果中体现，限制了项目效率的提高。

同时，可研制度本意是由投资主体对项目的建设必要性、方案可行性及风险可控性等进行全面的评估。在采购前，地方政府实际上仅能对可行性研究的部分内容进行初步论证判断，技术方案、运营方案、财务方案等必备内容需与社会资本共同决定。在社会资本选定之前，可研尚不具备全面完整论证的条件，导致了可研论证审批的形式化和程序化。

最后，政府先行批复可研，确定了本应由社会资本决策的绝大部分事项。社会资本未能参与可研方案的论证过程，其作为投资主体的决策自主权有其名而无其实，不利于"谁投资、谁决策、谁收益、谁承担风险"原则的落实，造成政府和社会资本权责不清，可能导致投资虚高及投资失控等问题。

基础设施（含公用事业，下同）是一个城市经济正常运转的基础，世界银行1994年的报告指出"基础设施如果不是经济发展的引擎，也是经济活动的车轮"。同时，基础设施关系到城市中每个人的日常生活，是决定城市居民生活质量的重要方面。另外，在城镇化进行的过程中，基础设施也发挥着重要作用。中央对基础设施的建设愈发重视，温家宝在 2005年政府工作报告中首次提出建立服务型政府的目标，北京、上海、广州、南京、深圳等各大城市政府纷纷响应，为公众提供完善、优质的城市公共服务成为城市公共部门的首要任务之一。

然而，基础设施一般具有投资规模大、建设周期长等特点，仅仅依靠政府投资，会带来较大的财政压力。2011 年审计署报告指出，2010 年年底，地方政府性债务总额高达 10.7 万亿。以武汉为例，2011 年末地方政府性债务为 1 964.47 亿元，债务率达 185.64%，超过美国最高警戒线1.5 倍。

在政府日益加重的财政压力的背景下，随着城市经济发展和人们生活水平的不断提高，仅依靠政府财政投资，很难满足人们对基础设施的需求，迫切需要创新的投融资模式，中央各相关部委和地方政府近年来连续出台了四五十个文件，吸引和鼓励社会资本参与。2013 年 7 月 31 日最新的动向是，国务院总理李克强主持召开国务院常务会议，研究推进政府向社会力量购买公共服务，对社会资本进入基础设施领域释放了更为强烈的信号。

在这种背景下，PPP（Public-PrivatePartnership）的缩写，直译为"公私合作"，或意译为"政企合作"（能更准确反映我国现实）模式已经或必将成为我国基础设施开发的趋势之一。这主要是由 PPP 模式的特点决定的。如果所有基础设施全部由政府独自承担，则会因为政府资金不足造成基础设施不足，或者因为政府机构所存在的内在缺陷及政府供给与市场需求失配所带来的高成本、低效率和高风险等问题。然而，如果把基础设施完全交给企业去做，则可能由于企业以利润最大化为目标，忽视社会责任，造成不公平等问题。因此，推行 PPP 模式，政府和企业合作，发挥各自优势，可以既解决政府资金不足又更好地提供基础设施等公共服务。

尽管从 20 世纪 80 年代开始，我国就已经开始了 PPP 模式及各种演变模式的应用（特别是 80 年代后期至 90 年代后期以外商为主导的 BOT，以及 90 年代后期至今以国企为主导的 BT），然而，由于缺乏相关的法律和制度建设，实践中虽然取得了一些成绩，但也存在大量问题。其中一个主要原因是，目前与 PPP 模式相关的法规政策层次较低，多为国务院/地方性行政法规或国务院部门规章/地方政府规章，尚未有国家层面的立法，权威性不够，部分文件之间甚至相互矛盾，如各种模式的称谓和内涵、项目所有权的转移与归属、税务的征收等等，所以虽然近年来政府出台了四五十个文件吸引社会投资，但效果并不很显现；缺少国家层面法律和制度造成的一个主要问题是，中央和地方政府缺乏相关项目的一站式立项、评估和审批等机构，造成各地各部门各自为政，重复或交叉审批，效率不高，或管理与监管缺位，经验教训不能很好地总结和推广，重复交学费，等等。因此，要应用好 PPP 模式，迫在眉睫的任务是构建一套国家层面的 PPP 法律和制度体系。

三、PPP 新机制的调整与改进

为解决上述问题，实现投资项目管理体制与政府和社会资本合作项目运作的有机结合，政府和社会资本合作新机制对项目可研及审批制度做了如下调整。

第一步，项目实施机构应参照可行性研究报告编写规范，牵头编制特许经营方案，不再以可研为前置条件，由有关方面履行审核手续。关于审批的具体流程和事项在新机制中没有提及，我们建议在实践中经发改部门把关定稿后提交政府办公会对是否采用特许经营模式及有关事项进行决策。

第二步，项目进入采购程序。政府方向社会资本方提供采购文件，包括项目有关的必要技术资料。社会资本根据采购文件提交投标文件，包括技术方案、财务方案和运营方案等内容。

第三步，由中标社会资本根据特许经营方案、采购文件、投标文件和草签协议的核心内容，编制可行性研究报告，提请发改部门审批、核准或备案。

这样的调整使发改部门在政府和社会资本项目审批、核准或备案时有充分的信息资源，可以大大提高决策的科学性，即使否决了项目，损失也仅限于前期费用。既理顺了政府和社会资本的责任边界，也理顺了 PPP 咨询单位和可研论证、编制单位的责任边界，但对特许经营方案的编制工作提出了更高的要求，方案不再以可行性研究报告为依据，PPP 咨询单位需要做尽职调查、数据研究、问题分析、结构设计、财务测算、合同主要条款拟定等大量的基础和研究工作。在新机制下，政府应高度重视特许经营方案的编制，充分发挥 PPP 咨询单位的作用。在实践中，实施机构可根据项目推进的需要考虑是否同步开展项目可行性论证工作，为特许经营方案的编制提供技术支撑。政府初期的可研论证仅作为项目发起的基础，采购时由社会资本对项目的需求可靠性、要素保障性、工程可行性、运营有效性、财务合理性、影响可持续性、风险可控性等因素进行系统深入论证，政府和社会资本双方经过充分博弈和论证，对项目持续开展"需要-可能-可行-方案择优"的高质量论证工作，合理确定项目的技术方案、运营方案、财务方案等各项方案，在全面评估基础上做出是否可行的综合判断，最终共同确定可行性研究论证所需要的全部内容，实现项目论证的科学性，切实提升项目前期工作和投资决策的质量。这对实施机构、咨询单位的能力提出了更高的要求，相关单位需要加强能力建设，提升业务水平。

我国政府正在力推 PPP，吸引社会力量参与基础设施和公用事业，提供公共产品或服务。因为提供公共产品或者公共服务的终极责任还是政府的，故政府应加强对 PPP 项目的监管，以保证社会力量所提供的服务满足要求。对加强我国 PPP 项目监管的建议有如下三点：

（一）国家层面的 PPP 立法和 PPP 指南

把 PPP 法定性为民事合同，或者不能如此定性时，则将 PPP 合同当作特殊的民事合同处理，明确适用行政合同特有的规则和救济方式，以对政府行为进行规制，保护特许经营者权益。

在国家层面的 PPP 立法中规定政府审批权限、流程和管理程序，退出机制和纠纷处理机制，各地项目规模上限与政府财力比例，中长期预算机制，会计准则（如采用权责发生制或收付实现制），信息披露、政府监管与公众参与制度等，使之具备全国统一的原则性做法和较强的法律效力，避免由中央部门或地方法规政策所带来的冲突，特别是处理过去国家层面其他法律如《合同法》《公司法》《招标投标法》《政府采购法》《会计法》

《税法》《银行法》《仲裁法》等未覆盖到或与 PPP 模式有冲突的内容。

同时，制订全国性的 PPP 项目实施指南，包含但不限于对上述 PPP 法律各方面内容的更具体的操作程序和细节,特许经营协议/合同示范文本等，规范全国各中央部门和各地政府的不同做法。

（二）中央和省级 PPP 机构，以及立项和审批要点

设立中央和省级的专门 PPP 机构，最好是实体，如果难落实，也可以是虚拟的但要明确牵头负责部门。如由国家发展改革委或财政部牵头成立跨部委的国家级和省级 PPP 机构，统一负责政策指导、总体规划和综合平衡，对政府财政风险进行监管和审批，并与央行、国家金融监督管理总局保持密切沟通；负责建立 PPP 数据库，构建 PPP 信息平台，为将来类似项目的评估提供基础资料，实现国家或区域内 PPP 采购的标准性，并共享最佳实践经验，促进市场的竞争，提高政府监管水平。

在市级地方政府之下设立专门的 PPP 中心，以综合多个部门的职责，完善所辖区域的项目选择、比较、筛选和优先级，建立一站式透明审批机制以提高效率，规范运作，也可避免各地政府盲目上项目特别是需要政府支付或补贴的项目，造成类似于现在高额的地方政府债务。

在一定规模以上或跨区域的项目应由中央级的 PPP 机构审批，其他由省级或市级。

PPP 机构审批。PPP 项目的立项和审批应重点考虑下列四个方面问题：① 应该做哪个项目？所建议项目是否必须？如果必须，有哪些核心要求？② 这个项目是用传统的政府投资模式做还是用 PPP 模式做？采用 PPP 模式是否能实现物有所值？③ 如果决定采用 PPP 模式，应采用哪种具体模式（如 BOT、BOOT、TOT 等）？应考虑哪些要点？项目收益来自政府支付或用户支付或二者共同支付？如何定价和调价？④ 在特许期内，需要监管哪些方面？具体产出/结果要求有哪些？监管应如何落实？相关政府部门、媒体、公众等的职责与权力如何确定？等等。上述关键原则和要点还应写在前述国家层面的法律和实施指南中。

（三）项目信息发布机制，以及公众参与决策和监督机制

建立统一的项目信息发布机制，不仅要向人大，还要向社会公布相关信息，保证项目信息的及时、准确和一致性，做到公开、公平和公正，以

利于提高效率，防止腐败，也有利于研究，总结和传播经验和教训包括对相关官员进行培训，进行能力建设，以实现知识管理，不断优化和改进PPP 模式的应用。

特别是在招标和评标过程中，政府公开有效信息，利于潜在投标企业评估和决策，提高项目对企业的吸引力，利于公众和独立第三方咨询机构等其他各方参与，提供合理化建议，完善决策过程，也利于避免暗箱操作，预防腐败。

在项目建设和运营过程中，公开信息则有利于社会监督和激励企业控制成本、提高效率，提高服务水平，保障政府和公众利益，提高后续类似项目的决策和管理水平，等等。

积极发挥独立第三方咨询机构（包括会计师事务所、律师事务所、银行等）的作用，完善政府的决策机制，保障社会公众的利益。

第二节 新机制前景

一、PPP 模式的发展

PPP 作为舶来品，在本土化应用过程中，强调了解决基础设施项目政府失灵问题的基本思路，但同时也间接催生了社会资本（Private）内涵外延的扩大化。PPP 模式于 20 世纪末引入我国，当时项目采用 PPP 模式的初衷是引入外商投资企业，通过企业的效率优势解决政府失灵问题。当时许多经典 PPP 案例的第二个"P"（Private），都有外商投资企业的身影。PPP 模式在我国应用的很长一段时间内，关于 PPP 的中文翻译一直未统一，常见的翻译有"公私合作""公私合营""公私合作伙伴关系"等。直到 2014年，中央开始借鉴国际经验全面推广 PPP 模式，并在《国务院关于创新重点领域投融资机制鼓励社会投资的指导意见》（国发〔2014〕60 号）明确提出，"建立健全政府和社会资本合作（PPP）机制"。这是 PPP 一词首次出现在国家层面的政策当中，随即统一的还有 PPP 的中文翻译，即"政府和社会资本合作"。这一翻译将第二个"P"翻译为"社会资本"，将引入市场化效率优势的主体扩大到包括国有企业在内的所有社会资本。

随着实践中越来越多国有企业参与到 PPP 项目中，"谁才是合格的社会资本"引起广泛关注，过去的政策也存在一定反复。由于过去十年的 PPP 政策并不排斥国有企业做第二个"P"，且国有企业在基础设施等投资额较大的项目中具有竞争优势，大多数地方政府和银行对国有企业偏好的优先级较高。因此，2014 年以来，大量 PPP 项目的社会资本都是国有独资企业或者国有控股企业。与地方政府有关联的国有企业，在 PPP 项目中通常无法做到独立决策、市场化运作，也就无法提高 PPP 政策中引入社会资本提高效率的本意，甚至有个别项目异化为政府变相融资的通道。随着实践中越来越多非独立、非市场化社会资本的出现，政策也在不断规范着"谁才是合格的社会资本"。例如，《财政部关于印发政府和社会资本合作模式操作指南（试行）的通知》（财金〔2014〕113 号）规定，社会资本"不包括本级政府所属融资平台公司及其他控股国有企业"。

PPP 新机制出台，最大程度鼓励民营企业参与，是贯彻落实党中央、国务院决策部署，引导市场回归 PPP 初衷本源，进一步调动民间投资积极性的重要措施。115 号文明确要求，"最大程度鼓励民营企业参与政府和社会资本合作新建（含改扩建）项目"，这不仅符合我国最初引入 PPP 模式的初衷，更是当前我国激发民间资本投资活力的客观需求。同时，国有企业作为我国市场主体的重要组成部分之一，115 号文并没有"一刀切"式禁止国有企业参与 PPP 项目，而是将新建（含改扩建）项目按照市场化程度高低、公共属性强弱、是否具有自然垄断性等特征进行分类，将"属于市场的还给市场"，充分体现了新机制在兼顾 PPP 项目公益性的同时，最大化发挥市场效率的政策导向。

二、PPP 模式的回归与创新

过去十年，PPP 承载了过多的融资使命，政府远期支付责任巨大，"寅吃卯粮"现象普遍存在。从国际实践来看，推动 PPP 的主要原因可归纳为两类，一是缓解政府当期财政压力，即融资引导；二是提高项目运营水平，即效率引导。我国近十年的 PPP 实践中，地方政府发起 PPP 项目的主要动机为融资，通过融资拉动地方投资。这些可以通过我国 PPP 项目在全国的分布情况看出端倪，经济欠发达地区的 PPP 项目数量和投资额远高于经济相对发达地区。这一动机带来的后果之一就是项目推动部门忽视了项目自身的"造血能力"，因为自身经营属性较弱的项目，可以通过"可用性付费""可行性缺口补助"等回报机制的设计，让项目变得"可行"。但这些"可用性付费""可行性缺口补助"本质上不是项目自身"造血"，而是外来"输血"，都是在透支政府未来的财政支出。也正因为有这种外来"输血"机制的存在，部分地方政府非但不会从节约成本提高效率的角度压缩投资额，甚至会从拉动投资超前建设的角度提高项目建设标准和投资额，因为只要理论上未来的支出责任在"财政承受能力"范畴内，项目在当期就是可行的。与之相对应，社会资本在投资额变大时，不仅当期获得的建设利润更多，还会在远期潜在获得的收益中提高政府支出的占比，相对风险更小，因此与地方政府在合作中可能会形成心照不宣的均衡。据统计，PPP 新机制出台之前，全国超过 20 万亿元总投资的 PPP 项目中，只有不到 10%是使用者付费，而地方政府层面，未来一般公共预算支出中 PPP 支出占比达到10%红线的已有 102 个行政区域，达到 7%预警线的已高达 820 个行政区域。

　　PPP 新机制注重项目内生的投资回报，严防地方政府新增隐性债务，收紧政府付费的同时，对财政资金用于 PPP 仍留有适当空间。115 号文明确提出适用于 PPP 模式的"应限定于有经营性收益的项目"，过去仅通过可用性付费使项目采用 PPP 可行但自身无经营性收益的项目，在新机制下将无法再采用 PPP 模式投资建设，这是新机制对 PPP 项目回报机制的一个重要调整。115 号文正文第一条内容即为"聚焦使用者付费项目"，足见这一政策导向的重要性。具有明确的收费渠道和方式，是使用者付费项目的最鲜明特征，且项目经营收入能够覆盖建设投资和运营成本、具备一定投资回报。同时，与没有"一刀切"式禁止国有企业参与 PPP 项目一样，PPP 新机制同样没有"一刀切"式禁止财政资金用于 PPP 项目，但对使用形式有了较为明确的要求，不能像过去一样"通过可行性缺口补助、承诺保底收益率、可用性付费等任何方式"使用，可以"在严防新增地方政府隐性债务、符合法律法规和有关政策规定要求的前提下，按照一视同仁的原则，在项目建设期对使用者付费项目给予政府投资支持；政府付费只能按规定补贴运营、不能补贴建设成本。"总之，使用财政资金是否符合新机制导向的判断核心原则为"不因采用政府和社会资本合作模式额外新增地方财政未来支出责任"。这样的政策导向从根源上断了地方政府"寅吃卯粮"的想法，也从根本上杜绝了地方政府和社会资本"合谋"做大投资的现象。

三、PPP 的新方向与新机遇

从国际实践来看，特许经营和私人融资活动（Private Finance Initiative，以下简称 PFI）是 PPP 的两种主要模式。PPP、特许经营、PFI、建设—运营—移交（Build Operate Transfer，BOT）等一系列与 PPP 有关的概念，在我国实践过程中一直没有形成完全统一的认识，很多项目都是根据项目自身需求，如前期手续的复杂程度、引入社会资本方的企业性质、合作期限的长短等，来确定项目定位为哪类项目，以达到减少审批环节或规避某些特定规定制约的目的。但实际上，特许经营和 PFI 都是 PPP 的实施模式，这是基于付费来源的视角进行的分类。

PFI 是主要基于公共部门付费的私人融资计划，这种 PPP 模式发源于英国。英国在撒切尔夫人执政期间进行了基础设施与公共服务的市场化改革；1992 年梅杰政府期间提出了私人融资计划 PFI 的概念；布莱尔政府期间 PFI 理念逐渐完善；2012 年，英国在完善有关制度的基础上推出了更新版的 PF2（针对以往 PFI 模式的不足，英国政府在结合各部门意见和上述改革措施和经验的基础上，推行了第二代 PPP/PFI 模式，简称 PF2）；2018 年，英国政府在官网上发布的《2018 年预算报告》中宣布，不再使用 PF2 模式进行基础设施和公共服务采购。英国的 PPP 作为一种政府采购工具，在推动时需要衡量的是 PPP 模式能否降低公共服务的采购成本，运用的是一种非常典型的财政思维。

特许经营是基于使用者付费的一种 PPP 模式，起源于法国。早在 19 世纪初开始，法国就开始大规模开展基础设施建设，政府提出基础设施的"特许经营"，其核心理念是使用者付费，对于无法使用者付费的领域则采用传统模式。21 世纪初，法国出台合作法案，对特许经营正式立法，其立法思路也符合国际通行的 PPP 理念。法国的 PPP 作为一种促进经济发展的工具,在推动时需要衡量的是项目的投入产出与可行性,运用的是一种典型的发展思维。

PPP 新机制出台,统一思想、形成共识,所有 PPP 项目全部采用特许经营模式,所有特许经营(非商业)项目也都需要纳入新机制的框架下管理。115 号文引导理念充分与国际接轨,即特许经营在付费机制视角下是 PPP 的一种模式,且在新机制下将成为唯一模式。在特许经营模式的付费机制条件下,项目还可以采用 BOT 及其衍生形式,具体可根据项目实际情况,"合理采用建设—运营—移交(BOT)、转让—运营—移交(TOT)、改建—运营—移交(ROT)、建设—拥有—运营—移交(BOOT)、设计—建设—融资—运营—移交(DBFOT)等具体实施方式"。但无论采用哪种实施方式,都需要纳入新机制的框架下管理。

四、PPP 新机制下的变革

PPP 新机制出台,特许经营方案全面取代"两评一案"(项目财政承受能力评价、项目物有所值评价、项目实施方案),项目"可行"成为先决条件,PPP 论证从立项后置变为立项前置。过去十年,"两评一案"是 PPP 前期手续的核心内容,需要对 PPP 的运作模式、是否优于传统模式、财政是否具有相应承受能力等内容进行全面论证。"两评一案"这三个文件的编制和审批顺序在全国不同地方实际操作中有所不同,但其遵循的逻辑都是在立项的框架下开展工作,即并未把项目是否可行作为是否采用 PPP 的判断标准。PPP 新机制实施后,由于项目聚焦使用者付费,且不能因采用 PPP 模式额外新增地方财政未来支出责任,因此无须再进行财政承受能力论证,"两评一案"彻底告别历史舞台。115 号文提出的"特许经营方案"将全面取代"两评一案",且特许经营方案的审核将早于项目立项,项目是否可行不再是 PPP 论证环节的既定结论,而是 PPP 论证中的重要组成部分。

PPP 新机制明确了新流程体系中政府管理的分工,即实施机构负责特许经营方案编制,立项管理部门负责特许经营方案审核。115 号文明确:"地方各级人民政府可依法依规授权有关行业主管部门、事业单位等,作为特许经营项目实施机构(以下简称项目实施机构),负责特许经营方案编制、特许经营者选择、特许经营协议签订、项目实施监管、合作期满移交接收等工作。"在审核方面，则"比照政府投资项目审批权限和要求，由有关方面履行审核手续，以合理控制项目建设内容和规模、明确项目产出（服务）方案"。此外，体现特许经营方案的深度，需要达到完成对项目的可行性进行论证的内容还包括"项目实施机构应参照可行性研究报告编写规范，牵头编制特许经营方案"，且"要同步开展特许经营模式可行性论证，对项目是否适合采取特许经营模式进行认真比较和论证"。总之，PPP 新机制中特许经营方案需要完成项目可行、特许经营模式可行这两个论证目标。PPP 新机制对特许经营方案审核机构的明确，也在一定程度上提高了特许经营方案论证和项目立项这两个阶段工作的协同。

五、PPP 项目的市场化之路

PPP 新机制鼓励通过市场化方式吸引特许经营者，把"属于市场的还给市场"。PPP 是政府失灵和市场失灵双失灵的探索性产物，在公共属性和市场属性之间平衡，是国际 PPP 领域永恒的话题。我国在推动 PPP 的过程中，不断探索 PPP 的适用领域和合理边界，但由于受到财政支出的限制和制约，市场化程度往往具有一定局限性。115 号文十分注重在公共产品范围框架下的市场效率，明确要求要"通过公开竞争方式依法依规选择特许经营者"，并将"项目运营方案、收费单价、特许经营期限等作为选择特许经营者的重要评定标准"。特许经营期限从过去的 30 年延长为"原则上不超过 40 年"，且"投资规模大、回报周期长的特许经营项目可以根据实际情况适当延长"，为吸引更多潜在的特许经营者创造更好的市场条件。此外，为了尽量减少行政干预，充分激发创新动力，"特许经营者在保障项目质量和产出（服务）效果的前提下，通过加强管理、降低成本、提升效率、积极创新等获得的额外收益主要归特许经营者所有"。

PPP 新机制强调项目运营，通过引导存量资产盘活摒弃"重建设、轻运营"的惯性思维，通过加强运营管理助力基础设施高质量发展。115 号文在特许经营者的选择标准中尤其强调运营能力，鼓励"特许经营者通过技术创新、管理创新和商业模式创新等降低建设和运营成本，提高投资收

181

益，促进政府和社会资本合作项目更好实施"，并通过定期开展项目运营评价、惩戒违法违规和失信行为、建立常态化信息披露机制等方式引导特许经营者高质量运营。项目进入运营阶段后，市场对项目价值判断的高低不再取决于建设投资决算金额，而是很大程度上取决于项目收益情况，而高质量的运营则是项目良好收益的重要保障。新机制通过鼓励支持存量PPP 项目发行基础设施领域不动产投资信托基金（Real Estate Investment Trust，REITs）等方式进行存量资产盘活，从而引导 PPP 各参与方摒弃过去"重建设、轻运营"的惯性思维，通过内生动力加强运营管理、提高运营效率、享受运营收益。

第三节　本章小结

本章探讨了 PPP 新机制下使用者付费型交通项目的定价政策建议。首先明确了使用者付费的重要性和合理性，它能够促使项目可持续发展，并提高资源配置效率。并发现了在原有政策下的一些问题，并给出了相关的解决方法。PPP 新机制在未来有望迎来更加广阔的发展前景。然后分析了PPP 新机制的发展前景，随着政策的不断完善和市场的逐渐成熟，PPP 模式将在基础设施建设、公共服务提供等领域发挥更大的作用。

第九章
结论与展望

本书旨在进行 PPP 新机制下使用者付费型交通项目定价决策研究,为投资者和政府共同分担特许经营期内的风险,保证收费公路 PPP 项目稳定、健康发展。

第一节　研究结论

本书从出行者的角度出发,提出了在社会福利最大化目标下的项目公司净收益不为负的收费公路 PPP 项目特许定价模型,此时的价格水平也实现了政府和项目公司双赢的状态。在风险条件下探讨收费公路 PPP 项目特许价格决策问题,为政府、项目公司和出行者进行特许价格决策提供理论基础和应用依据。论文围绕三个关键研究问题展开论述,形成的主要研究结论如下:

一、构建模型和分析风险得出控制方法

构建的收费公路 PPP 项目特许定价模型和调整模型,充分地考虑了风险因素的影响程度。引入综合集成研讨厅,以人为主,人机结合,从定性到定量的综合集成法,对 PPP 项目风险进行分析。通过参与者分析、情景分析、风险分担和风险清单等方式,利用人的思维、思维的成果、经验、知识和智慧,以及各种情报、资料和信息系统的集成,形成以人为主的多方面定性认识。

详细分析了在公路 PPP 项目运营过程中,会产生的各种风险以及分担

风险。风险分析是投资者进行风险管理的重要工具，能够帮助组织识别和理解潜在风险，并采取相应的措施来降低风险的影响。它对于制定有效的风险管理策略和决策非常关键。本章对特许定价要素分析引入概率分布思想，对项目风险进行控制。以达到人机结合，使定性认识上升到定量认识，通过逻辑思维和形象思维的相结合产生创造思维。

二、构建模型，控制特许价格定价模式

从项目参与者的不同角度出发，构建了三种收费公路 PPP 项目融资特许定价模式。分三个部分逐一对 PPP 项目特许定价模式进行分析，首先，从政府、项目公司和出行者的角度进行了定价目标分析，其次，介绍了三种不同的 PPP 项目特许定价模式：控制特许期定价模式、控制特许收益定价模式和控制特许价格定价模式。最后，根据项目公司决策者不同风险偏好建立风险喜好者的随机规划模型、风险厌恶者的随机规划模型和风险中立投标人的随机规划模型。

根据收费公路项目的特性，从出行者的角度出发，提出在社会福利最大化目标下的项目公司净收益不为负的收费公路 PPP 项目特许定价模型，此时的价格水平也实现了政府和项目公司双赢的状态。适用于收费公路 PPP 项目。

三、构建特许定价模型，分析指标得到特许经营权价格

通过对特许定价影响因素的概率假设，构建收费公路 PPP 模式特许定价模型。本章首先从 PPP 项目特许定价模式形成理论和 PPP 特许定价方法两个方面，介绍了 PPP 项目特许定价理论的基础。PPP 项目特许定价模式形成理论主要包括：效用价值理论、消费者剩余理论、无形资产评估价值决定理论。PPP 特许定价方法主要包括：收益现值法、重置成本法、清算价格法、现行市价法以及巴拉特模型等。

然后构建收费公路 PPP 项目特许定价决策模型，根据项目实施的不同阶段构建建设期成本函数、运营期收入函数、运营期支出函数、移交后期支出函数，最后形成特许定价决策模型。从特许定价决策模型、中的总收

入、总支出、净现值率、净现金流量、折现率、项目特许经营期、净现值七个指标进行分析，最终得到特许经营权价格。

四、交通量变动会导致净现值率变化，需要调整收费价格保证项目顺利实施

综合考虑收费公路 PPP 项目的特许经营及其关键风险因素，对现行特许价格作出调整。本书对特许定价模型的有效性进行定性和定量分析。从定性分析角度，对特许价格调整的原则和周期进行了分析。从定量的角度，首先考虑了交通量的变动，当交通量超过政府规定的净现值的上限或低于项目公司接受的净现值的下限时，会导致净现值率过高或过低，影响项目的顺利实施。因此需要通过收费价格的调整来确保净现值率介于最小值和最大值之间，以确保项目的顺利进行。

第二节　主要创新点

本书的主要创新处归纳为：

一、针对收费公路 PPP 项目特许定价及调整模型，分析它的限制并进行改进，为项目公司和政府部门分担，保证收费公路 PPP 项目健康发展

本书的收费公路 PPP 项目特许定价及调整模型中，将建设期、建设成本、交通量、运营和维护成本等关键定价要素定义为随机变量，根据实际情况采用相关概率分布进行拟合，虽然实现了从定性分析到定量分析的转变，但假设的概率分布函数具有一定的模糊性，定量的准确性有待于进入深入研究。

二、针对收费公路 PPP 项目特许定价方法的局限进行优化，根据运营实际情况，建模研究收费公路项目的特许定价研究

收费公路 PPP 项目特许定价及调整模型只考虑了影响项目特许定价

的外在性因素，对于内在性因素导致项目的失败没有充分的考虑。例如项目的质量保证、项目参与方的违约风险、融资结构、利率变动、还贷方式等多种影响因素。如何利用声誉等其他机制抑制道德风险也有待于进一步的深入研究。

本书中，根据项目运营实际情况，把特许经营期作为固定变量，建模研究收费公路 PPP 项目的特许定价研究。这种研究思路也是解决特许经营期难确定的规范性方法。但在特许协议的谈判中，可以通过降低收费标准而延长特许期，也可以通过缩短特许期而提高收费标准，由此根据项目的实际情况组建多组方案的必选。运用蒙特卡罗模拟的方法，可以从此角度进行多方案模拟比较，选择最优方案。

三、在国家目前趋势下选题，构建了新的科学理论，使 PPP 项目定价趋于合理，带来经济效益和社会效益

本书在国家自然科学基金下进行选题，属于基础性研究课题。其价值主要体现为认识价值，即研究自然现象和规律、提出科学性的理论。风险条件下收费公路 PPP 项目特许定价研究，从工程经济学、交通经济学、社会经济学和金融学四大学科领域进行相关的研究，开拓了学科领域。根据不同利益相关群体的不同定价目标，结合固定特许期 PPP 项目定价模式和弹性特许期 PPP 项目定价模式，建立控制特许期、控制特许价格、控制特许收益三种不同的模式。更新了科学理论。在项目经济评价指标中，项目净现值率的引入，对科学的评价方法进行了改进。结合个旧——大屯收费公路 PPP 项目案例情况，使得此项目定价趋于合理，带来了一定的经济效益、社会效益。此问题的科学解决对社会经济发展、国家安全、社会生活的产生正面影响。故本研究既具有认识价值，也具有应用价值。

本书课题的难度较大，科学问题的指向较为新颖、求解目标较高、应答域比较广泛。如何在风险条件下收费公路 PPP 项目特许定价合理，是近期社会关注的热点话题，也是社会矛盾的焦点，涉及工程经济学、交通经济学、社会经济学和金融学不同学科领域，是一项复杂系统工程。

第三节　研究展望

一、加强学科联系，保证决策的科学性和有效性

收费公路 PPP 项目的特许定价问题是一个热点问题。由于问题的复杂性涉及工程经济学、交通经济学、社会经济学和金融学不同学科领域内的知识（2.3.1 特许定价方法中详细论述）。本书主要从工程经济学的角度进行分析，采用净现值率评价指标对特许定价的问题进行评价。未来研究可以加强学科之间的联系，进一步发现问题之间的内在联系，提高决策结果的科学性和有效性。

二、利用大量收费公路项目样本数据基础，提高决策的科学性和可靠性

实物期权理论为不确定条件下的决策问题提供了决策工具和方法。现有实物期权理论在特许价格决策方面的研究尚停留于方法应用阶段，一般采用二项式公式或布莱克-斯科尔斯的决策模型。该方法存在的问题在于，难以获得关键参数的真实数据，针对其中反映不确定性影响的重要参数 s，大多根据收费公路 PPP 项目所在上市公司的股票波动情况来计算，结果存在一定的偏差。未来研究可以在大量调查收费公路 PPP 项目样本数据的基础上，进一步准确估计参数 s，提高决策结果的科学性和可靠性。

三、收费公路 PPP 项目的特许定价政策、法规建议

目前，中华人民共和国公路交通相关法规中有关"收费公路"（附录 5）的主要有：自 2004 年 11 月 1 日起施行的《收费公路管理条例》；交通运输部、国家发展改革委和财政部于 2008 年 8 月 20 日联合发布的 2008 年第 11 号令，自 2008 年 10 月 1 日起施行的《收费公路权益转让办法》，引起社会的广泛关注。但对于风险条件下收费公路 PPP 项目特许定价没有明确规定，只有在《收费公路权益转让办法》第三章收费公路权益转让程序，

第十八条，转让收费公路权益进行收费权价值评估，评估方法应当采用收益现值法。所涉及的收益期限由转让方与资产评估机构在批准的收费期限内约定。针对此问题，本书提出如下建议：

1）根据收费公路 PPP 项目的盈利水平，对项目的特许定价分类规定。由于我国公路基础设施建设的处于特殊时期，需对不同规模、不同经济发展水平区域内的收费公路 PPP 项目进行分类定价。才能在保证发展的前提下，缓和由此产生的社会矛盾。

2）根据收费公路 PPP 项目的转让，对项目的特许定价分类规定。由于公路 PPP 项目具有运营周期长的特点，较长的运营期内项目所面临风险的不确定性加大。此类项目在确定收费公共路 PPP 项目特许定价决策模型的同时需制定特许定价调整模型。

3）引入监管机制。在法律法规中要求，收费公路 PPP 项目运营过程，需由第三方提供项目运营检测报告并公布，增加项目的透明度，以便得到公众的支持。质监局公布的项目验收的技术指标标准，并进行工程质量检测评估。

四、建立信息系统，确保数据和信息的完整

收费公路 PPP 项目通常涉及多个利益相关方和复杂的合同安排，导致数据和信息的获取和整理具有挑战性。不完整或不准确的数据可能影响研究的可靠性和准确性。对此，应加强数据收集、存储和管理的流程，确保数据的完整性和准确性，建立先进的信息系统，提高数据质量和可用性。促进参与项目方之间的合作，共享数据和信息，形成更全面的视角。

五、多方参与建立评估体系，解决长期绩效评估困难的问题

收费公路 PPP 项目的运营周期通常较长，因此评估其长期绩效具有挑战性。短期内的绩效指标可能无法完全反映项目的可持续性和长期影响。对此，建立全面、科学、合理的长期绩效评估体系，确定具体、可量化的评估指标，以便准确衡量。鼓励多方参与评估过程，提供多元化的观点和建议，并根据实际情况，适时调整评估指标和方法。

六、进行调研获得更研究案例

大多数研究可能局限于少数几个项目或特定地区的案例，可能无法代表更广泛的情况。这可能导致研究结果的推广性受限。对此，应拓展多种途径，通过行业报告、政府文件和企业资料等获得更多案例。开展实地调研，深入项目现场，获取一手资料，对现有项目进行长期跟踪，积累案例数据。

七、达成各方利益平衡

PPP 项目涉及众多利益相关方，包括政府、社会资本、用户等，各方之间的利益平衡和协调是一个复杂的问题，研究中难以全面考虑。建立长期的跟踪研究机制，关注项目在不同阶段的发展和变化，及时调整和改进研究方法。强化各方之间的沟通，促进协商以达成更优的利益平衡方案，确保各方清晰表达其利益诉求，建立公平合理的机制，保障各方利益，促进各方形成利益共同体。

八、跨文化研究，弱化文化和价值观的差异

不同地区和文化背景下，对于收费公路 PPP 项目的接受度和期望可能存在差异，这对研究的普遍适用性提出了挑战。通过国际合作和经验分享，开展跨文化比较研究，了解不同文化背景下收费公路 PPP 项目的特点和差异，为项目的本地化实施提供指导。

案例篇

案例一：PPP 模式在收费公路项目中的应用——重庆涪陵至丰都高速公路项目案例分析

一、项目概况

重庆涪陵至丰都高速公路是重庆高速公路路网的重要组成部分，属于《重庆市高速公路网规划》的"三环十射三联线"骨架公路网中"十射"部分，是重庆市、贵州北部、四川南部地区通往长三角地区最快捷的公路运输通道，也是沪渝通道内最后建设的一段高速公路，同时也是重庆"一圈两翼"经济圈的重要交通纽带及沿江综合交通运输体系的重要组成部分。项目的建设，对增强重庆主城区对三峡库区的经济辐射，促进重庆逐步发展成为长江上游交通枢纽和经济中心，提高重庆干线公路网的可靠性和安全性具有重要意义。

项目经重庆涪陵城区、清溪镇、南沱镇、湛普镇、丰都县城区及双路镇，按双向四车道高速公路标准修建，路线全长 46.5 千米。设计车速 80 千米/小时，路基宽度 24.5 米，沥青混凝土路面，交通工程和沿线设施等级为 A 级。全线有特大桥梁 4 座共 4 526 米，大桥 11 座共 6 004 米，涵洞 36 道，人行天桥 8 座，互通式立交 8 处（含预留立交 1 座），分离式立体交叉 8 处，通道 14 道，特长隧道 2 座共 8 791 米，长隧道 3 座共 6 110 米，中隧道 3 座共 2 235 米，总投资 41.79 亿元。项目于 2008 年批准立项，2009 年 6 月开工建设，2013 年建成通车。

二、运作模式

（一）采用 BOT＋EPC 模式

BOT＋EPC 模式，即政府向企业授予特许经营权，允许其在一定时间

193

内进行公共基础建设和运营，而企业在公共基础建设过程中采用总承包模式施工，当特许期限结束后，企业将该设施向政府移交。

项目于 2008 年 4 月启动投资人招标，采用"BOT＋EPC"投融资模式，经招标确定中交路桥集团国际建设股份有限公司为项目投资人。经市政府授权，由市交委于 2008 年 8 月与投资人签订项目投资协议，约定由项目投资人根据项目规划和政府相关要求完成项目投资建设和运营管理。项目投资协议签署后，投资人根据项目投资协议的要求成立项目公司，具体负责项目的投资建设和经营管理。经市政府授权，市交委于 2009 年 5 月与项目公司签署项目特许权协议，授予项目公司投资建设和经营管理重庆涪陵至丰都高速公路项目的特许权利。根据协议授权，项目公司开展项目核准、勘察设计、征地拆迁、融资安排、工程建设等项目投资建设工作。

（二）项目实施方案

1）项目为经营性收费公路，收费期限为 30 年；

2）授予项目投资人独占性、排他性的经营管理权利，依法享有车辆通行费收取权、项目沿线规定区域内的服务设施经营权、项目沿线规定区域内的广告经营权等；

3）对投资人的非竞争性承诺，即除招标前国家、重庆市已规划的公路项目外，政府严格控制审批建造与本项目平行、方向相同且构成车辆实质性分流的高速公路，但本项目已达到设计通行能力或出现长期严重堵塞除外；

4）承诺投资人享有重庆市人民政府建设运营高速公路的同等优惠政策；

5）按照高速公路供地政策，以划拨等方式提供项目建设用地的土地使用权；

6）为投资人获取项目投资建设、经营管理相关文件提供支持。

（三）项目公司与总承包人的职责划分

工程建设原则上按照"小业主，大总包"的模式进行管理，项目业主的职责主要由项目公司承担，但部分现场的质量、安全等管理工作由项目公司和总承包人共同负责。项目公司与总承包人、分标段承包人、设计、监理等参建各方权责明晰、统筹协调、各司其职。

项目公司履行项目法人职责，按照股东、董事会赋予的权责，负责项目建设的融资，总承包合同的履约管理，建设项目进度、质量、安全和投资目标的制定和宏观管理，负责拨付资金，以及建设施工环境、征地拆迁政策的总体协调和指导工作。

总承包人作为项目建设过程的管理实施主体，履行总承包合同约定的职责，负责建设过程的质量、安全、进度和投资的具体管理及其与之合作的勘察设计、施工、材料及设备供应等单位协调和履约管理，负责建设施工与环境的具体协调管理，并接受政府主管部门、项目公司的监督、管理。

（四）项目公司工程管理

在前期工程管理过程中，项目公司多措并举，代表和维护着双方股东的共同利益。

1. 实行 EPC 总价包干，有效控制投资成本

在签订 EPC 合同时，对工程建设过程中可能存在的风险进行约定分担和规避，明确"除由于不可抗力原因、重大技术标准、重大建设规模、重大建设范围调整、工程主要材料价格重大变化等造成工程费用增减外，不得要求对总承包价格调整"，可以有效控制投资成本。

2. 临时用地包干使用，有效控制用地数量

临时占地费用按单列费用供承包人包干使用，数量以批复的初步设计文件概算中临时用地数量为准，单价以发包人与地方政府签订的最终执行价格为准。只有因不可抗力原因，或与初步设计相比重大技术标准、重大建设规模、重大建设范围调整等造成工程临时用地的增加，才可通过变更对包干数量进行调整。

3. 引进设计监理，优化施工设计

由于采取 EPC 模式建设，为保证总承包单位进行设计优化，满足项目业主的功能要求和初步设计的技术标准，在设计单位完成施工图初步设计后，项目公司委托设计监理对图纸进行审查，取消不必要设计，优化不合理设计，对工程建设项目设计阶段和实施阶段的投资进行有效控制。

4. 建立工程量清单台账，做好建设费用控制

项目公司委托相关咨询公司进行编制和建立工程量清单台账，总承包

人对建立的工程量清单台账进行复核确认，作为工程计量支付的依据。一是减少中间计量的工作量，便于计量支付，加快支付进度；二是有利于编制施工计划，反映工程进度；三是有利于工程变更管理，避免工程量交叉；四是有利于控制项目投资；五是有利于做好工程决算工作。

5. 建立变更调配金制度，做好项目投资控制

项目公司在合理分配总承包方合同价时，合理设置变更调配金制度，以确保项目顺利开展，保障项目投资控制。变更调配金的来源主要有设施与初设之间的投资差异、按正常分配专项后总承包合同价的结余、后续工程的变更或合理化建议的结余、总承包统筹管理带来的结余以及其他额外来源。

（五）总承包人具备项目整体管理能力

与传统项目管理模式相比，BOT+EPC 模式将发包人分段招标时对各实施阶段增加的管理与实施费用，以及因发包人管理招标的投资增加、竣工日期延长等风险，与总承包人共担，强化风险识别，降低风险等级。同时，该模式下的项目投资管理和成本控制要求更加精细化，以满足投资股东双方的效益目标。

总承包商承担工程项目的设计、采购、施工、试运行服务等工作，并对承包工程的质量、安全、工期、造价全面负责。在项目全寿命期中担当传统招标模式中"建设单位"的角色。EPC 工程总承包管理的本质是要充分发挥总承包商的集成管理优势，需要总承包商强大的融资和资金实力、深化设计能力、成熟的采购网络，以及争取施工技术精良的专业分包商的资源支持和有效监控等。

三、收费公路 PPP 项目政策解读

实践中，由于公路收费机制比较完善，拥有良好的市场需求，因此我国已经有大量收费公路 BOT 项目，在高速公路领域的 PPP 项目实践经验丰富。而关于收费公路的规范也比较完善。

2004 年 9 月 13 日，国务院发布《收费公路管理条例》，条例包括收费公路建设和收费站设置、收费公路权益的转让、收费公路的经营管理和法律责任等内容，与一般 PPP 模式的政策相比，条例属于行政规范，效力层

级高，是我国收费公路领域的重要规范，也是收费公路采用 BOT 模式建设运营的主要依据，但实施过程中也存在暴露部分问题。因此交通运输部负责《收费公路管理条例》的修订，于 2015 年 7 月 21 日发布《收费公路管理条例》（修订征求意见稿）对公众公开征求意见，征求意见稿鼓励社会资本参与收费公路的投资建设，对特许经营公路的收费权、收费标准和收费期限等内容均有详细的规定。《收费公路管理条例》修订施行后，将推动收费公路领域 PPP 模式的应用。

2008 年 8 月 20 日，交通运输部、国家发展改革委、财政部发布《收费公路权益转让办法》，对我国境内的收费公路收益权转让进行规范，办法属于部门规章，包括收费公路权益转让条件、收费公路权益转让程序、转让收入使用管理及收费公路权益转让后续管理及收回等内容，对参与收费公路项目投资的社会资本而言，收费公路权益转让办法对于收费公路权益转让事项的规定，规范了社会资本在收费公路项目中的退出机制，对保障社会资本在收费公路项目中的权益具有重要的意义。

2015 年 2 月 18 日，交通运输部发布《交通基础设施政府与社会资本合作等模式试点方案》（交政研发〔2015〕26 号），在山东、安徽、四川等省开展交通基础设施政府与社会资本合作等模式试点，方案包括总体要求、主要任务、实施步骤和保障措施等内容，通过试点方案构建项目遴选机制，完善政府与社会资本合作运作模式，创新交通基础设施投融资新机制。

2015 年 4 月 20 日，财政部、交通运输部发布《关于在收费公路领域推广运用政府和社会资本合作模式的实施意见》（财建〔2015〕111 号），实施意见鼓励社会资本通过 PPP 模式参与收费公路投资建设和运营维护，按照市场化原则由社会资本参与收费公路项目，政府逐步从"补建设"向"补运营"转变，坚持公开透明，规范运作的基本原则，规范收费公路 PPP 项目的操作流程，并完善公路收费、土地等政策。

高速公路项目是收费公路的领域之一，社会资本参与我国收费公路项目的实践经验丰富，关于收费公路的特许经营的规范比较完善，在政府大力推动 PPP 模式应用的背景下，随着《收费公路管理条例》的修订施行，社会资本利用 PPP 模式参与收费公路建设将大有可为。

四、项目法律问题分析

BOT 模式是指社会资本参与基础设施和公用事业项目建设，特定期限内负责基础设施和公用事业项目的运营，向项目法律问题分析社会提供公共服务的一种方式，而 EPC 是指公司受业主委托，按照合同约定对工程建设项目的设计、采购、施工、试运行等实行全过程或若干阶段的承包。通常公司在总价合同条件下，对所承包工程的质量、安全、费用和进度负责。BOT + EPC 模式是指政府向社会资本授予特许经营权，允许其在一定时间内进行基础设施和公用事业建设和运营，而社会资本在基础设施建设和公用事业建设过程中采用总承包施工模式施工，BOT + EPC 模式，以 EPC 总承包商为中心，业主不再有传统项目管理中的控制权。总承包商除接受业主的质量监管外，是项目建设管理的核心层，有足够的自主权。基于我国关于 PPP 模式的法律规范政策，有必要对 BOT + EPC 模式在基础设施和公用事业领域的应用的法律问题进行分析。

（一）BOT + EPC 模式下的招标问题

首先，项目选择社会资本的方式和适用的法律，目前我国的招标采购领域由《招标投标法》和《政府采购法》分别进行规范。选择社会资本的方式，根据《招标投标法》第三条："在中华人民共和国境内进行下列工程建设项目包括项目的勘察、设计、施工、监理以及与工程建设有关的重要设备、材料等的采购，必须进行招标：（1）大型基础设施、公用事业等关系社会公共利益、公众安全的项目；（2）全部或者部分使用国有资金投资或者国家融资的项目；（3）使用国际组织或者外国政府贷款、援助资金的项目。前款所列项目的具体范围和规模标准，由国务院发展计划部门会同国务院有关部门制订，报国务院批准。法律或者国务院对必须进行招标的其他项目的范围有规定的，依照其规定。"高速公路建设属于大型基础设施，因此必须进行招标，项目实施机构可以采用公开招标或邀请招标方式选择社会资本。而《政府采购法》第二十六条规定政府采购可以采用公开招标、邀请招标、竞争性谈判、单一来源采购和询价等方式进行采购，其中公开招标是政府采购的主要采购方式。而且高速公路 PPP 项目包括工程建设和运营的内容，政府采购范畴包括货物、工程或服务等内容，因此将高速公路 PPP 项目纳入政府采购内容中的工程或服务，直接影响高速公路 PPP 项目选择社会资本的程序的法律的适用。一般而言，高速公路 PPP 项目的工程部分是整个项目的主要内容，政府引入社会资本的主要目的是兴建高速公路，因此高速公路 PPP 项目一般政府采购的工程范畴。根据《政府采购法》第四条："政府采购工程进行招标投标的，适用招标投标法。"以及《政府采购法实施条例》第七条："政府采购工程以及与工程建设有关的货物、服务，采用招标方式采购的，适用《中华人民共和国招标投标法》及其实施条例；采用其他方式采购的，适用政府采购法及本条例。"政府采购工程项目，若采用招标投标方式的，则适用招标投标法。高速公路 PPP 项目在我国的实践经验丰富，项目的边界条件、收益水平及融资方式等清晰明确，因此高速公路项目一般采用公开招标的方式选择社会资本。故适用招标投标法的相关规定选择社会资本，若采用竞争性谈判、竞争性磋商等其他方式选择社会资本的，适用《政府采购法》仍存在法律上的障碍，因为高速公路项目一般将使用者付费确定为项目的收益机制，使用者付费的项目一般不涉及政府财政性资金的使用，故不属于《政府采购法》第二条规定的"使用财政性资金采购依法制定的集中采购目录以内的或者采购限额标准以上的货物、工程和服务的行为"，但政府采购法律规范体系外，其他法律规范对于非招标的采购方式无相关规定，因此如何保证《政府采购法》和《招标投标法》及相关规范的衔接，是我国在大力推广 PPP 模式的应用的过程中面临的重要法律问题。

其次，项目招标的次数。根据上述分析可知，高速公路 PPP 项目一般适用《招标投标法》的相关规定，采用招标方式选择社会资本。而在选定社会资本后，社会资本必须选择施工单位进行项目的建设，高速公路项目属于大型基础设施，故依据《招标投标法》的规定，选定项目的施工单位也必须进行招标。即选择社会资本和施工主体需进行两次招标。但根据《招标投标法实施条例》第九条规定"已通过招标方式选定的特许经营项目投资人依法能够自行建设、生产或者提供"，可以不进行招标。而特许经营，根据《基础设施和公用事业特许经营管理办法》，是指政府采用竞争方式依法授权中华人民共和国境内外的法人或者其他组织，通过协议明确权利义务和风险分担，约定其在一定期限和范围内投资建设运营基础设施和公用事业并获得收益，提供公共产品或者公共服务。而特许经营适用于能源、交通运输、水利、环境保护、市政工程等基础设施和公用事业领域，高速公路项目属于交通运输领域，而且高速公路的经营必须经过政府的许可，因此高速公路 PPP 项目必须获得项目的特许经营权，因此高速公路特许经营项目可以仅进行一次招标。BOT＋EPC 模式下，在选定社会资本作为项目的建设运营主体时也确定了项目的总承包方，即选定的社会资本具备项目施工总承包的能力，因此采用 BOT＋EPC 模式的特许经营项目，只需进行一次招标。

综上，我国高速公路适用 PPP 模式引入社会资本的，一般采用招标方式选择社会资本，而采用 BOT＋EPC 模式的高速公路项目，根据《招标投标法实施条例》的规定，仅需进行一次招标。

（二）高速公路项目的"唯一条款"

实践中，高速公路项目通常具有三种付费机制：一是使用者付费项目公司直接向高速公路使用者收费；二是政府按使用量付费：政府根据高速公路的实际使用量、即车流量向项目公司付费，车流量越大，付费越多；三是政府按可用性和绩效付费：政府根据项目公司提供的高速公路是否达到合同约定的可用性标准来付费，并在此基础上根据项目公司的绩效设定相应的扣减机制。如果项目公司未能保证高速公路达到供公众使用的标准，政府将根据不达标高速公路的长度和数量以及不达标所持续的时间等，从应当支付给项目公司的费用中作相应扣减。由于高速公路项目容易区分确定，因此我国高速公路一般采用使用者付费确保项目收益。而使用者付费机制下高速公路的车流量对项目公司的收入有直接影响，因此政府与社会资本合作的过程中，都对项目的车流量进行约定，而保证项目车流量的重要条款是高速公路项目的"唯一条款"。

唯一性条款是 PPP 模式下高速公路项目中的重要条款，因为高速公路的收益直接取决于过往车辆的通行量，而且高速公路项目先期投资成本大、回收周期长，如果项目附近有性能和技术条件与本项目类似、但免费或收费较低的可替代路线，将会严重影响项目公司的成本回收及合理收益的获得，从长远来看，不利于调动社会资本的投资积极性。因此，为保证项目建成通车后项目公司有稳定的收入，项目公司在前期需要认真研究路网规划，对是否有可代替的路线以及如果存在这些路线将会对项目收益产生怎样的影响进行详细评估。在合同谈判阶段则要求政府作出相关承诺，即承诺项目期限内不在项目附近兴建任何竞争性的道路，并控制公路支线岔道口的连接，使项目公司保持较高的回报率，以避免过度竞争引起项目公司经营收益的下降。在重庆涪陵丰都高速公路项目中，《项目实施方案》对投资人作出非竞争性承诺，即除招标前国家、重庆市已规划的公路项目外，政府严格控制审批建造与本项目平行、方向相同且构成车辆实质性分流的高速公路，但本项目已达到设计通行能力或出现长期严重堵塞除外，故重庆涪陵丰都高速公路项目有设置唯一条款，对于保障项目的收益回报水平具有重要的保障措施。

（三）BOT + EPC 模式项目的监督管理

采用 BOT + EPC 模式的高速公路项目中，实践中一般由选定的社会资本出资设立项目公司，负责项目的建设运营事项，即社会资本是项目公司的股东，通过行使股东权力实现对项目的管理控制，并通过股权收益分享机制获取投资回报。而且社会资本在被授予项目特许经营权时，同时被确定为项目建设施工的总承包商，因此社会资本也是项目的施工方，负责项目的施工建设。

故在项目的施工建设过程中，社会资本方作为施工主体是项目公司的股东，容易造成项目公司对工程施工建设的质量、进度等事项的监督目标落空，而且政府或其授权的项目实施机构有对项目实施监督的权利，实践中必须综合考虑项目公司股东、公司治理结构和政府监督方式的设置。以重庆市红岩村桥隧项目为例，项目采用 BOT + EPC 模式，社会资本由融资机构和施工企业组成联合体中标，项目的融资由融资机构负责，其对项目公司实行绝对控股，而重庆市政府授权的重庆城建控股（集团）有限责任公司代表政府出资，施工企业以管理入股，三者组建项目公司，施工企业是项目的施工总承包，负责项目的施工建设，该项目的监督管理主要通过项目公司章程实现，即在项目公司章程中对公司治理机制和表决机制特别约定，以实现对涉及工程质量、进度等事项的监督管理。此外，政府可以通过与项目公司签订特别的监督管理协议，实现对项目公司及项目施工建设等事项的监督管理。

采用 BOT＋EPC 模式的高速公路项目，作为施工总承包的社会资本可能是项目公司的控股股东，在社会资本负责施工建设的过程中，社会资本可能利用控股地位，损害项目公司的利益，给项目公司造成损失，项目公司可以根据《公司法》第二十一条："公司的控股股东、实际控制人、董事、监事、高级管理人员不得利用其关联关系损害公司利益。违反前款规定，给公司造成损失的，应当承担赔偿责任。"请求社会资本承担赔偿责任。

（四）高速公路项目期限

PPP 项目的经营期限，是指政府授予社会资本运营的期限，在实践过程中，项目期限的确定主要是在政府编制项目实施方案的过程中确定，确定项目期限的主要因素包括：政府所需要的公共产品或服务的供给期间；项目资产的经济生命周期以及重要的整修时点；项目资产的技术生命周期；项目的投资回收期；项目设计和建设期间的长短；财政承受能力；现行法律法规关于项目合作期限的规定。

此外，根据项目运作方式和付费机制的不同，项目合作期限的规定方式也不同，常见的项目合作期限规定方式包括以下两种：一是自合同生效之日起一个固定的期限；二是分别设置独立的设计建设期间和运营期间，并规定运营期间为自项目开始运营之日起的一个固定期限。两种合作期限规定方式的最主要区别在于：在分别设置设计建设期间和运营期间的情况下，如建设期出现任何延误，不论是否属于可延长建设期的情形，均不会影响项目运营期限，项目公司仍然可以按照合同约定的运营期运营项目并获得收益；而在规定单一固定期限的情况下，如项目公司未按照约定的时间开始运营且不属于可以延长期限的情形，则会直接导致项目运营期缩短，从而影响项目公司的收益情况。

在高速公路项目中，根据《收费公路管理条例》第十四条规定："收费公路的收费期限，由省、自治区、直辖市人民政府按照下列标准审查批准：（1）政府还贷公路的收费期限，按照用收费偿还贷款、偿还有偿集资款的原则确定，最长不得超过 15 年。国家确定的中西部省、自治区、直辖市的政府还贷公路收费期限，最长不得超过 20 年。（2）经营性公路的收费期限，按照收回投资并有合理回报的原则确定，最长不得超过 25 年。国家确定的中西部省、自治区、直辖市的经营性公路收费期限，最长不得超过 30 年。"故高速公路项目期限一般不得超过 25 年，国家确定的中西部省、自治区、直辖市的经营性公路收费期限，最长不得超过 30 年。重庆涪陵丰都高速公路项目属于国家确定的范围的经营性公路，则该项目的特许期限最长为 30 年，实际也是 30 年。而且根据《收费公路管理条例》，高速公路项目的特许经营期限是固定期限。

（五）BOT＋EPC 模式的借鉴价值

重庆涪陵丰都高速公路项目的成功建设和运营，是重庆市对"BOT＋EPC"模式进行的一次有益探索，通过将 BOT 和施工总承包方式结合，有效地提高了项目公司内部的沟通效率、工程建设进度，工程建设成本也得到有效控制。自此，重庆市高速公路开始了"BOT＋EPC"建设模式的广泛应用。通过项目的实施可知，采用 BOT＋EPC 模式的重庆涪陵丰都高速公路项目具有如下借鉴价值。

1. 管理效率的提高

BOT＋EPC 模式，以 EPC 总承包商为中心，业主不再有传统项目管理中的控制权。总承包商除接受业主的质量监管外，是项目建设管理的核心层，有足够的自主权。EPC 建设模式下的设计、采购与施工界面间的协调工作由传统的外部接口转变为内部接口，加快了现场解决问题的能力。同时，项目公司人员能最大化精简，只需要少部分高素质人员。

2. 制衡约束的加强

首先是过程制衡，是 BOT＋EPC 模式下高速公路建设项目注重项目的全寿命周期管理。作为投资主体的业主，负责工程项目的策划、设计、融资、建设管理、运营管理等全过程的工作。

其次是权力制衡，在 BOT+EPC 模式下组建的项目公司不再像传统模式下的项目公司直接对建设项目进行管理，而是将具体事务转移交给总承包商进行管理，其主要工作转变为质量的监管与确认、设计条件的认可、采购行为的认可、现场的外部协调、费用的确认与重大变更的签认以及提交场地等，从而较好的回避了工程量及费用变更风险。

最后是利益制衡，在 BOT+EPC 模式下，建设项目中的一些股东同时也承担项目总承包的任务。因此，总承包商在实施项目时会站在业主的角度思考问题，激发其管理动力，充分挖掘其项目管理的潜力，使承包商在项目实施中变被动为主动，在项目管理上有利于项目的整体利益。

（六）BOT+EPC 模式主要比较优势

1）在限额以内进行设计、施工、采购，从而更加有效地控制投资，由比较先进的"固定单价"承包模式提高到更加先进的"固定总价"的合同模式。确定项目施工合同的价格，可以较为准确的确定项目成本，从而准确确定项目的特许经营的期限和项目的盈利水平，既保证项目的公益特性，又保证社会资本的合理收益。

2）设计单位与施工单位无缝连接，设计单位作为总承包商的一个部门，在设计阶段与施工单位共同对项目建设提出更为合理的设计方案和施工方案，从而减少施工阶段的设计变更；总承包商作为投资人，为使项目尽快投入运营、产生效益，采取更为合理的施工组织，合理缩短建设工期，尽可能避免"工期马拉松、投资无底洞"的现象；承包人参与到项目实施阶段的项目管理和使用阶段的项目管理，在建设过程中不再单纯追求建设阶段的收益，转而站在工程项目全寿命周期的角度，增加节约投资的动力。

3）总承包商以项目整体利益为出发点，通过对设计、采购和施工一体化管理，对共享资源的优化配置、大型专用设备的提供以及各种风险的控制为项目增值，总承包商对影响工程造价的大宗材料可统一招标采购，从而降低采购成本。

4）总承包商参与项目的运营，会更加重视施工质量，降低运营阶段的养护成本。

5）EPC 工程又称"交钥匙"工程，投资方只提出建设方案、标准，不必投入大量的人力、物力到项目管理中。

6）总承包商作为投资人，具有为项目融资的性质，进而分担了传统投资人的投资风险。

7）可以充分发挥总承包单位的统筹协调能力。

案例二：H 市环卫一体化 PPP 项目

一、案例运行情况

H 市是一座富有海滨自然风光的南方城市，而脏乱差的环境卫生却与之格格不入。H 市环卫一体化 PPP 模式，是借助城市"双创"活动推开的，于 2015 年 7 月正式启动。所谓环卫一体化 PPP 模式，是指基于 H 市环卫综合一体化，政府与社会资本通过竞争性磋商，实行中长期的股权合作，政府按照服务质量支付服务费用的一种政社合作模式。具体而言，环卫一体化 PPP 项目通过政府与社会资本合作成立项目公司，由项目公司承接辖区内的环卫管理和服务，包括清扫保洁、垃圾收运、公共厕所运营、环卫设施建设与管理，实现"扫、收、运、处"无缝链接的全覆盖式的环卫作业、环卫服务与环卫治理等一体化。H 市通过环卫一体化 PPP 项目，力图促进各部门之间的沟通协调，提高环卫管理水平和服务质量，解决长期以来环卫功能配套落后问题，构建 H 市"大环卫"格局，切实推进公共服务的供给侧改革。H 市环卫一体化 PPP 项目覆盖了 XY 区、LH 区、QS 区和 ML 区等所有市辖区，全市清扫保洁面积约 6 248 万平方米，水岸线约 160 千米，针对主次干道、背街小巷、城中村、墙到墙等全面实施机械化清扫，人机结合常态化。首先，就政社合作而言，H 市保税区开发建设总公司作为政府方代表，与 H 市市政市容委、各区政府、各社会资本方分别签订 H 市环卫一体化 PPP 项目协议，政府以国有资产评估作价方式入股，与社会资本方成立项目公司。其中，政府资产入股占 30%，社会资本占 70%，形成多元投资、多方参与的管理体系。其次，就资源投入而言，截至 2016 年 8 月 30 日，四家项目公司已到位注册资金约 2 亿元，总投入经费约 6 亿元。人员方面，各项目公司全员接受原环卫员工共 7 281 人，扩招 3 477 人，现共有员工 10 758 人。设施方面，全市新增各类环卫大型机械作业车

449 辆，各类垃圾桶约 13 864 个，新建环卫基地 3 个，环卫机械作业率由 19% 提升至 60% 以上。再次，就项目合同而言，社会资本方向政府提供总金额为 1 200 万元的履约保函，以确保经营期内合同的有效性。15 年合约期满后，社会资本方向政府无偿移交项目设施资产。政府主要的责任是授予社会资本方特许经营权，并协助社会资本方做好环卫基地选址、融资、注册的文件，以及每个季度对环卫服务情况进行监督考核并打分，根据打分结果向社会资本方支付相应的服务费用。最后，就服务模式而言，H 市环卫一体化通过转变政府职能，改变原有作业模式，实行"管干分离"，解决环卫服务中的界限不清、职责不明等问题。同时，融入先进服务理念，积极引入互联网手段，启动环卫智慧云服务系统，大幅度拓宽作业范围，切实提高了环卫服务质量和管理效率。

二、案例存在的主要风险

第一，不可抗力风险。

H 市环卫一体化 PPP 项目中的不可抗力风险分为可控的和不可控的两种。H 市是台风、风暴多发地带，此类事件是可控的不可抗力风险。在 2013 年春节"万绿园灯展"、2015 年"府城镇换花节"、2016 年"莎莉嘉"台风、每年一度的"三角梅花展"和端午节"洗龙水"等紧急事件或重大节日庆典中，社会资本方都能迅速组织员工，短时间内恢复环卫正常状态。面对可控的不可抗力风险（如台风），政府可以通过最低成本有效管理风险并转移风险。然而，面对其他随机性的重大自然灾害或者事故时，社会资本方能否从容应对便无法保证。在 H 市环卫一体化 PPP 项目中，发生不可控的不可抗力风险时，一般由社会资本方承担突发应急事件、大型检查、重大活动等的环卫应急保障。政府则将大部分风险无条件转移到社会资本方。由于社会资本方在签订契约前可能存在隐瞒信息的情况，政府无法预知社会资本方实际的风险承担能力，当未来发生风险时政府也就无法把握社会资本方的反应与行动。同时，合同中不可抗力事件的处理程序缺失，单单依靠社会资本方制定的紧急预案，缺乏必要的风险保障制度，不可抗力风险很难得到有效防范。

第二，诚信风险。

PPP 项目签订的契约具有长期性，政府和社会资本方要维持长久的合作关系，诚信是其基础和前提。但是，契约的不完全性可能导致双方背离契约内容。在契约执行过程中，如果缺乏相应的惩戒和赔偿机制，一旦某一方失信，则另一方将处于弱势地位，很难维护自身利益，进而使 PPP 项目难以为继。环卫一体化 PPP 合同的不完全性导致诚信风险有两个：一是环卫服务范围和服务价格的变化。时间跨度较长的特许经营期内，必然会出现环卫服务面积或者数量的变化以及服务价格的调整，这也是不完全契约的特点之一。当环卫服务范围和价格变化，主动权掌握在政府方，社会资本方难以追求利益最大化。政府部门的目标是最大多数人的最大利益，以及解决公共服务供给的资金短缺问题，而社会资本方的目标是自身利润最大化，二者之间的张力必然存在。政府的公益性和社会资本的逐利性实难调和，在未来不可预见且理性有限的情况下，双方违背承诺的道德风险不可避免。二是政府和社会资本方信息不对称。在 PPP 项目中，由于资产专用性的存在，双方将处于一种双边垄断的关系状态。社会资本方可能利用其信息优势，对政府部门"敲竹杠"，如利用掌握的信息和专用性资产，来要挟政府部门提高服务费以获取更大利润。当然，政府也可利用其信息优势，不断地修改合同，对社会资本方提出更高要求，通过政策或体制改革来干预社会资本方的经营管理，从中谋取利益。信息不对称造成双方失信行为，不仅损害了各自的利益，严重时甚至威胁到 PPP 项目的稳定运行。

第三，财政风险。

财政风险是指因政府对没有营利性的 PPP 项目进行财政上的直接或间接补贴或支持，导致项目失败或违约，进而对政府财政造成巨大负面影响。H 市环卫一体化 PPP 项目的财政风险，主要体现为财政支出的可持续问题，政府信用担保方面的问题未凸显。数据显示，2014 年 H 市环卫局支出总计 2.59 亿元，2015 年 7 月实施 PPP 项目后政府每年支付总额达 8.99 亿元，与 2014 年环卫支出相比翻了三倍。截至 2016 年 8 月 30 日，四家项目公司已到位注册资金约 2 亿元，总投入经费约 6 亿元，收到政府拨付的服务费约 3.33 亿元，占应拨付服务费的 57.62%，政府项目服务费因故无法按时全部拨付。可见,在 H 市 PPP 项目中,政府财政支付能力的可持续已存在困难,PPP 项目的财政风险已初显端倪。同时,社会资本方也将面临巨大的资金风险,即 H 市环卫一体化 PPP 合同并未提及政府延迟或无力支付费用时,如何解决资金问题。经营期内,社会资本方若未履行合同义务,则政府有权兑取 1 200 万的履约保函。若政府违约不支付服务费用或者一再拖延付费时间,社会资本方没有任何保障机制。社会资本方垫付的大量资金将难以回收,进而造成 PPP 项目公司内部资金短缺,影响 PPP 项目的正常运作。

第四,运营风险。

就 H 市环卫一体化 PPP 项目而言,契约双方在长期运营过程中主要存在设备、人员、效率等方面的风险。从环卫设备方面来看,PPP 项目长期运营,对大型机械更新换代、工具配置、基础设施建设及维修、智能平台升级、技术开发等方面都有要求。合同中指明"项目公司自行承担投资、融资及运营维护",然而目前出现诸多问题,如京环公司、京兰公司、玉禾田公司出现转运站运力不足、垃圾分离处理设施不配套等问题,龙马公司出现环卫基地不足现象。从环卫人员方面来看,由于"项目公司必须无条件全员接收原有人员",出现了劳资关系处理、运营管理模式优化、员工培训等问题。如龙马公司存在事业编工作人员、原环卫大队外派人员等人力资源的聘用、晋升等突出问题,且一直未能解决。从环卫服务效率方面来看,H 市环卫 PPP 项目面临较大的监管难题,即无法对政府和社会资本方进行长期有效的监管,目前合同中只规定了环卫服务的监管机制。总之,H 市 PPP 项目的运营困难重重,长久下去可能会激发双方的矛盾,进而降低环卫服务质量和服务效率。

一般而言,当 PPP 项目运营存在缺陷时,契约双方需通过再谈判签订协议。在再谈判过程中,拥有专用性资产的社会资本方极有可能会出现敲竹杠行为,增加再谈判过程的话语权和谈判力。事实上,从 H 市签订的 PPP 项目合同来看,解决运营过程中出现的矛盾和争端的手段是"本着相互谅解、信任、平等互利的原则充分协商",以及"向协议履行地有管辖权的人民法院提起诉讼"。PPP 合同条款中未建立"再谈判"的具体规则和方法,再谈判机制的缺失为项目运作埋下了深深的隐患,政府可能会在后续谈判中拖延，社会资本方将面临政府决策冗长的困境，进而加剧运营风险。

三、PPP 项目风险的规避策略

（一）建立健全风险分担机制

政府与社会资本方的风险分担主要是通过权利义务的界定和付款机制的确定来实现的。健全的 PPP 项目风险分担应包括初步识别风险、风险谈判、风险跟踪和再分配等阶段。初步识别风险主要由政府主导，聘请专业咨询机构进行科学有效的分析评估，初步判断可控风险和不可控风险。风险谈判需要根据社会资本方的抗风险能力、实际收益率、财政的长期承受能力等确定风险分配和风险补偿价格明确权利义务边界、交易条件边界、履约保障边界和调整衔接边界，双方达成一致后签订契约。谨防政府和社会资本方由于信息不对称产生的投机行为，导致交易成本增加。风险跟踪和再分配需要契约双方及时跟踪项目，观测项目发生的变化以及未识别的风险，运营风险很大一部分需要在这个阶段解决。建立健全再谈判的规则和方法，根据风险的性质，将风险交由最有控制力的一方承担，实现最优的专业性投资水平。结合 H 市 PPP 项目的情况来看，目前最关键的是风险识别和风险谈判环节脆弱，专业评估机构的引入缺乏竞争，风险评估缺乏专业性，相关规则不健全。为此，需要在建构相关制度的基础上，分步完善风险分担机制。

（二）合理配置剩余控制权

剩余控制权是应对 PPP 项目不确定性和契约不完全性的一种手段。通过事前将产权分配给投资重要的一方，可以提高其再谈判过程中的外部选择权和谈判力，减少敲竹杠行为，实现次优效率。在 H 市环卫一体化 PPP 项目中，剩余控制权归政府所有，因此政府的谈判力更强，得到的利益就越多，但是这种分配方式减少了社会资本方的投资激励和外部选择权，无法实现整个 PPP 项目投资激励最大化。最优剩余控制权配置，受到初始契约中规定的收益分配方案、合作双方的技术因素、双方对合作最终收益预期的乐观程度等制约，不同情形下的最优剩余控制权配置范围应有差异。在 H 市环卫一体化 PPP 合同中，合理配置剩余控制权，需根据不确定性事件的类型和影响程度，在政府和社会资本方之间做动态调整，剩余控制权不应由政府或者社会资本方单独拥有。社会资本方的技术水平、管理能力、投资额度，以及政府的协调、监管能力都应作为剩余控制权配置比例的参考依据。

（三）完善法律法规体系

通过完善的法律法规体系，规定 PPP 项目中政府和社会资本方的权利和义务，弥补签订契约时信息不准确以及难以观察而导致的契约不完全问题。完整的效力高的法律法规体系是具有规模效应的，有助于解决 PPP 项目中多次出现而未解决的问题。H 市 PPP 项目面临的制度缺失，实际上属于国家层面的法律体系建构问题。当前，我国缺乏一套针对 PPP 项目的完整的法律法规体系，现有的规范性文件法律效力不高，虽然国家发展改革委颁布了《PPP 项目通用合同指南》，财政部发布了《PPP 项目合同指南（试行）》，但仍局限在部委的层面，操作程度低，PPP 合同的法律建构缺乏国家层面的统一性和权威性。鉴于此，国家应自上而下统一设计完善的法律体系，对现存法律矛盾的地方进行研判，结合 PPP 实践的经验教训以及外部大环境慎重修正，保证法律体系的延续性和可预见性。在法律层面上，对政府部门和社会资本方需要承担的责任和风险以及相应的利益，做出明确的界定和统一的规范。PPP 项目的法律法规既要充分维护缔约双方的权益，又要约束双方的行为，减少不完全契约中存在的风险，提高合作双方的积极性，体现 PPP 模式的"风险共担"和"利益共享"原则。

（四）积极引入第三方干预和赔偿手段

第三方干预是指在 PPP 合同违约时引入法庭或其他法律中介机构的法律干预。该做法借鉴了法经济学的理念，即通过法律干预弥补 PPP 合同不完全性导致的效率损失。如果因为缔约成本导致契约不完全，国家可以采用司法解释或判例提供某种"默许规则"，以规范当事人的行为。如果因为预见成本太高，可以区分缔约方是否做到信息对称，信息不对称则第三方机构（如法庭）可以强迫信息优势者披露信息，信息对称则第三方机构需在激励和保险之间权衡。另外，在司法干预的基础上，可以适当引入赔偿手段弥补契约不完全。如果因为证实成本太高，由于缔约方不可能把不可证实的条款写入契约，则应基于可证实的条款强制执行。目前，H 市 PPP 项目缺乏第三方的法律干预机制和赔偿机制，尤其在 PPP 相关法律法规尚不完善的情况下，H 市 PPP 项目合同的不完全急需第三方干预和赔偿手段来弥补。

（五）加强对项目的有效监管

由于不完全契约容易产生投机行为，执行过程中存在额外的变化，另外 PPP 项目关涉公众利益甚或民生福祉，涉及金额巨大，所以监督环节至关重要。为此，H 市政府需完善监管体系，建立公正独立的环卫监管机构，划清职责界限，有效防控契约不完全导致的风险。一要构建包括政府、社会资本方、公众和第三方机构的多元化监管主体。有效监管的最好方法就是公开透明，服务主体接受多方监督，实现权力分享，提高服务质量。二要明确监管内容。PPP 项目的监管内容主要包括服务质量和资金使用。为此，需要建立合理的环卫质量标准和环卫价格调整机制，正确评判社会资本方在履约中的行为，及时跟进政府付费情况，保障社会资本方的利益。三要优化监管手段。H 市政府可以结合现有的智能环卫管理平台，运用大数据处理技术和云计算，建立统一的公共服务绩效管理系统，打通政府、社会资本方及公众的沟通渠道，推进大数据支撑下的环卫治理变革。

案例三：宁波市厨余垃圾处理厂 PPP 项目

一、案例简介

宁波市厨余垃圾处理厂 PPP 项目位于宁波市鄞州区洞桥镇宣裝村，项目占地面积约 72 728 平方米。项目公司注册资本 9 020 万元，其中政府出资 3 608 万元，占股 40%，首创环保企业出资 5 412 万元，占股 60%。同时，政府通过向世界银行贷款的方式，为项目公司提供 100% 的机械设备投资及 50% 的土建部分投资，另外政府还向项目公司提供 CDM 全球碳减排基金贷款 6 000 万元。项目公司自行承担责任、风险和费用，负责厨余垃圾处理厂的设计、融资、投资、建设、运营和维护。

该项目的回报机制为"垃圾处理服务费＋沼气提纯收入"。项目公司的投资回报主要体现政府支付的垃圾处理服务费，并以最低保底量保证了项目公司正常运营前提下的收回投资及合理的回报。

二、案例 PPP 项目的风险分析

垃圾处理 PPP 项目建设运作成本高，投资回报期长，风险贯穿项目的全生命周期。宁波市厨余垃圾处理厂 PPP 项目的风险可以分为融资风险、设计和建造风险、运营和维护风险、移交风险、法律和政策风险。该项目在合同中对于风险做了明确的分配规定，一方面政府和社会资本可以平衡自身的权利和义务；另一方面也避免了项目过程中出现风险，发生纠纷等情况。

（一）融资风险

垃圾处理项目的资金投入较大，回报周期较长，政府和企业的融资较为困难，同时也存在融资用途的风险。宁波市政府通过向世界银行贷款缓解了大部分资金压力，社会资本则承担了基本的筹组资金、再融资及汇率波动等风险。

（二）设计和建造风险

在设计和建造风险方面，政府和社会资本做到了风险共担。开工许可/批准、落实建设用地、建设审批手续等风险主要由政府来承担。成本超支、质量欠佳、工期延误、不可抗力等风险主要由企业承担。二期技改实施实践、环境影响评价风险由企业和政府共同承担。

（三）运营和维护风险

由政府和社会资本共同承担共享共建设施、垃圾供应质量、通货膨胀、调价协议之外的价格变动风险。政府需要单独承担垃圾供应数量方面的风险；社会资本单独承担运行管理费用超支、维护费用超预算、材料供应风险、技术落后、环境污染方面的风险。

（四）移交风险

如果移交时没有达到移交条件或移交费用超预算则由社会资本承担。

（五）法律和政策风险

如果项目实施期间出现地方政策变更、项目提前收归国有、政府换届、政府部门调整和负责人变更、超出地方政府权限、税收政策变更等风险由政府来承担。

三、城市垃圾处理 PPP 项目的风险分担措施

（一）项目风险分担原则

一是合理考虑项目的定价机制以及市场风险管理等方面因素，政府部门需要充分了解社会资本方的偏好，制定双方满意的合同。二是对于企业承担的市场风险以及不确定风险应当设置上限，需要在价格机制上给予一定的倾斜，如果项目收入无法覆盖成本，政府可以进行合理的补贴。三是

在风险分担时应考虑由最合适的一方来承担，政府和企业共同发挥各自的优势，相互配合实现效益最大化。

（二）项目风险分担措施

1. 提供融资支持，明确风险承担，降低融资风险

一方面考虑到社会效益，企业融资容易出现融资难、融资贵的现象，政府应该借助政府信誉提供融资帮助，可以大大降低融资风险。另一方面，针对融资用途方面，可以将融资风险纳入 PPP 项目合同体系。宁波市厨余垃圾处理厂 PPP 项目作为公共项目，具有较大的社会效益。为了降低融资成本，宁波市政府向世界银行贷款的优惠，以及 CDM 全球碳减排基金贷款的优惠政策，为企业减轻了融资的压力。

2. 主动协调，企业配合，有效破除建造风险障碍

本项目交易结构设计由政府向项目公司提供厨余垃圾，解决了项目公司的后顾之忧，相当于政府承担了行业管理的工作，也符合风险由最能控制它的一方承担的原则。城市垃圾处理 PPP 项目周期较长，一般工期会分一期、二期甚至更多，因此在设计和建造阶段存在许多风险。政府与企业应该发挥各自优势，相互配合。政府应负责协调相关部门，尽力满足项目建设的条件。企业也应当积极配合公共部门，提交履约保函和维护保函等由金融机构出具的可兑付承诺，购买保险，明确保险等费用的承担方式。

3. 优化绩效考核机制，合理降低运营和维护风险

PPP 项目中，可以在项目初始阶段建立有效合理的绩效考核机制，依据考核结果进行垃圾处理服务费等的调整，达到运营和维护风险的管控。本案例项目对考核办法进行了创新，一方面，项目与类似项目对相关技术要求的考核相同，在运营质量考核机制中包含了废渣、废水、恶臭及渗滤液的污染排放标准考核；另一方面，对项目创制了循环经济考核标准，即整个厨余垃圾项目应以减量和循环经济为目标，最大限度地减少出厂的固体废弃物量。另外本项目还将沼气销售收入计入项目收入，在收取垃圾处理服务费的同时，将沼气销售收入作为项目公司收入的补充。沼气价格与

垃圾处理服务费单价挂钩，使项目公司无论沼气供应数量或价格改变，项目运营均能获得适当回报。

4. 签订合同，评估可行性，科学管控移交风险

移交风险主要是指企业方在工程后期未达到移交条件或者移交费用超过预算，可以通过合同约定规避风险，例如在城市垃圾处理项目移交前先进行可用性评估等。另外，为促进移交时项目能达到投标要求，可以在项目招标时采用分阶段招标，在第一阶段先对投标企业以及设计方案进行审核，获得多份优质的设计方案，降低政府甄别企业的成本，获得良好效果，为项目后续阶段成功招标奠定基础，在充分发挥社会资本专业优势的同时也一定程度规避了移交风险。

5. 动态调整合同体系，提供法律和政策保障

法律与政策风险主要依靠政府承担。城市垃圾处理项目一般在某一地区实施，且实施周期较长，容易遇到政府换届、相关部门调整、法律法规变更等风险，为了保证项目的顺利落地，可以对合同体系进行动态调整，例如在合同中签订补充协议，将城市垃圾处理项目的各方面风险考虑其中，合理应对。

6. 建立严密的项目监督制约体系，解决风险监管问题

政府是规则和合同的监管者，其积极促进垃圾处理 PPP 项目的一大原因就是为了解决项目的监管问题。当项目的实施者从政府变成企业，在监管方面则大大降低了难度。政府可以安排人员长期驻厂监管，同时要求企业及时披露项目进度，也可以安排第三方对项目的各项指标进行检测，确保项目运行中的环境安全，建立严密的项目监督体系。

四、案例结果

宁波厨余垃圾处理厂通过 PPP 项目合作方式，全面加快垃圾处理设施建设，同时也是使用世行贷款资金的 PPP 项目，该项目还被财政部评为第二批 PPP 示范项目，宁波市率先成为国内具有完备分类设施的城市。目前

我国城市垃圾处理产业仍处于发展阶段，不论在技术上还是合作模式上仍有较大的发展空间，PPP 模式的引入，可以进一步加快垃圾处理，提高社会效益。政府在和社会资本进行磋商谈判时，应该考虑到垃圾处理产业未来的发展方向和趋势，避免社会资本复制以往粗放的服务方式，继续提供低水平的服务。

案例四：老港生活垃圾卫生填埋场四期工程案例研究

一、案例概述

（一）案例背景

老港生活垃圾处置场是目前上海市唯一的生活垃圾集中处置场所，处理上海市约 90%的生活垃圾。市废弃物老港处置场，长期以来一直是事业单位。老港 1～3 期填埋场处理技术极其简单，仅是一个简易的堆埋场。环卫局仅仅拨付日常经营维护的开支，每吨垃圾处理费用仅为 10 元。老港生活垃圾处置场 1～3 期填埋区面积 3.3 平方千米，处置能力为 6 000～7 000 吨/日，实际填埋处置量为 9 000 吨/日，处置负荷已达原设计能力的120%。

目前，前 3 期已停止运营，进入土地"休耕"。为解决未来十余年全市生活垃圾的出路，老港生活垃圾处置场需要进行四期工程扩建。

（二）案例概况

1. 招商

市容环卫局和城投作为招商主体，旨在通过国际招商，引进拥有一流垃圾处理技术和丰富运营管理经验的国际投资者，将老港四期建设成高标准、生态型的卫生填埋场，并推进垃圾处理项目投融资体制的改革。市容环卫局、城投委托国际集团资产经营和申信进出口组成的联合体为招商代理，并提供财务顾问服务。2002 年 12 月开始招商前期准备，由市容环卫局、城投及招商代理组成招商工作小组，并聘请天达律师事务所为法律顾问、城市建设研究院为技术顾问。前期的准备工作包括与潜在投资者进行初步接触，向政府有关部门进行政策咨询，与世界银行就 APL 贷款项目进行咨询，召开招商方案政策咨询会等。

在此基础上，工作小组确定了招商的边界条件（包括合同结构/特许权协议、垃圾处理费结算主体和方式、项目公司组织形式、项目招商围），制定了切实可行的招商方案，并获得了政府部门对本项目的有关批文。

2003 年 4 月 9 日至 4 月 30 日，招商代理发布招商文件。共有来自德国、英国、法国、和新西兰等国家的 7 家国际投资竞争人购买了招商文件。之后，组织了数家投资竞争人进行现场踏勘，并进行了投资建议书澄清和补充通知工作。由于受到 SARS 的影响，原定于 6 月 30 日的投资建议书截止日延期至 8 月 12 日。在 8 月 12 日，ONYX 联合体和惠记联营两家投资竞争人向招商代理递交了投资建议书。

2003 年 8 月经过投资建议书的评审、竞争性谈判、确定候选投资人和签约性谈判，最终 ONIX 与泰富组成的联合体胜出。2003 年 12 月 23 日，市容环卫局和项目公司股东代表草签了特许权协议及相关附件，环卫局、城投和项目公司签订了垃圾供应与结算协议，城投环境和项目公司外方股东签署了合资合同和章程。

2. 项目内容

ONIX 与泰富组成的联合体与市城投环境组成合资公司，负责老港生活垃圾卫生填埋场四期的投资、设计、建设、运营和维护。特许期 20 年，是我国首个垃圾处理特许经营项目。特许经营期满后项目公司资产无偿移交给政府。市容环卫局、城投与项目公司签订垃圾供应与结算协议，并委托城投在垃圾收费机制尚未建立之前支付相关垃圾处理费用。

3. 项目结果

老港四期位于市南汇区老港镇东侧的东海滩涂边，占地面积 3.36 平方千米，距市中心约 60 千米。项目设计生产能力为日处理城市生活垃圾 4 900 吨。老港生活垃圾填埋场四期项目于 2005 年 2 月 21 日进入试运行，主体工程于 12 月 12 日正式投入运营。施工建设进度比较快，工程质量明显高于老港三期。

项目投资总额 5.1 亿元，资本金占投资总额的 1/3 为 1.7 亿元。原股权结构的安排是外方组成一个联合体共同拥有 60%股份，中方 40%，后要求外方单独入股，城投环境在项目公司中占 40%的股权，ONYX、泰富各占 30%。事实证明，这一股权结构好于最初的安排。因为泰富是财务投资者，单独入股后更关注企业的财务效率，容易和中方的立场一致。合资公司每月召集执行董事会解决营运中的问题。公司运营中设置避免关联交易的机制：公开信息、统一招标。项目资产属于城投。城投环境派出一名副总经理和财务总监。外方董事会人数过半，并派董事长和总经理。项目运营至今基本达到了引进资金、技术和先进管理经验的目标。

二、案例分析

（一）明确项目目标

1. 招商目标清晰

老港四期招商的目标为引入资金特别是先进技术和管理经验；降低垃圾处理的综合成本；推进垃圾处理市场化改革。从目前运营来看，这一目标基本达到。

2. 政府支持力度不足

招商准备阶段存在招商主体的变更问题。开始是环卫局，准备了前期报批的项目建议书、可行性报告等；市发展和改革委批复后城投才介入。环卫局原意是让城投环境成为单纯的筹资机构，由其筹得建设所需资金后交给环卫局运作，环卫局之下有可以实际操作的实体，如振环实业、环境集团。但城投环境经过努力成为项目管理主体，与环卫局产生利益冲突。因此，环卫局对该项目不太积极。立项阶段获得市政府授予环卫局代表政府授予特许权的批文和建委同意国际招商的批文。但是基础设施的特许经营牵涉政府的各个部门，例如立项是发改委、行业主管是环卫局、监管除环卫局还有环保局、建设是建委。由于没有一个专门的牵头部门，因此缺乏协调机制。并且该项目在招商文件初稿出来后，曾向建委和财政局等局委咨询，没有获得反馈。由于政府支持力度不够，招商仍有较大的不确定性。例如，税收问题，招商时未能拿到税务机关确认税收优惠的批文，从而使增值税、所得税上的优惠能否实现尚为未知数。

因此，招商时《垃圾供应与结算协议》确定的垃圾处理价格公式的假设条件是：营业税及附加 5.55%；适用的企业税率为 15%，享受生产性外商投资企业从开始获利年度起企业所得税"两免三减半"的税收优惠政策；享受国家鼓励类外商投资项目投资总额进口自用设备和按照合同随设备进口的技术及配套件、设备的关税和进口环节增值税的免征。在此基础上规定如果将来税收优惠政策变动，则相应调整垃圾处理费。

从项目目标来看，初始目标较为明确，实施结果也基本达到目标。但由于政府支持力度不够，加大了项目谈判过程的难度，并为将来的执行留下了不确定性。

（二）合理招商程序

1. 有明确的项目小组工作模式

国际集团资产经营公司和申信进出口组成招商代理，并提供财务顾问服务。同时聘请天达律师事务所为法律顾问，城市建设研究院为技术顾问。这些外部顾问的聘请根据以往经验经过比选产生。但是在聘用外部顾问方面经验不足，可供选择的中介机构和专家有限。

2. 用竞价方式确定合理价格

通常，政府考虑此类项目时常会以政府运营费用（Public Sector Comparator，PSC）比较，即由政府设计、建造、运营、维护所需金额）作为参考依据，但是由于政府没有相关的历史数据，无法精确评估、测算老港四期项目的PSC。

同时，该行业竞争性不足，也难以获得市场数据，所以只是将老港垃圾处理费同焚烧（以江桥成本为标准）、生化成本相对比，评估后初步确定垃圾处理费，然后通过投标方的报价确认最后的价格。虽然，政府没有通过PSC定价，但考虑到行业的特殊性以及对投标人竞价的充分利用，最后确定的价格比较合理。

（三）获得最好交易

1. 竞争性的招标程序

招标中竞争压力一直保持到最后。惠记和ONIX两个联合体正式投标。当招商只有两个竞争对手时，竞争往往最为激烈。根据投资建议书评审结果及招商须知相关规定，招商主体决定 ONYX 和惠记两家投资者联合体共同通过专家评审进入了竞争性谈判阶段。通过此次成功谈判，大幅降低了垃圾处理价格。之后在确定候选投资人和签约性谈判中，确定 ONYX 联合体为第一候选投资人，并获得了更为有利的垃圾处理价格。

2. 公正的评审程序

有比较完善的资格预审制度、竞争性招标程序以及系统的招标评级体系，程序较为公正。评审委员会从经验和业绩记录、技术能力和管理能力、财务能力、法律要求等四方面对所有投资竞争人的资格进行综合评估。整个评审过程符合国际招商程序，但是为保留灵活性，没有给出每个投资竞争人的具体分值，只由专家出具推荐意见。没有采用打分的方式主要是考虑到业专家较少，比较敏感，评分容易泄漏引起争议；同时案例又具有行业特殊性，本身科学估分就比较困难。专家组经过综合评定，ONIX 因技术更先进、报价更优因而胜出。从程序而言，无论是项目组的组成、工作模式还是定价、整个招商过程，比较好地贯彻了"公平、公正、公开"的三公原则；但也反映出国垃圾产业专业化的专家太少、经验不足；国际招商的评标体系还有待细化和完善。

三、风险管理合作

（一）项目公司承担设计、建设和不能如期完工的风险

项目公司提交设计方案，负责所有建设工程，并承担建设工程的所有费用和风险。为此，项目公司提供价值 1 000 万美元的履约保函。

项目公司导致的完工延误，自垃圾填埋场预期的商业运营日至实际的完工日期，每延误一天项目公司应向市市容环卫局支付违约金。

（二）项目公司承担运营、维护和移交的风险

项目公司始终按谨慎工程和运营惯例及有关质量保证和质量控制要求运营垃圾填埋场。在移交日，项目公司应保证垃圾填埋场处于良好的运营状况，得到良好维护。项目公司保证在移交日期后十二个月，修复由材料、工艺、施工或设计缺陷或特许期项目公司的任何违约造成的垃圾填埋场出现的缺陷或损坏，及环境污染责任。为此，中标投资者提供 500 万美

元的维护保函。

（三）融资风险由各方股东分别承担

该项目的融资包括两部分：世界银行 APL 贷款和商业贷款。其中，世界银行 APL 贷款是世界银行贷给中国政府用于环保项目的特定贷款，是信用贷款；因此要求项目资产归政府或者政府控制的国有企业所有。

虽然项目公司承担还本付息的责任，但由城投子公司——城投环境作为转贷主体，同时市政府指定市城投代表其拥有项目资产（垃圾填埋场及构成和运营垃圾填埋场的所有资产、设备和设施的所有权），因此城投实际承担该部分贷款的融资风险。根据协议，商业融资风险由 ONIX 和泰富分别承担，ONIX 从招商银行获得了 1.5 亿循环信用贷款承担了该部分商业融资的风险。在该项目中，APL 贷款具有第一优先权。APL 贷款需要先行垫资，再将贷款划拨过来。并且 APL 贷款的数额并非垫资的 100%。APL 贷款偿还期限是 15 年，而城投环境为了减少风险，作为转贷人和合资公司签署的《转贷协议》规定外方的还款期限是 10 年，即到 2016 年。同时规定 ONIX 和泰富不可以质押贷款。并且外方投资者的母公司还要为其提供担保。另外，为规避风险，建立单独的"垃圾账号管理"，由城投环境监控垃圾处理费的进出。综上所述，在该项目中，城投环境通过一系列安排有效地管理了融资风险。

（四）环卫局承担垃圾供应的风险，但对保底垃圾运送量承诺不足

每年 12 月 1 日前，市市容环卫局应向项目公司提交"垃圾交付三年计划"，以及下一运营年度的垃圾分月预计供应量；在需供应垃圾的月份首日十天前，提交垃圾交付月度计划。当初规定的保底垃圾运送量为 3 500 吨/日，基本保证 4 900 吨/日。而按照市日均垃圾生产量以及老港 1～3 期的垃圾处理状况，政府对保底垃圾运送量承诺不足，使建设规模的不确定性加大；如果政府承诺每日 4 900 吨，则报价还可更低。

（五）重要法律变更的风险由双方共担

在任何连续三年期间，由于发生一项或多项法律变更使项目公司资

本投资增加相当或超过 50 万美元，或任何一年期间一项或多项法律变更造成经常性支出增加相当或超过 50 万元人民币，该数额每年递增 10%，增加额经审计机构认定，市市容环卫局应给予足够的补偿，或单独以附加费或延长特许期的方式进行补偿，或以附加费与延长特许期相结合的方式给予补偿。如果造成相反的影响，则调整垃圾价格或缩短特许经营期。

案例五：伦敦市的收费公路项目

一、背景介绍

M6 收费公路项目是英国第一条采用 PPP 模式的使用者付费公路，特许经营期长达 53 年。该项目的背景是随着经济的发展，英国西米德兰兹郡城市圈中的 M6 公路主干道已拥挤不堪，急需修建一条支路以缓解交通压力。由于政府资金不足，1991 年英国政府决定尝试采用 PPP 引入社会资本，计划通过设计—建造—融资—运营—维护（DBFOM）特许经营方式实现项目产出。

二、项目范围和特点

M6 收费公路是一条长 27 英里（44 千米）的六车道公路支路，建设总投资约 17 亿美元（约 9 亿英镑）。项目的北端在斯塔福德郡坎诺克附近与 M6 免费公路的 11 号交叉口相连，沿线经过斯塔福德郡、西米德兰兹郡和沃里克郡，连通已有的 A5、A38 和 A446 公路，南端在沃里克郡的科尔斯希尔与 M6 免费公路东部的 4 号交叉口相连。通行车辆在公路两端的收费站或沿途出口收费站付费，费用根据车辆类型和通行时段而有所差异，可采用现金、信用卡以及电子收费（ETC）等方式支付。

三、主要参与方

政府方由公路局代表，特许经营方为米德兰公路有限公司，由麦格理基础设施集团占股 75%，高速公路公司占股 25%。其他参与方包括技术顾问方、建设方、运营方和融资方，分别由不同的公司担任。

四、风险分担与管理

项目面临的主要风险包括公众反对、设计标准变更以及其他潜在风险。为了应对公众反对，PPP 各参与方进行了积极协调，并做出了让步和妥协。特许经营方根据协议满足了反对者提出的一些条件，并承担相应增加的成本。此外，考虑到周边社区环境的敏感性，M6 收费公路还特别使用了降噪沥青，以降低公路对周围居民生活环境的影响。特许经营合同签署 8 年后项目才开始设计和建造，其间公路局修订了多项道路设计标准，因此对项目成本造成了影响。由于这些修订由公路局造成，与特许经营方无关，所以设计标准变更导致的风险，由政府方即公路局承担。

实践效果：伦敦市的 M6 收费公路 PPP 项目是一个复杂的案例，涉及多方面的风险和挑战。项目的成功实施得益于各方面的努力和对风险的有效管理。

案例六：新加坡的电子道路收费系统

一、背景介绍

新加坡的电子道路收费系统是全球著名的交通管理项目之一。通过在道路上安装电子收费系统，实现了对车辆的快速收费，避免了传统人工收费可能带来的拥堵和延误。同时，新加坡的电子道路收费系统采用差异化收费策略，根据不同时间段和路段的交通流量情况进行动态调整，以实现更加精确的交通管理和收费策略。这种模式为其他国家和地区的交通管理提供了有益借鉴。

二、项目内容

ERP系统的实施显著降低了新加坡最繁忙地区的交通量，尤其是在高峰时段。系统的灵活性允许政府根据实际交通状况调整费率，以保持道路使用效率。例如，如果某个路段的平均车速低于设定的最低速度阈值，ERP费率会上调；反之，如果车速超过最高速度阈值，费率则会下调。这样的动态定价策略有助于维持道路的畅通。尽管ERP系统的月收益较人工ALS/RPS系统有所下降，但这表明ERP更多地被视为一种交通管理工具，而不仅仅是增加收入的手段。ERP系统的收益用于维护和改进交通基础设施，以及支持公共交通发展。

三、风险分析

新加坡的电子道路收费系统（ERP）是全球最早实施的此类系统之一，自1998年投入使用以来，它在管理交通拥堵方面发挥了显著作用。然而，任何复杂的技术系统都存在一定的风险，以下是一些可能的风险点：

1）技术故障：ERP 系统依赖于先进的技术，包括电子收费闸门、车载单元和中央控制系统。任何这些组件的故障都可能导致收费过程中断，从而影响交通流量。

2）欺诈风险：虽然 ERP 系统设计有防欺诈功能，但仍然存在被绕过或操纵的可能性。例如，如果车载单元被非法篡改或复制，可能会导致不当收费或逃费。

3）隐私问题：ERP 系统收集了大量的车辆行驶数据，这可能引发隐私担忧。如果这些数据被未经授权的第三方访问，可能会侵犯个人隐私。

4）不平等收费问题：ERP 系统的收费基于车型、日期、时段和道路拥挤状况。这可能导致某些驾驶者认为收费不公平，尤其是当他们认为自己并未造成严重拥堵时仍需支付高额费用。

5）社会接受度：尽管 ERP 系统有效地减轻了交通拥堵，但它也可能遭到一部分公众的反对，特别是那些觉得收费过高或对低收入群体负担过重的人。

6）依赖性风险：随着时间的推移，驾驶员可能变得过于依赖 ERP 系统来管理交通，这可能导致在系统发生故障时交通混乱。

7）经济影响：ERP 系统的运营和维护成本较高，如果这些成本未能得到妥善管理，可能会对公共财政产生压力。

8）法律和合规风险：ERP 系统的实施和运营需要遵守一系列法律和规定。任何违规行为都可能导致法律诉讼和信誉损失。

以上风险需要通过持续的技术升级、严格的监管、透明的收费政策和有效的沟通策略来加以管理和缓解。新加坡政府已经意识到这些风险，并可能正在采取措施来减轻它们的影响。

四、实践效果

新加坡的 ERP 系统是一个成功的交通管理工具，它通过实时调整收费标准来优化道路使用，有效缓解了交通拥堵问题。这个系统的灵活性和动态定价策略为其他城市提供了宝贵的经验，特别是对于那些面临严重交通拥堵问题的城市。

案例七：高速公路 PPP 项目

一、背景介绍

中国的高速公路 PPP 项目是近年来中国基础设施建设的重点项目之一。在这个项目中，政府与私营部门合作共同建设和运营高速公路，私营部门通过收取用户的道路使用费来获取收益。在定价决策模型方面，中国的高速公路 PPP 项目采用了基于交通流量和收费弹性的定价模型。通过分析交通流量和用户的收费弹性，确定了合理的收费标准，以平衡运营收益和用户负担，提高道路利用率，确保项目的可持续发展。

二、风险分析

中国高速公路 PPP 项目在近年来得到了快速发展，成为基础设施建设的重要模式之一。然而，这些项目也伴随着一系列的风险，主要包括以下几个方面：

1）融资风险：高速公路 PPP 项目通常需要巨额的初始投资，而融资难度大是一个常见问题。项目融资管理不足可能导致资金短缺，影响项目的顺利进行。

2）政策和法律风险：政策变动或法律不明确可能会影响项目的稳定性和预期收益。例如，政府对 PPP 项目的支持度变化、税收政策调整等都可能对项目造成影响。

3）运营风险：高速公路的运营效率和服务质量直接关系到其收入水平。运营不善可能导致收入低于预期，增加项目的财务压力。

4）市场风险：交通流量的波动直接影响高速公路的收入。如果实际交通流量低于预期，可能会导致项目收益下降。

5）技术和施工风险：高速公路建设涉及复杂的技术和工程管理，施工延误或成本超支都可能对项目造成负面影响。

6）环境和社会风险：高速公路建设可能会对当地环境和社区产生影响，如噪声污染、生态破坏等，这些都可能引发社会争议和额外成本。

针对上述风险，可以采取一些对策，如加强项目管理、优化融资结构、提高运营效率、合理预估交通流量、采用先进的技术和施工方法、以及积极履行社会责任等，以确保高速公路 PPP 项目的成功实施和长期可持续性。

三、实践效果

各级政府高度重视 PPP 模式，认为它对于转变政府职能、整合社会资源、提升公共服务供给、优化营商环境等具有深远意义和积极影响。政府的支持态度为项目的高效推进奠定了坚实的基础。中国高速公路 PPP 项目在提高效率、降低成本、分散风险和促进社会资本参与方面取得了一定的成效。然而，每个项目都有其独特的特点和挑战，因此在未来的实践中，还需要不断探索和完善 PPP 模式，以适应不断变化的经济和政策环境。

案例八：澳大利亚的收费公路项目

澳大利亚是一个地域广阔的国家，交通基础设施的建设和维护一直是该国政府的重点任务。在澳大利亚的一些大城市，尤其是悉尼、墨尔本和布里斯班等地，交通拥堵已成为居民生活和经济发展的主要问题之一。为了缓解交通拥堵、改善交通效率，并增加道路运营的收入，澳大利亚政府实施了一系列的收费公路项目。澳大利亚的收费公路项目通常采用的是电子收费系统，即通过安装在车辆前挡风玻璃上的电子收费标签来进行收费。这种系统可以实现快速、便捷的收费，避免了传统的人工收费方式可能带来的拥堵和延误。同时，电子收费系统还可以根据不同时间段和路段的交通流量情况，动态调整收费标准，以实现更加精确的交通管理和收费策略。在澳大利亚的收费公路项目中，定价决策模型通常基于道路使用量和时间差异进行设计。具体来说，高峰时段和高流量路段的收费标准会相对较高，以鼓励车辆选择非高峰时段出行或选择其他交通方式，从而减少交通拥堵。相反，低峰时段和低流量路段的收费标准则相对较低，以鼓励更多车辆选择这些时间和路段出行，平衡交通流量分布，提高道路利用率。

一、实践效果方面

澳大利亚的收费公路项目取得了一定的成效。首先，通过收费公路项目的实施，交通拥堵得到了一定程度的缓解，道路通行效率得到了提高，居民出行更加便捷。其次，收费公路项目还为政府提供了稳定的道路运营收入，一定程度上缓解了财政压力，为后续的交通基础设施建设提供了资金保障。然而，澳大利亚的收费公路项目也面临着一些挑战和问题。首先，部分居民对收费公路项目的接受程度不高，认为收费标准过高，影响了他们的出行成本。其次，收费公路项目的收费标准设计存在一定的争议，部分路段的收费标准过高或过低，导致了一些不公平现象。另外，收费公路项目的运营和管理也存在一定的困难，包括收费系统的故障、违规逃费等问题，需要政府进一步加强监管和管理。

二、案例间的异同点分析

通过对以上几个案例的比较分析，我们可以发现它们在定价决策模型、实践效果以及影响因素等方面存在一些异同点。首先，在定价决策模型方面，各个国家和地区的收费公路项目采用的定价策略和方法有所差异，取决于当地的交通状况、政府政策以及社会文化背景等因素。例如，伦敦市的收费公路项目主要采用的是拥堵收费定价模型，旨在减少交通拥堵和空气污染；而新加坡的电子道路收费系统则更注重差异化收费，根据不同时间和路段的交通流量进行动态调整。其次，在实践效果方面，各个案例都取得了一定的成效，但也存在一些问题和挑战，需要进一步加以解决。例如，收费标准的公平性、收费系统的运营和管理等方面存在一些难题，需要政府和相关部门加强监管和管理。虽然各个国家和地区的收费公路项目在定价决策模型方面存在一定的差异，但都面临着一些共同的挑战和局限性。首先，定价决策模型的建立和应用需要考虑多种因素的综合影响，包括市场需求、交通流量、成本结构、政府政策等。其次，定价决策模型的有效性和可持续性需要不断进行监测和评估，随时调整和优化收费标准，以适应交通状况和市场需求的变化。另外，定价决策模型的建立和应用也需要政府和相关部门的积极参与和支持，确保项目的顺利。虽然各个案例的定价决策模型在实践中取得了一定的成效，但也存在一些局限性和不足之处。例如，定价决策模型需要考虑到多种因素的综合影响，包括市场需求、政府政策、收费标准等，这需要政府和私营部门加强合作和沟通。另外，定价决策模型的建立和应用还需要充分考虑到社会公平和公正的因素，避免因收费标准过高或过低导致的不公平现象。

案例九：兴延高速公路项目

随着京津冀一体化国家战略的推进实施，北京市新建第二机场的建设，以及随着京津冀一体化国家战略的推进实施，北京市新建第二机场的建设，以及2019年延庆世园会和2022年世界冬奥会等重大活动即将在北京举办，未来几年北京市配套建设的高速公路投资规模预计将超过千亿元，新建高速公路里程将超过1 000千米，政府投资压力突显。兴延高速公路作为2019年延庆世园会重要的配套交通基础设施之一，工程投资规模大、施工难度大、施工工期十分紧张（理论工期约40个月），必须于2015年10月份进场施工才能保证按时完工。因此，为了保障项目的如期顺利完成，北京市交通委于2015年1月份启动了兴延高速公路PPP项目相关的准备及招商工作。目前，兴延高速公路PPP项目已按照公开招标的方式成功完成社会投资人的招商工作，成为北京市乃至全国通过公开招标确定社会投资人的第一条高速公路PPP项目，并达到了社会投资人的经济利益和政府方的公共利益双赢的结果。

一、项目概况

兴延高速公路位于京藏高速公路以西，呈南北走向，南起西北六环路双横立交，北至京藏高速营城子立交收费站以北，路线全长约42.2千米，最长隧道5.7千米，桥隧比超过70%项目总投资约143亿元。投资规模大兴延高速公路总投资约143亿元，单千米造价达到3.4亿元。若按原有"政府资本金＋债务性融资"的融资方式，北京市政府当期的财政资金负担过重。

1）施工难度大。兴延高速公路全线共设隧道5处/11座，单洞累计全长31千米。其中，3千米以上的特长隧道3处，最长隧道5.7千米，而之前北京市最长的京藏高速潭峪沟隧道长度仅为 3.5 千米。

2）施工工期紧张。2019 年 4 月份正式开幕，兴延高速由于延庆世园会将于 2019 年 4 月份正式开幕，兴延高速公路作为世园会重要的配套基础设施之一，必须于 2018 年 12 月底之前完工，绝对工期低于 40 个月，工期要求非常严格。

3）经营收入难以覆盖建设运营成本。项目主要收入来源是车辆的通行费，且收入仅能平衡约 14.5 亿元的建设期银行贷款，若无其他经营收入来源，无法满足投资人对投资回报的要求。

二、实施模式

针对该项目投融资及建设运营工作的诸多难点，北京市交通委结合该项目的特点，及市财力当前可负担的资金投入，对项目运作模式及实施方案进行了详细的设计。模式比选为保障项目操作模式科学合理，北京市交通委对 PPP 模式，及传统政府融资平台债务性融资模式进行了比选。

PPP 模式相比较传统建设模式——是符合国务院及北京市政府鼓励社会资本参与基础设施投资、建设及运营管理精神，有利于建立公平、开放、透明的市场规则，营造权利平等、机会平等、规则平等的投资环境；二是降低政府当期资金投入压力，缓解了政府建设期的投资压力；三是在政府和社会资本间合理分配项目风险，有效控制了政府的债务风险。同时，PPP 模式下政府在运营期的运营补贴较多，但通过充分的市场竞争，可有效降低运营补贴。最终确定了采用 PPP 模式进行投资、建设及运营管理。

采用 PPP 模式，北京市政府授权市交通委作为实施机关，市交通委通过公开招标的方式选择社会投资人。首发集团作为政府出资人代表，与社会投资人共同成立项目公司，首发集团不参与分红。市交通委通过 PPP 合同授权项目公司投资、建设及运营管理兴延高速公路，期限届满移交政府。项目特许经营期内的特许经营权，包括高速公路收费权、沿线广告牌以及加油站经营权。

（一）融资结构

该项目总投资约 143.5 亿元，其中政府按可研批复总投资的 25%出资，约 36 亿元；社会投资人按双方股权比例相应出资，约 37.5 亿元，剩余资金由项目公司负责筹集。采用这种融资结构，这方面满足了项目的最低资本金比例要求，另一方面项目公司可以通过 PPP 协议向银行进行质押贷款，充分发挥了项目公司的融资能力。通过此种方式，政府仅投入了 36 亿元的资本金，撬动了约 110 亿元的社会投资，极大地缓解了政府当期的财政压力。

（二）项目公司股权结构

集团作为政府出资人代表在项目公司中占有一部分股权，使得政府能够按照商业原则参与项目公司日常经营重大事项的决策，降低与项目公司之间的信息不对称性，有利于保障公共利益的最大化；首发集团在项目公司中不分红亦不承担亏损，符合政府提供公共服务和产品应体现公益性的原则，进一步增加了项目对投资人的吸引力，降低了政府风险；考虑到前期资本金投入与后期运营补贴的关系，避免政府运营期财政补贴压力过大，政府股权比例越大，变相降低了社会投资人前期的资金投入，进而降低了运营期的财政补贴压力。

（三）投资回报机制

通过前面的分析，从项目本身现金流可平衡银行贷款的结果来看，该项目平衡自身投资的能力较弱，因此若仅依靠项目本身的经营收益，无法满足社会投资人适当盈利的要求，不具备市场化的条件。因此，为了增强该项目的市场化条件，一方面采用广告牌、加油站等多种经营收入增加项目的现金流；另一方面采用约定通行费标准的方式，由市财力对实际通行费标准与约定通行费标准之间收费收入的差额进行补贴；此外，还通过保底车流量的设计，政府承担了最低需求的风险，适度保障了参与公益性交通基础设施投资企业的利益，提高了社会投资人的参与度。通过以上三种措施，可以有效地保障投资人的预期回收，使得本项目具备了市场化的条件。

（四）风险分配机制

基于政府和社会投资方合作关系的长期稳定性，以风险最优分配为核心。综合考虑政府风险管理能力、项目回报机制和市场风险管理能力等要素，在政府方和社会投资方之间合理进行风险分配。一是由社会投资方主要承担项目的融资、建设、经营和维护的风险；二是对于车流量需求不足的风险，由社会投资方承担，但政府方通过设置最低车流量保障级和最高车流量分成机制，减少社会投资方的风险及暴利；三是对于不可抗力风险，由双方共同承担。

（五）保底车流量

政府和社会资本合作项目应体现风险分担的原则，该项目较大的风险之一就是车流量变化的风险。因此，在方案设计时考虑车流量风险由政府和投资人共同承担，投资人承担一定范围的车流量变化风险，超过一定范围的风险由政府承担。在前期的方案设计中，将保底车流量设置为80%此时项目自有资金内部收益率接近当时长期银行存款利率，基本能满足投资人投资机会成本的要求在后期方案研究过程中，对保底车流量的比例在招标文件中作为加分项，鼓励社会投资人在80%的基础上降低保底车流量的比例，以降低政府兑现最低需求保险的风险。

（六）招商方式

由于高速公路项目属于市场化程度较高的行业，为了保障充分竞争，有效降低政府运营补贴压力，该项目采用公开招标的方式来选择社会投资人。同时，为了保障该项目如期、高质量的完工，由中标的社会投资人直接负责施工建设，以了保障该项目如期、高质量的完工，由中标的社会投资人直接负责施工建设，以节约施工二次招标的时间。因此，在招商强制性资格条件中，要求社会投资人拥有高速公路施工总承包1级及以上资质，并拥有在复杂山区段建设高速公路的经验和业绩，中标该项目的社会投资人直接负责项目的施工建设任务。

（七）招标模式

本项目评标办法采用的是双信封综合评估法。第一信封中对投标人的投融资能力、建设施工能力以及运营能力进行评审；第二信封的评审内容即为基准年约定通行费。由于第一信封和第二信封的分值共同影响最终的评分结果，且每个信封所占比重均为50%两个信封中对最终评分结果影响的敏感性应该是相同的，这样可以防止投标人采用不平衡报价的得分策略，保障更为公平合理的评审结果。

三、投标结果分析

自 2015 年初编制项目实施方案至 6 月发布招标文件以来，北京市交通委对约定通行费报价进行了充分分析研究，为后续通过公开竞争降低约定通行费奠定了良好的基础。

（一）实施方案阶段

经初步测算：当项目收费标准为 0.5 元/车/千米时，约定通行费报价测算值为 1.88 元/车/千米，政府补贴标准为 1.38 元/车/千米，运营初始年（2019年）补贴 5.7 亿元。

（二）招标文件阶段

在确定了该项目的实施模式后，由于实施方案编制阶段项目总投资、贷款利率等参数的变化，对约定通行费标准进行重新测算。最终，以约定通行费报价 1.67 元/车/千米，标准车作为第二信封的控制价，以保障投标人报出基准年约定通行费标准的能在科学合理范围内进行充分、公平的竞争。

（三）投标结果预测

2015 年 8 月 26 日，本项目正式开标，共有 6 家单位递交了投标文件。在开标现场只对各投标人的标前页内容进行公开唱标，我们根据标前页中投资、运营成本等数据，对基准年约定通行费标准进行测算。从总投资的角度看，各家投标人均在招标中费用的基础上进行了下调；从建安费用来看，投资人基本上按照招标文件中给出的建安费用进行响应；从运营费用来看，运营成本报价均低于测算方案中的运营成本；从保底车流量来看，投标人均最大程度响应了保底车流量的优惠加分（下降 5% 即能得满分）；从政府和社会投资人出资金额来看，基本都是按照政府承诺的出资金额上限进行响应。从开标现场得到的信息分析，通过市场化方式招商，该项目切实降低了项目的总投资及运营成本，减轻了后期财政补贴的压力；降低了保底车流量的比例，减少了政府对最低需求承诺的兑现风险。总的来看，通过市场化的方式，较好地满足了市政府提出的降低我市高速公路投资建设及运营成本的要求。

（四）中标结果分析

最终中铁建联合体综合得分位列第一。中铁建胜出的关键因素在于较低 0.88 元/车/千米约定通行费报价，大大降低了政府的补贴费用。其他各投资人各项技术指标亦均在合理范围之内，同样较好地响应了政府提出的各项指标。

四、示范意义

1）该项目是自国家层面力推 PPP 模式，出台了一系列新的相关制度法规以来，全国首例成功招商完成的高速公路 PPP 项目。项目的圆满完成，为今后北京市乃至全国高速公路 PPP 项目的推广，提供了可借鉴的成功案例。

2）该项目是全国首例通过"约定通行费"，在运营期对高速公路运营提供补贴的项目，为全国高速公路投资回报机制开创了新的路径。

3）通过 PPP 模式，十分有效地降低了传统建设模式下的投资及运营成本，约定通行费标准由 1.67 元/标准车/千米的最高控制价，降低到 0.88 元/标准车/千米的中标价，降低了政府的财政压力，充分体现出 PPP 模式提高公共产品及服务效率的优势。

4）该项目的成功实践，对于落实国发〔2014〕60 号文指示精神，推进本市高速公路市场化进程，解决全市高速公路集中建设的资金需求，落实市政府提升运营管理水平、降低投资运营成本的要求，具有重大的现实意义。

五、主要创新点

1）通过保底车流量的设置，避免社会投资人承担过大风险，体现了 PPP 模式风险共担的原则，也提高了项目对投资人的吸引力。同时，在招标文件中将投资人对保底车流量的优化作为加分项，有效地降低了政府兑现最低需求保障的风险。

2）通过设计超额利益分成的机制，避免社会投资人获得过多超额收益，同时减轻了政府财政压力，充分体现 PPP 模式利益共享的原则。

3）为了与招商目标一致（由于工程复杂、工期紧张，采用了"投资—

建设—运营一体化"的模式），本 PPP 项目评标方式采用了双信封综合评估法。通过这种评审方法，有效地避免了投资人恶意低价中标，确保进入第二个信封评审的投标人，具有保障该项目顺利实施的施工组织管理能力，同时又能使约定通行费标准得到充分的竞争。

4）合理的风险分担机制。项目实施方案对项目各类风险进行了详细识别，并分类制定风险分担机制。在对总投资进行控制的基础上，单独考虑征地拆迁的投资控制。

5）现阶段交通运输部尚无此类项目的招标文件范本，本项目招标文件以中华人民共和国交通运输部关于公路工程和经营性公路建设项目的招标文件范本为基础，并结合财政部、国家发展改革委关于政府与社会资本合作相应文件中，对合同文本框架结构及内容说明的指导意见编制而成，在高速公路 PPP 项目领域属于首创。

近年来，随着我国城市化进程的加速和交通需求的不断增加，城市轨道交通建设成为了中国城市发展中的重要组成部分。而在城市轨道交通建设中，公私合作 PPP 模式已经成为一种常见的投融资模式。在这种模式下，政府与民营资本合作，通过市场机制和合同约束，共同承担风险，实现优势互补，提高项目效益。本文将围绕城市轨道交通项目 PPP 投融资模式展开研究，探讨其优劣势和发展趋势。城市轨道交通项目 PPP 投融资模式是指政府主导，公私合作，通过市场机制和合同约束，共同分担风险，实现共赢的一种投融资模式。在这种模式下，政府通常承担市政基础设施的建设责任，而民营资本则通过投资或融资的方式参与项目建设，共同承担项目的风险和收益。在城市轨道交通建设中，政府通常负责项目的规划、审批、用地拨付等工作，而民营资本则负责项目的设计、建设、运营等环节。通过市场机制和合同约束，双方共同承担风险，实现风险分散和效益共享。

1）资金供给多元化。在城市轨道交通项目 PPP 投融资模式下，政府与民营资本共同参与项目建设，能够有效地整合不同的资金来源，满足项目建设的资金需求。政府可以通过政府采购、政府补贴等方式提供资金支持，而民营资本则可以通过商业贷款、债券发行等方式融资，共同承担项目的融资压力，降低融资成本。

2）风险分散。在城市轨道交通项目 PPP 投融资模式下，政府与民营资本共同承担项目的建设和运营风险，能够有效地分散风险，降低项目建设和运营的风险水平。政府通常承担项目的政策风险和市场风险，而民营资本则承担项目的设计风险和施工风险，通过风险分散实现项目风险的有效控制。

城市轨道交通项目 PPP 投融资模式是一种重要的城市发展模式，能够有效地整合资金资源，分散风险，提高效益。在实际应用中，该模式也面临一些挑战，需要政府加强支持、健全市场监管和完善政策法规，提高项目的顺利实施。相信随着我国城市轨道交通项目 PPP 投融资模式的不断深化和改革，能够实现更好的发展和应用。

六、关于高速公路 PPP 项目绩效评价指标体系构建绩效评价

（一）绩效评价主体、对象和段划分

高速公路 PPP 项目一般由政府授权交通主管部门作为项目实施机构，采用公开招标等方式选择社会资本方，政府与社会资本方签订高速公路 PPP 项目合同，由社会资本方独资或者社会资本方和政府方出资代表合资组建项目公司，政府授权项目公司特许经营权，负责项目的建设、运营维护等工作，合作期结束后资产无偿移交给政府。因此，高速公路 PPP 项目绩效评价的主体为政府或其授权的实施机构，绩效评价的对象是社会资本方，绩效评价阶段可划分为建设期、运营期和移交期。

（二）绩效评价目标

1）建设期绩效评价目标。在项目建设期，项目公司负责项目工程的建设管理，依法将工程发包，政府通过行政监管、股东监督等方式参与项目工程建设管理。建设期内，项目公司应确保项目建设工作符合当地环保要求，并且满足质量、安全、工期、廉政和投资目标。其中，工程质量应符合《公路工程质量检验评定标准》，交工验收质量合格，竣工验收工程质量等级为优良；确保不发生有人员伤亡的安全责任事故；确保实现廉政建设零违纪；确保建设投资不超过批复概算。

2）营期绩效评价目标。项目建成通车后进入运营期，项目公司负责

项目运营管理、维修养护和用户服务，确保运营维护期间一切工作符合当地环保要求以及其他相关要求拟建项目及其设施进行经常性、及时性、周期性和预防性养护与维修，保证项目正常使用功能，项目全生命周期内应保持良好的运营和技术状况。

3）移交期绩效评价目标。PPP 项目合作期届满后，项目公司应按照项目合同约定的移交范围、标准和程序等将项目设施移交给项目实施机构或政府指定的其他机构，且不应附加任何形式的第三方权益和债务。移交时应符合《公路技术状况评定标准》等相关规范及 PPP 项目合同约定。

（三）绩效评价指标体系构建

1）建设期绩效评价主要内容。建设期绩效评价包括工程质量、工程进度、工程投资、安全生产、环境保护等主要指标。其中，工程质量主要考察项目质量是否满足规范要求，可从质量管理、质量整改、质量验收三个方面进行评价；工程进度主要考察项目建设进度是否符合 PPP 项目合同约定；工程投资主要考察方案建设资金的使用是否合法合规，可从资金管理、资金使用、工程变更三个方面进行评价；安全生产主要考察施工安全管理是否符合相关规定；环境保护主要考察项目建设是否严格遵守国家、省、市关于环境保护方面的法律、法规、标准及相关政策要求。结合各指标重要程度，建议权重分别为 40%、20%、15%、15%、10%。此外，还可结合工程建设管理受到的国家、省、市相关奖励或通报制定附加奖惩方案。

2）运营期绩效评价主要内容。运营期绩效评价主要运营管理的满意程度。该指标存在一定的主观性，因此建议该指标权重为 5%～10%。

3）移交期绩效评价主要内容。移交绩效评价主要从移交组织、移交质量、移交进度等三方面进行评价。移交绩效评价为一次性评价，在缺陷责任期届满之日前 30 日内进行，依据《公路技术状况评定标准》等相关规范以及 PPP 项目合同约定进行评价，根据移交设施检验报告、项目移交报告、缺陷责任期内维修记录等资料进行综合打分，满分为 100 分，合格为 80 分以上。

案例十：市政道路 PPP 项目案例分析

市政道路主要是指城市道路，即城市供车辆、行人通行的，具备一定技术条件的道路、桥梁及其附属设施。为控制地方政府性债务规模，国务院发布《关于加强地方政府性债务管理的意见》（国发〔2014〕43 号），限制地方政府举债的路径和权限，同时积极推广 PPP 模式。在政府主导下，作为政府传统投融资领域的市政道路也积极探索利用 PPP 模式。据财政部政府和社会资本合作中心披露的信息显示，截至 2016 年 9 月底，列入 PPP 综合信息平台项目库的市政工程项目达 3 700 个，总投资额约 3.42 亿元，其中市政道路 PPP 项目达 616 个，占市政工程项目总数的 16.6%。可见市政道路作为市政工程的二级行业，采用 PPP 模式的项目较多，PPP 模式适用相对成熟。

为进一步规范我国市政道路类 PPP 项目的实施运作，本书拟以安徽安庆市外环北路工程 PPP 项目为例，分析市政道路 PPP 项目实践操作中的法律问题。

一、市政道路 PPP 项目案例简介

安庆市外环北路工程是连接安庆市各规划区域的重要通道，是贯穿城区西北至东南方向的主要干道，起点位于机场大道西侧 500 米，终点位于皖江大道交口，道路设计全长约 14.9 千米（桥隧比为 28.68%），远期规划中，建成的外环北路将与 318 国道衔接，是改善安庆大交通外围格局的核心工程，对进一步拓展安庆城市框架、加快城市建设、打造互通互联的交通体系具有重要的意义。

安庆市外环北路工程 PPP 项目总投资约 19.7 亿元，其中工程建设投资部分控制价约 15.2 亿元，工程建设其他费用约 4.5 亿元。道路等级为城

市主干路，设计时速 60 千米/小时，设计标准轴载为 BZZ-100，荷载等级为城市-A 级。

安庆市外环北路工程 PPP 项目由安庆市住房和城乡建设委员会作为项目实施机构发起，采用设计优化-建造-融资-运营-移交（DBFO）模式进行运作，项目合作期限为 13 年，其中建设期 2 年，运营期 11 年。项目采用政府付费模式，政府付费包括可用性服务费和运维绩效服务费。其交易结构图如下所示：

本项目采用公开招标方式选择社会资本，最终确定北京城建设计发展集团有限公司为中标人，北京城建设计发展集团有限公司与安庆市城市建设投资发展（集团）有限公司（政府方出资代表）按照 88%：12%出资比例设立项目公司安徽京建投资建设有限公司，项目公司注册资本 5 亿元。目前，安庆市外环北路工程 PPP 项目已经签约进入执行阶段。

二、市政道路 PPP 项目政策解析

市政道路 PPP 项目政策解析，是指国务院、国家发展改革委、财政部、住建部等部委制定出台的市政道路类 PPP 模式政策规范，因市政道路属于市政工程的二级子项目，因此关于市政道路 PPP 项目的政策规范主要以市政工程类政策规范为主，相关政策规范具体情况如下：

2014 年 11 月 16 日，国务院发布《关于创新重点领域投融资机制鼓励社会投资的指导意见》（国发〔2014〕60 号），要求推进市政基础设施投资运营市场化，首先是市政基础设施建设运营模式的改变，即推动市政基础设施建设运营事业单位向独立核算、自主经营的企业化管理转变。鼓励打破以项目为单位的分散运营模式，实行规模化经营，降低建设和运营成本，提高投资效益。其次是推动社会资本参与市政基础设施建设运营，通过特许经营、投资补助、政府购买服务等多种方式，鼓励社会资本投资城镇供水、供热、燃气、污水垃圾处理、建筑垃圾资源化利用和处理、城市综合管廊、公园配套服务、公共交通、停车设施等市政基础设施项目，政府依法选择符合要求的经营者。政府可采用委托经营或转让-经营-转让（TOT）等方式，将已经建成的市政基础设施项目转交给社会资本运营管理。

2015 年 2 月 13 日，财政部、住房城乡建设部发布《关于市政公用领域开展政府和社会资本合作项目推介工作的通知》（财建〔2015〕29 号），决定在城市供水、污水处理、垃圾处理、供热、供气、道路桥梁、公共交通基础设施、公共停车场、地下综合管廊等市政公用领域开展 PPP 项目推介工作，通知要求改变以土地使用权等抵押担保、借地方投融资平台发债等途径筹集资金建设市政公用项目的传统做法，吸引社会资本参与市政工程 PPP 项目。通知鼓励优先选择收费定价机制透明、有稳定现金流的市政公用项目，重点推进符合条件的存量项目适用 PPP 模式。示范项目推介过程中，要求明晰 PPP 项目边界，规范 PPP 项目操作流程，同时为顺利推进市政工程类 PPP 项目，通知要求提供资金政策、融资和相关配套政策的支持。

2016 年 6 月 29 日，财政部、住房城乡建设部发布《关于申报市政公用领域 PPP 推介项目的通知》（财建〔2016〕495 号），通知要求省级财政、住房和城乡建设部门负责组织本行政区域内市政公用领域 PPP 推介项目申报工作，在城市供水、污水处理、垃圾处理、供热供气、道路桥梁、公共交通基础设施、公共停车场、城市地下综合管廊，海绵城市等市政工程领域选择优质项目。

2016 年 8 月 10 日，国家发展改革委发布《关于切实做好传统基础设施领域政府和社会资本合作有关工作的通知》（发改投资〔2016〕1744 号），强调在重大市政工程领域推广应用 PPP 模式，要求政府部门在充分认识 PPP 模式的重要意义的基础上，加强项目储备，推进项目联审工作，提高 PPP 项目操作效率，构建合理投资回报机制，保障社会资本合理的收益需求，规范项目实施程序，构建多元化退出机制，切实保障社会资本的权益。

2016 年 9 月 28 日，国家发展改革委、住房城乡建设部发布《关于开展重大市政工程领域政府和社会资本合作（PPP）创新工作的通知》（发改投资〔2016〕2068 号），通知计划选择具有一定 PPP 工作基础、有较好的项目储备和发展空间的中小城市，探索中小城市的 PPP 创新工作。同时鼓励部分省份在市政领域相关行业开展 PPP 创新工作，即开发市政领域市场，打破地域垄断，完善费价机制，设置行业平均基准利润率，支持提高市政产业集中度，完善行业监管机制，形成可复制、可推广的经验模式。

三、市政道路 PPP 项目操作模式

市政道路 PPP 项目操作模式，是指政府部门在推进市政道路 PPP 项目的过程中，基于项目的实际情况选择确定的项目运作机制，参照财政部制定的 PPP 模式政策规范性文件，常见的 PPP 项目操作模式包括委托运营（Operations&Maintenance，O&M）、管理合同（Management Contract，MC）、建设—运营—移交（Build Operate Transfer，BOT）、建设—拥有—运营（Build Own Operate，BOO）、建设—拥有—运营—移交（Build Own Operate Transfer，BOOT）、建设—移交—运营（Build Transfer Operate，BTO）、转让—运营—移交（Transfer Operate Transfer，TOT）、改建—运营—移交（Rehabilitate Operate Transfer，ROT）等。参照《基础设施和公用事业特许经营管理办法》第 5 条："基础设施和公用事业特许经营可以采取以下方式：（一）在一定期限内，政府授予特许经营者投资新建或改扩建、运营基础设施和公用事业，期限届满移交政府；（二）在一定期限内，政府授予特许经营者投资新建或改扩建、拥有并运营基础设施和公用事业，期限届满移交政府；（三）特许经营者投资新建或改扩建基础设施和公用事业并移交政府后，由政府授予其在一定期限内运营；（四）国家规定的其他方式。"即市政工程开展特许经营活动的，一般采用 B/ROT、B/ROOT、B/RTO 以及国家确定的其他方式。

实践中，市政道路 PPP 项目主要采用 BOT 或者 BTO 模式负责实施运作，同时根据风险分配机制的差异，社会资本在 PPP 项目中承担的主要责任和义务也存在差异，以安庆市外环北路工程 PPP 项目为例，政府负责承担外环北路工程的设计工作，通过公开招标选择社会资本后，社会资本负责项目的设计优化工作，最终确定项目采用 DBFO 模式。

四、市政道路 PPP 项目法律问题分析

市政道路 PPP 项目法律问题分析，是指利用 PPP 模式实施运作 PPP 项目，针对市政道路领域的特点，实践中必须予以关注和重视的法律问题。

依托财政部 PPP 项目综合信息平台市政道路 PPP 项目案例检索分析结果，本文主要从市政道路 PPP 项目回报机制、绩效考核以及以政府购买服务方式实施市政道路的分析等内容。

（一）市政道路 PPP 项目回报机制

市政道路 PPP 项目的回报机制，是指政府和社会资本通过 PPP 模式构建长期合作关系，社会资本投资建设市政道路基础设施后，通过运营维护获得投资回报和合理收益。《财政部关于规范政府和社会资本合作合同管理工作的通知》（财金〔2014〕156 号）规定，PPP 项目的回报机制主要有三种类型：政府付费、使用者付费和可行性缺口补助。其中政府付费是指政府直接付费购买公共产品和服务。在政府付费机制下，政府可以依据项目设施的可用性、产品或服务的使用量以及质量向项目公司付费。使用者付费是指由最终消费用户直接付费购买公共产品和服务。项目公司直接从最终用户处收取费用，以回收项目的建设和运营成本并获得合理收益。可行性缺口补助是指使用者付费不足以满足项目公司成本回收和合理回报时，由政府给予项目公司一定的经济补助，以弥补使用者付费之外的缺口部分。

市政道路一般不具备使用者付费基础，属于非经营性项目，回报机制一般采用政府付费方式。参照《财政部关于规范政府和社会资本合作合同管理工作的通知》（财金〔2014〕156 号）规定，政府付费机制下，政府部门通常会根据项目的可用性、使用量和绩效中的一个或多个要素的组合进行付费。其中可用性付费是指政府依据社会资本提供的项目设施或服务是否符合合同约定的标准和要求来付费，可用性付费通常考虑项目设施的容量和服务能力，不考虑项目设施或服务的实际需求，因此可用性需重点关注项目设施或服务的可用性标准，合理界定可用与不可用。使用量付费，是指政府依据社会资本提供项目设施或服务的实际使用量进行付费，此类项目中社会资本一般需承担项目的需求风险，为合理分担政府和社会资本的风险，采用使用量付费的项目一般设置分层级付费机制。绩效付费是指政府依据社会资本提供的公共产品或服务的质量进行付费，绩效付费机制通常与可用性付费和使用量付费机制搭配使用，绩效付费机制需重点关注绩效标准，即需根据项目的特点和实际情况在 PPP 项目合同中约定明确、适当的绩效标准。

在政府付费机制的前提下，根据《政府和社会资本合作项目财政管理暂行办法》（财金〔2016〕92 号）的规定，政府付费 PPP 项目必须明确约定项目具体产出标准和绩效考核指标，明确项目付费与绩效评价结果挂钩。因此市政道路 PPP 项目需合理地设置政府付费机制，以安庆市外环北路工程 PPP 项目为例，项目采用基于项目可用性的绩效考核付费机制，政府通过财政预算支出购买项目可用性以及维持项目可用性所需的运营维护服务，即政府付费包括项目可用性服务费和运营绩效服务费。其中可用性服务费主要是指社会资本以投资建设符合法律规定标准的市政道路为目的，投入的资本性总投入需要获得的服务收入，其中资本性投入包括项目工程建设总投资、融资成本、税费及合理投资收益。运维绩效服务费是指社会资本以维持项目可用性为目的，提供符合规定条件的运营维护服务而需获得的服务收入。运营维护成本主要包括日常养护费用、保险费、其他管理费用等。

安庆市外环北路 PPP 项目创造性地使用"可用性服务费＋运维绩效服务费"的政府付费机制，被广泛推广运用于各地的非经营性 PPP 项目，促进了我国非经营性 PPP 项目的发展，但可用性服务费的定价基准值是项目基本建设成本，实践中比较常见的操作模式是项目建设完毕并通过竣工验收的，由政府部门经审计确定项目的建设成本，根据审计确定的建设成本计算可用性服务费，项目合作期限内可用性服务费一般保持不变，即大部分 PPP 项目设置的可行性标准是项目通过竣工验收，未考虑项目全生命周期的可用性问题。项目运营期内的绩效考核指标集中于运营维护部分，导致可用性服务费所占比例过高，有观点认为此操作模式属于"拉长版"BT，未体现 PPP 模式的核心特征。建议对采用"可用性服务费＋运维绩效服务费"付费机制的 PPP 项目，可考虑将可用性服务费纳入运维绩效服务费，即在项目运营过程中基于项目运维考核绩效支付。考虑政府和社会资本之间分担风险的合理性，可考虑将部分可用性服务费（如 30%）纳入运维绩效服务费。此外，市政道路项目属于市政公共资源，根据《市政公共资源有偿使用收入管理办法》（财税〔2016〕116 号）的规定，对资源相对稀缺、不能充分提供的，或者主要由部分社会资本公众使用的市政公用资源可以有偿使用。市政公共资源有偿使用的前提是政府确定有偿使用市政公共资源项目，市政公共资源有偿使用属政府定价范畴，实践中应符合《价格法》等法律规范，在 PPP 项目中探索市政公共资源有偿使用的，其收入支出应符合《市政公共资源有偿使用收入管理办法》（财税〔2016〕116 号）的规定。

除采用政府付费机制开展市政道路 PPP 项目外，部分地区也积极探索为市政道路 PPP 项目配置经营性资源，保证项目具备部分营业收入，对营业收入不足部分提供财政补贴，即采用可行性缺口补助付费机制。比较常见的资源配备是商业类资源，但此类资源配置囿于我国土地管理方面的限制，实践操作中存在法律障碍。

（二）市政道路类 PPP 项目土地使用权

国有土地使用权的取得方式，根据《土地管理法》第五十四条规定，包括有偿使用方式和划拨方式，划拨方式是指针对特定项目用地，经县级以上政府依法批准，依据《土地管理法实施条例》第二十二条规定，可由市、县人民政府土地行政主管部门向土地使用者核发国有土地划拨决定书，确定 PPP 项目的"用地者"。土地使用权有偿使用方式，根据《土地管理法实施条例》第二十九条规定，包括：（1）国有土地使用权出让；（2）国有土地租赁；（3）国有土地使用权作价出资或者入股。其中国有土地使用权出让方式，参照《城镇国有土地使用权出让和转让暂行条例》第十三条和《招标拍卖挂牌出让国有建设用地使用权规定》的规定，包括：（1）协议；（2）招标；（3）拍卖；（4）挂牌。

参照《土地管理法》第 54 条及《城市房地产管理法》第二十四条规定，城市基础设施和公益事业用地可采用划拨方式提供土地使用权。根据《划拨用地目录》的规定，城市基础设施包括市政道路，因此市政道路 PPP 项目可采用划拨方式提供土地。PPP 项目实践过程中，部分项目约定"由政府方将土地无偿提供给社会资本（项目公司）使用"，但此约定存在法律风险，根据前述内容可知，虽然我国土地使用权的取得包括有偿和划拨两种方式，但《土地管理法》等规范层面的划拨是相对"有偿"使用方式的概念，根据《城市房地产管理法》第二十三条规定："土地使用权划拨，是指县级以上人民政府依法批准，在土地使用者缴纳补偿、安置等费用后将该幅土地交付其使用，或者将土地使用权无偿交付给土地使用者使用的行为。依照本法规定以划拨方式取得土地使用权的，除法律、行政法规另有规定外，没有使用期限的限制。"目前我国土地使用权有偿取得方式外的方式仅指划拨方式取得土地，在项目实施方案或 PPP 项目协议中约定政府无偿提供土地供社会资本（项目公司）使用，违反我国土地管理方面的法律规定，实践操作中应注意规避此类法律风险，要求政府部门按照法律规定形式保障项目用地需求。

（三）市政道路 PPP 项目绩效考核

根据《政府和社会资本合作项目财政管理暂行办法》（财金〔2016〕92 号）的规定，PPP 项目绩效考核属于 PPP 项目协议的重要内容，合理设置 PPP 项目绩效考核机制，为政府和社会资本合理分担风险，提高公共产品或服务的效率或质量至关重要。市政道路类 PPP 项目的绩效考核指标根据项目实施情况可分为两个部分：一是建设期绩效考核；二是运营期绩效考核。

建设期绩效考核，主要适用于新建、改扩建市政道路 PPP 项目，建设期绩效考核主要关注项目建设工期、质量、环境保护、安全生产等方面的内容，建设工期考核主要目的是确保项目建设符合规定计划，保障公共产品或服务提供的进度要求，实践中常见的做法是在 PPP 项目协议中设置项目建设工期要求以及建设工期延长、违约机制。项目质量绩效考核的主要目标是保证项目建设符合质量标准要求，质量绩效考核的依据是项目选择适用的法律规定和国家规范，社会资本承担保证项目最终考核合格的义务，当项目质量不符合约定，社会资本应承担维修补救的责任和义务。项目环境保护和安全生产考核主要考核项目建设过程中的环境保护措施和安全生产措施。此外，由于市政道路类 PPP 项目建设大部分实行政府审计，为合理压缩项目建设成本，激励社会资本节省开支，实践中通常设置建设成本绩效考核指标，即以设定的基准值为标准，当建设成本超支的，对社会资本进行惩罚，当建设成本未超支的，对社会资本进行奖励，为更好地实施建设成本考核机制，实践中通常要求社会资本承担设计或设计优化责任，构建项目工程建设变更、索赔机制，保证建设成本计价的准确性以及建设成本绩效考核的有效性。

运营期考核，因项目涉及合作期限内社会资本提供公共产品或服务，因此需要对社会资本提供的公共产品或服务的质量和效率进行评价，维护社会公众的利益。实践操作中，运营期考核的主要依据仍是政府签订的 PPP 项目协议，因此无论社会资本自己承担运营维护义务还是委托专业第三方承担运营义务，对政府而言，社会资本是提供公共产品或服务义务的责任主体，不同类型的 PPP 项目的绩效考核指标存在差异。具体到市政道路 PPP 项目领域中，运营期间主要考虑道路及其附属设施的维护效果，以安庆市外环北路工程 PPP 项目为例，运营期绩效考核指标中设置了考核道路、附属设施、安全管理、环境保护等指标，其中道路及其附属设施考核中，要求符合《城镇道路养护技术规范》（CJJ 36—2006）的规定要求。对项目安全管理和突发事件处理机制的考核，要求运营效果符合《公路工程安全施工技术规程》（JTJ 076—95）、《公路养护安全作业规程》（JTGH 30—2004）以及《城市道路养护维修作业安全技术规程》（SZ-51—2006）等规范的内容，对环境保护的考核，要求符合《公路建设项目环境影响评价规范》（JTGB 02—2006）和《公路环境保护设计规范》（JTGB 04—2010）等规范的内容。具体项目操作层面，即可参照同行业或相关行业制定的国家规范、标准、规程等内容，也可结合项目实际情况设计、确定运营绩效考核指标。

（四）政府购买服务 V.S "PPP"

针对非经营性项目，实践过程中部分地方、项目出现以政府购买服务方式实施运作基础设施和公共服务项目的现象，市政道路 PPP 项目普遍无使用者付费基础，即广泛采用政府付费机制开展、实施项目，也是广泛采用政府购买服务的重要领域。除政府部门规避 PPP 模式操作程序要求外，产生上述现象的主要原因是理论、实践层面对政府购买服务与 PPP 的关系缺乏比较清晰的认识，为规范市政道路类 PPP 项目的操作，有必要对政府购买服务和 PPP 模式的关系进行梳理。

1. 政府购买服务和 PPP 模式的界定

政府购买服务，是指通过发挥市场机制作用，把政府直接提供的一部分公共服务事项以及政府履职所需服务事项，按照一定的方式和程序，交由具备条件的社会力量和事业单位承担，并由政府根据合同约定向其支付费用。政府购买服务的对象包括政府直接提供的一部分公共服务以及政府履职所需服务事项，结合《政府采购法实施条例》第二条规定，可知政府购买服务属于《政府采购法》规范体系下的政府采购服务。

规范上对 PPP 模式并无统一的概念，总结、归纳财政部、国家发展改革委等部委的 PPP 模式规范文件可知，PPP 模式是指政府为增强公共产品和服务供给能力、提高供给效率，与社会资本建立的利益共享、风险共担的长期合作关系，即 PPP 模式的概念强调政府和社会资本构建的长期合作关系。在 PPP 模式中社会资本一般承担设计、建设、运营、维护基础设施的大部分工作，其实质是政府利用竞争性方式选择的社会资本按照订立的合同代替政府提供公共服务。因此《政府和社会资本合作项目政府采购管理办法》（财库〔2014〕215 号）将 PPP 项目采购界定为政府采购行为，应适用《政府采购法》等相关规范，结合社会资本在 PPP 模式下提供公共服务的特征，实践中也将 PPP 模式认定为《政府采购法》规范体系下的政府采购服务。

2. 政府购买服务和 PPP 模式的异同

政府购买服务和 PPP 模式均属于政府采购服务范畴，作为两种相对独立提供的公共服务模式，政府购买服务和 PPP 模式的内涵和外延存在交叉，但二者在具体操作层面存在显著差异。

（1）政府购买服务和 PPP 模式的交叉

根据项目收益基础和收益来源的差异，一般将 PPP 项目划分为经营性项目、准经营性项目和非经营性项目，其中经营性项目采用使用者付费模式，准经营性项目采用可行性缺口补贴付费模式，非经营性项目采用政府付费模式。政府购买服务模式强调政府通过财政预算资金支付购买服务费用，由社会力量提供公共服务。

因此使用者付费型PPP模式和可行性缺口补贴型PPP模式与政府购买服务存在显著差异。但政府购买服务和政府付费型 PPP 模式存在交叉，就理论概念而言，一般认为政府付费型 PPP 模式下的委托运营（Operations& Maintenance，O&M）、管理合同（Management Contract，MC）以及建设—

移交（Build Transfer，BT），在内涵和外延上与政府购买服务方式存在交叉，但实践中由于财政部制定的《关于进一步做好政府和社会资本合作项目示范工作的通知》（财金〔2015〕57 号）规定"政府和社会资本合作期限原则上不低于 10 年"并规定不得将 BT 项目作为 PPP 示范项目，因此采用 PPP 模式按照上述操作模式推进项目的实践存在规范层面的障碍，而政府购买服务模式不存在类似限制，实践中也普遍利用政府购买服务方式对类似项目进行具体的项目操作。

（2）政府购买服务和 PPP 模式的差异

除使用者付费型 PPP 模式和可行性缺口补贴型 PPP 模式与政府购买服务存在本质差异外，由于实践中政府购买服务和 PPP 模式适用的规范体系不同，导致政府购买服务和 PPP 模式在具体操作程序上也存在显著差异，下面将对二者实践操作层面的差异进行论述。

1）承接主体的差异。《政府购买服务管理办法（暂行）》第六条规定，政府购买服务的主体包括在登记管理部门登记或经国务院批准免予登记的社会组织、按事业单位分类改革应划入公益二类或转为企业的事业单位，依法在工商管理或行业主管部门登记成立的企业、机构等社会力量。但 PPP 模式的承接主体，即社会资本形式，是指依法设立且有效存续的具有法人资格的企业，包括按照特定条件完成改革的政府融资平台公司。即政府购买服务在政策层面承担了事业单位改制的目标，相对而言，PPP 模式对承接主体的资质要求更高，主要是促进社会资本参与基础设施和公共服务项目的投资建设。

2）适用范围的差异。政府购买服务主要适用于适合采取市场化方式提供、社会力量能够承担的服务事项，即强调政府购买服务主要适用于事务性管理服务领域。在实践过程中，政府购买服务适用范围主要参考各级财政部门制定的本级政府购买服务指导性目录确定。而 PPP 模式的适用范围并无明确的限制，即主要适用于政府负有提供责任又适宜市场化运作的公共服务或基础设施类项目。因此只要是政府负有提供责任的公共服务或基础设施类项目，在满足 PPP 模式的基本特征的条件下，均可开展 PPP

项目。相对于 PPP 模式而言，政府购买服务方式只能适用于公共服务领域，适用范围相对较窄。

3）操作程序的差异。根据《政府和社会资本合作模式操作指南（试行）》（财金〔2014〕113 号）的规定，PPP 模式包括项目识别、项目准备、项目采购、项目执行和项目移交等操作程序。特别是 PPP 模式下的项目准备程序，要求政府部分按照规定编制项目实施方案，开展物有所值评价和财政承受能力论证工作，并完成项目实施方案、物有所值评价报告和财政承受能力论证的审批工作。而政府购买服务项目，在现有规范体系下，《政府购买服务管理办法（暂行）》规定政府购买服务按照方式灵活、程序简便、公开透明、竞争有序、结果评价的原则组织实施，对政府购买服务的前期准备工作要求相对简单。即 PPP 模式规范体系下，PPP 项目的前期准备工作的规范性要求更高，程序性更强。

4）合作期限的差异。政府购买服务规范体系对政府购买服务的合作期限未作明确约定，但实践中普遍认为政府购买服务方式合作期限短，合作形式灵活多变。《财政部、交通运输部关于推进交通运输领域政府购买服务的指导意见》（财建〔2016〕34 号）规定"对于采购需求具有相对固定性、延续性且价格变化幅度小的服务项目，在年度预算资金能够保障的前提下，购买主体可以签订不超过三年履行期限的政府采购合同"，也一定程度表明政府购买服务项目合作期限较短。

理论上，PPP 模式下的具体操作模式较多，不同操作模式的合作期限也差异显著，但为规范我国 PPP 模式操作，稳步推进我国 PPP 模式发展，控制地方政府债务风险，财政部通过推广 PPP 示范项目的方式，对我国 PPP 模式的最短合作期限进行规范，即财政部制定的《关于进一步做好政府和社会资本合作项目示范工作的通知》（财金〔2015〕57 号）规定"政府和社会资本合作期限原则上不低于 10 年"，为我国 PPP 项目合作期限规定了下限值。即我国政府购买服务项目的合作期限较短，而 PPP 项目的合作期限相对较长。

综上所述，PPP 模式与政府购买服务的交叉主要体现在非经营性项目领域，实践中主要是市政道路类 PPP 项目领域。政府计划通过竞争性方式引入社会资本的，严格规范基础设施和公共服务领域社会资本的合作机制，即 PPP 模式操作模式相对规范，应作为市政道路选择社会资本的主要机制，而政府购买服务的机制灵活，建议尽可能严格适用政府购买服务的条件，将政府购买服务属于我国政府公共服务领域的重要组成部分，也视为 PPP 模式的有益补充。

案例十一：成渝高速公路项目

重庆市普遍采用的收费标准，特别是成渝高速公路的收费情况，一直是外界关注的焦点，多数民众对取消成渝高速公路通行费的呼声很高，认为：① 昂贵的车辆通行费使重庆段沿线各区县的招商引资困难重重，使渝西地区经济发展受到影响。② 同一条高速公路上四川段比重庆段要低得多，对于相邻两省市收费标准差异过大。③ 成渝高速公路重庆段收费还贷问题已基本解决。

对此，相关部门向公众或人大代表们从各个方面做过解释：① 重庆段的设计标准、隧道长度及施工难度均高于四川段，同时由于重庆段地质条件复杂，桥隧多，后期投入的养护费用较高，因此，重庆段收费标准高于四川段。② 要完成 2020 年重庆高速公路三环十射九连线 3 000 千米的目标，整个重庆市高速公路必须形成一盘棋统筹发展格局，成渝高速公路重庆段通行费收入对于全市统筹兼顾、筹集建设资金、偿还银行利息等具有重要的作用。③ 此路段已多次降价，为了保护投资环境，不能一再要求投资者做出让步，若立即再次降价将不利于重庆市打造诚信社会、诚信政府的形象，也会对后续投资者起不好的示范作用。相关部门的部分说辞显然是一种恶性循环。在西部地区通车量低于设计量的情况下，为了经济的持续健康发展，政府应该首先承担起这种不利风险，另外运营公司根据特许经营合同里的风险承担方式，可以向政府提出风险补偿。随着本地区的发展，应该逐渐减小通行费率。正如上述案例的分析，随着各年车流量的增加，通行费率逐步降低，才能满足经济规律。否则，运营公司的行为将侵占消费者剩余，不利于社会稳定。因此，地区高速公路收费情况应重视道路使用者的切身感受，根据项目成本、服务评价、物价水平及其他风险因素，及时做好高速公路收费标准的调整，才能利于地方发展。

案例小结：

该项目特许期为 25 年，本书在分析时结合了当地经济的增长趋势、民用汽车拥有量等因素来分析车流量的增长趋势，但由于专业水平及数据搜集所限对风险的考虑稍显不足。根据车流量、风险、收益、级差效益进行的价格预测，其结果普遍低于当前收费标准，并且得出收费标准应随着车流量的递增而逐渐降低的结论。根据分析，当前的价格相对较高，主要是高速公路集团将此路段收益用作其他公路的成本，这方面是不可取的，政府应加强其他路段的补贴来控制本路段的过高收益，不能让几乎不使用其他公路的消费者为其买单，这样有违公平。

案例十二：两徽高速公路项目

一、项目基本情况和建设规模

G316 线长乐至同仁公路两当县杨店（甘陕界）至徽县高速公路建设项目（简称"两徽高速公路"）位于甘肃省陇南市境内。主线起于两当县杨店（甘陕界），与陕西省规划的太白至凤县至杨店（甘陕界）高速公路相接，经灵官峡、两当县城、柳林镇、银杏乡，止于李家河，与在建的 10 天高速主线相接。主线全长 53.4 千米，其中改造利用十天高速徽县一级连接线 7.0 千米（经改造满足 80 千米/小时的高速公路标准）。共设置特大、大桥 11 983 米/22 座、中桥 264 米/4 座、涵洞 65 道；隧道 19 110 米/9 座（以双洞计）；枢纽立交 1 处（利用李家河枢纽立交），出入口立交 4 处［栗川立交（10 天高速）、徽县立交、柳林立交、两当立交］；分离式立交 1 处；小桥通道 7 座；涵洞通道 17 座；互通立交连接线 6.389 千米。全线共设置高速公路管理所 1 处、养护工区 1 处、收费站 5 处（其中线收费站 1 处，匝道收费站 4 处）、服务区 1 处、超限超载检测站 1 处、途道管理站 2 处、变电所 12 处。该项目主线采用路基宽度为 24.5 米、设计行车速度为 80 千米/小时的双向四车道高速公路标准（项目分两期实施）。投资估算总金额为 75.3 亿元。

该项目是 G316 线长乐至同仁公路重要组成路段，是甘肃省委、省政府确定的连接两当县红色教育示范基地的快速通道，也是甘肃省规划的地方高速公路的一段。该项目同时也是落实全省"1236"脱贫攻坚计划，实施交通建设精准扶贫、精准脱贫，实现县县通高速公路目标的重要举措，根据《甘肃省"6873"交通突破行动方案》，2015 年 3 月甘肃省交通运输厅和甘肃省交通建设集团有限公司（简称甘肃交建）先行先试，确定采用 PPP 模式发起建设该项目。该项目是我国西北地区首个高速公路 PPP 项目，项目由甘肃交建具体实施。自 2015 年 3 月开展前置性手续的办理工作，截至 2015 年 10 月底已办结项目规划选址意见、用地预审、环境影响评价、地质灾害评估、压覆矿藏评估、水土保持方案、节能评估、社会稳定风险评估、林业自然保护。区方案、文物保护方案、银行承诺函等手续。2015 年 12 月 11 日，省发展改革委批复可行性研究报告。2016 年 3 月 18 日，项目全线初步设计通过评审并获得批复，已完成施工图设计，并获得省交通厅批复。2016 年 4 月 1 日，甘肃省人民政府批复了该项目实施方案。2016 年 6 月 30 日，项目全线开工建设。

二、社会资本概况和融资情况

为满足金融机构对两徽项目融资时的资本金需求，省政府批复的实施方案确定该项目资本金为 30.12 亿元，占项目总投资的 40%。两徽项目公司初期注册资本为 4 900 万元（其中甘肃交建出 2 000 万元，两徽基金出资 2 900 万元），为提高公司的信用程度、降低融资成本，经甘肃交建和各社会投资人商议决定，拟通过增资扩股将项目公司注册资本金增加至 30.12 亿元。注册资本金实行认缴制，《增资扩股协议书》约定：甘肃交建作为该项目政府出资方，认缴新注册资本金 14.27 亿元整，认缴后总资本金为 14.76 亿元，占注册资本金的 49%；甘肃路桥第三公路工程有限责任公司认缴注册资本金 54 652 万元整，占资本金的 18.14%；甘肃五环公路工程有限公司认缴注册资本金 51 616 万元，占资本金的 17.14%；中交路桥建设有限公司认缴注册资本金 45 544 万元，占资本金的 15.12%；甘肃省交通规划勘察设计院有限责任公司认购注册资本金 1 800 万元，占资本金的 0.6%。

案例十三：英国 M6 收费公路项目

英国 M6 收费公路项目是 1992 年英国政府启动"私人融资倡议（Private Finance Initiative，PFI）"后的第一条通过 PPP 模式建设的公路，特许经营期长达 53 年。由于公众反对收费，项目在签署特许经营协议后延误 8 年才启动，经各方努力，最终得以成功实施。案例重点介绍了对公众反对、设计标准变更以及其他风险如何进行分配和管理的经验。对再融资收益的处理体现了 PPP 风险与收益对等的原则。

一、项目概述

（一）项目背景

随着经济的发展，英国西米德兰兹郡城市圈中的 M6 公路主干道已拥挤不堪，急需修建一条支路（即 M6 收费公路）以缓解交通压力。由于英国政府资金不足，1991 年英国政府决定尝试采用 PPP 引入社会资本，计划通过设计—建造—融资—运营—维护（DBFOM）特许经营方式实现项目产出。M6 收费公路是 1992 年英国政府启动"私人融资倡议"后的第一条通过 PPP 模式建设的公路，根据当年签署的特许经营合同，在长达 53 年的特许经期内，社会资本方负责项目的设计、建造、融资、运营和维护。但由于当地民众的反对以及法律方面的障碍，导致项目直到 2000 年 9 月才正式启动，2003 年 12 月正式通车，特许经营期持续到 2054 年。

英国高速公路网是欧洲最繁忙的道路系统之一，其 M6 高速公路作为英国的交通要道，连接了英国的主要城市，包括伯明翰、考文垂、曼彻斯特、利物浦等。为了缓解交通拥堵、提高道路通行能力，英国政府决定对 M6 高速公路进行拓宽改造。

（二）项目范围

M6 收费公路是西米德兰兹郡城市圈中的一条长 27 英里（44 千米）的六车道公路支路，建设总投资约 17 亿美元（约 9 亿英镑）。M6 收费公路的北端在斯塔福德郡坎诺克附近与 M6 免费公路的 11 号交叉口相连，沿线经过斯塔福德郡、西米德兰兹郡和沃里克郡，连通已有的 A5、A38 和 A446 公路，南端在沃里克郡的科尔斯希尔与 M6 免费公路东部的 4 号交叉口相连。

通行车辆在公路两端的收费站或沿途出口收费站付费，费用根据车辆类型和通行时段而有所差异，可采用现金、信用卡以及电子收费（Electronic Toll Collection，ETC）等方式支付。

（三）主要参与方

政府方：公路局。由欧文威廉姆斯有限公司代表政府方，作为项目的管理机构，负责包括这个项目在内的西米德兰兹地区公路系统的建设；

特许经营方：米德兰公路有限公司。由麦格理基础设施集团占股 75%，高速公路公司占股 25%。

根据职责分工，其他利益相关方还包括：

技术顾问方：雅各布斯·百泰公司，承担技术审批机构、认证工程师和融资方技术顾问的角色；

其他顾问方：德累斯顿投资银行、Ashurst Morris Crisp、Berwin Leighton。

运营方：AscomMon6te|公司；

融资方：东方汇理银行（主融资方）、国民威斯敏斯特银行、巴克莱银行；

其他顾问方：德累斯顿投资银行、Ashurst Morris Crisp、Berwin Leighton。

（四）实施方案

M6 收费公路项目是英国第一个采用 PPP 模式建设的高速公路项目，总投资约 60 亿英镑，由英国政府和私营部门共同投资建设。实施方案包括：

道路拓宽：项目将 M6 高速公路从双向四车道拓宽为双向六车道，提高了道路通行能力，缓解了交通拥堵。

建设新的收费站：项目在高速公路上建设了 11 个新的收费站，实现了电子收费系统，提高了收费效率，减少了拥堵。

运营和维护：项目由私营部门负责高速公路的运营和维护，包括道路养护、交通管理、安全保障等，提高了道路的服务质量。

收费管理：项目采用电子收费系统，根据车辆类型和行驶里程收取不同的费用，提高了收费的公平性和效率。

绩效考核：项目建立了严格的绩效考核机制，对私营部门的运营和维护进行考核，确保项目的顺利实施和运营。

M6 收费公路项目的实施，有效缓解了 M6 高速公路的交通拥堵，提高了道路通行能力和服务质量，为英国高速公路领域的发展提供了有益的借鉴和参考。

（五）项目成果

英国 M6 收费公路项目建设完毕后，升级为全车道智能高速公路，使用的最新科技将能监控交通、设定限速，以确保道路的顺畅。M6 收费公路项目于 2003 年开工建设，2009 年建成通车。项目的实施有效提高收费效率，缓解了 M6 高速公路的交通拥堵，提高了道路通行能力和服务质量。同时，该项目也为英国高速公路的建设和运营树立了新的标杆，成为英国高速公路领域的经典案例。据统计，在工作日，每辆小汽车通过该路段需收费 5.5 英镑（约合 8.4 美元），每辆货车需收费 11 英镑（约合 16.7 美元）。该路段在 2017 年的车流量达到了约 150 万辆次/天，较 2002 年增长了约 60%。

二、风险分担与管理

（一）公众反对

英国在 20 世纪 90 年代修建的道路大多采用影子收费模式，用户无须为使用道路直接付费，而是由政府根据道路使用情况通过公共资金和交通项目专项资金向项目建设者付费。多数英国民众已经习惯了"免费"的道路，故对直接针对用户的收费模式持有抵触情绪。虽然政府于 1991 年就决定修建 M6 收费公路，但使用者付费机制引发当地民众的强烈反对，甚至导致项目陷入冗长的法律程序。

为平息公众反对，PPP 各参与方积极协调，并做出了一定的让步和妥协，最终与反对者联盟达成了停止抵制活动的协议。特许经营方根据协议，满足了反对者提出的一些条件，并承担相应增加的成本。此外，考虑到周边社区环境的敏感性，M6 收费公路还特别使用了降噪沥青，以降低公路对周围居民生活环境的影响。

（二）特许经营风险

特许经营合同签署 8 年后项目才开始设计和建造，其间公路局修订了多项道路设计标准，因此对项目成本造成了影响。由于这些修订由公路局造成，与特许经营方无关，所以设计标准变更导致的风险由政府方，即公路局承担。

（三）其他风险

根据合同约定，除标准变更以外，其他所有风险将由特许经营方承担，具体包括规划、交付、成本、质量、收益，甚至一些法定风险。解决民众反对问题后，特许经营方对上述风险进行了有效管理，主要得益于：

特许经营方的技术能力和经验；特许经营方对项目的长期投入；特许经营方被授予了技术质量审批权，使得结构检查和审批及时进行，保证项目设计和建造按计划启动；签订包括收费系统交付在内的完整合同；特许经营方和政府方（公路局）建立并保持了积极有效的合作伙伴关系。

三、项目现状

在该收费公路正式投入使用两年以后，政府发布了这两个年度的监测报告，显示小汽车的通行量与预期基本相符，但是卡车通行量远低于预期水平。

2006 年 5 月下旬，政府批准了麦格理基础设施集团通过 11 亿美元的债务重组对项目进行再融资，以使项目债务在长达 54 年的特许经营期内与其预期现金流更好的匹配。债务重组预计可以使麦格理基础设施集团获得约 7 亿美元的收益。

由于麦格理基础设施集团主导的特许经营方承担了项目的几乎所有风险，所以与其他由政府资助的 PPP 项目不同，麦格理基础设施集团无须与政府方公路局分享再融资的收益。但是，麦格理基础设施集团为了证明对该地区长期发展的责任心，同时也作为对公路局支持的回报，决定将再融资所获收益的 30%用于将 M54 公路延长至 M6 收费公路，并在 M6 收费公路南段扩建一段立体交叉道。这些项目的建设使得 M6 收费公路变得更加便利。

四、经验教训

作为英格兰第一条向过往车辆直接收费的公路，M6 收费公路大胆尝试采用 PPP 模式开发项目，拓展融资渠道，降低风险，实现了政府和社会资本的共赢。还创新了收费管理模式，采用电子收费系统，实现了高速公路的智能化管理，提高了收费效率和服务质量。在项目实施过程中，充分考虑了公众的意见和需求，提高了项目的社会认可度和接受度。英国政府与私营部门签订了长期合同，并建立了严格的绩效考核机制，确保了项目的顺利实施和运营。公路局在不增加政府负担的情况下实现项目开发，满足了公共需求；麦格理基础设施集团则由于地区公路网便利程度的提高和公路车流量的增加，实现了收益，还取得了债务重组再融资收益的 70%，并且通过支持当地公路设施建设而树立了良好的公众形象。另一方面，民众对使用者付费机制的抵触使 M6 收费公路遭到了强烈反对，导致项目延误时间长达 8 年。可见，对公众加强宣传、争取社会理解，是 PPP 项目得以成功实施的关键因素之一。

参考文献

[1] Qiao L，Wang S Q，Tiong，et al. Framework for critical success factors of BOT projects in China [J]. Journal of Project Finance，2001，7（1）：53-61.

[2] Leah M，Bassam B，Indra G.Critical Issues Affecting Dispute Resolution Practice in Infrastructure Public-Private Partnerships [J]. Journal of Construction Engineering and Management，2023，149（3）.

[3] Ahadzi M，Bowles G.Public-private partnerships and contract negotiations：an empirical study，[J]. Construction Management and Economies，2004，22（9）：967-978.

[4] 范振宇，殷少雷，刘晓东. 基于博弈均衡和风险管控的公路交通 PPP 投融资模式优化研究［J］. 公路，2023，68（5）：268-273.

[5] 刘兵, 池宜兴, 曾建丽, 等. 空间科学卫星工程项目进度及风险分析——基于蒙特卡罗模拟仿真［J］. 科技管理研究，2021，41（13）：158-166.

[6] 王彦超，吴雨珊，刘芷蕙，白璐. 宏观审慎、地方政府隐性债务监管与系统性风险防范——基于微观企业风险的网络传导机制研究［J］. 中国工业经济，2023（8）：23-41.

[7] Kerf M，Gray R D，Irwin T.Concessions for infrastructure：A guide to their design and award [J]. Washington，D.C：The World Bank，1998：133-140.

[8] UNI D O. Guidelines for infrastructure development through Build-Operate-Transfer（BOT）projects [M]. Vienna Austria：UNIDO Publication，1996：56-70.

[9] Allen G. The private finance initiative（PFI）. U.K：Economic Policy and Statistics Section [R]. House of Commons Library，2001：43-51.

[10] H M Treasury. Standardization of PFI Contracts（Version 3）[M]. U K：The Office of Government Commerce and Partnerships，2005：78-91.

[11] Partnerships Victoria. Risk allocation and contractual issues：a guide [J]. Melboune Victoria，Australia：The Secretary Department of Treasury and Finance，2001：23-30.

[12] P3 Office.P3s：a Canadian guide [M]. Canada：Service Industries Branch of Industry，2001：12-22.

[13] New South Wales Government. Working with government：guidelines for privately financed Projects [N]. Sydney：New South Wales Government Printer，2001：46-51.

[14] Ongel B，Tanyer A M，Dikmen I.A network-based model for the assessment of success in PPP healthcare projects [J]. International Journal of Construction Management，2024，24（8）：875-887.

[15] 广雨鑫. 天津地铁 2、3 号线存量项目公私合营模式的 TOT（移交—经营—移交）实施方式 [J]. 城市轨道交通研究，2023，26（8）：119-122.

[16] 国务院. 国务院关于印发"十四五"现代综合交通运输体系发展规划的通知 [EB/OL]. （2021-12-09）[2022-01-18]. https://www.gov.cn/zhengce/content/2022-01/18/content_5669049.htm.

[17] 国务院. 国务院关于投资体制改革的决定 [EB/OL]. （2005-08-12）[2011-09-20]. http://www.gov.cn/zwgk/2005-08/12/content21939.htm.

[18] 澎小云. 市政公用事业特许经营管理办法实施手册 [J]. 北京：中科多媒体电子出版社，2004.

[19] 北京市人民政府. 北京市城市基础设施特许经营办法 [EB/OL]. （2003-08-28）[2011-10-17]. http://www.cin.gov.cn/city/dv2003091802.htm.

[20] 深圳市人民政府. 深圳市公用事业特许经营办法 [EB/OL].（2005-06-27）[2011-10-21]. https://www.sz.gov.cn/zfgb/2020/gb1169/content/post_8165005.html.

[21] 天津市人民政府. 天津市市政公用事业特许经营管理办法［EB/OL］.
（2001-08-05）[2011-10-27]. https://jtys.tj.gov.cn/ZWGK6002/flfg/zfgz/
202105/t20210508_5445737.html.

[22] 济南市人民政府. 济南市市政公用行业特许经营试行办法［EB/OL］.
（2010-11-01）[2011-11-13]. https://www.moj.gov.cn/pub/sfbgw/flfggz/
flfggzdfzwgz/200407/t20040715_134992.html.

[23] 国务院. 收费公路管理条例［EB/OL］.（2004-09-27）[2011-11-25].
https://www.gov.cn/zwgk/2005-05/23/content_241.htm.

[24] 王璐, 王丹, 王雪青. 考虑两期质量的交通运输 PPP 项目补贴和定价
研究［J］. 管理工程学报, 2021, 35（5）: 173-183.

[25] 余庆生, 张恒, 尹贻林, 杨旋. 基于利益相关者分析的 PPP 项目定价
模型改进研究［J］. 建筑经济, 2022, 43（S1）: 417-421.

[26] Turvey R. Infrastructure access pricing and lumpy investments [J].
Utilities Policy.2000, 9（4）: 207-218.

[27] 谭希. 城市收费公路过路费的定价问题[J]. 城市发展研究,1997(2):
50-53.

[28] 王璐, 王丹, 王雪青. 考虑两期质量的交通运输 PPP 项目补贴和定价
研究［J］. 管理工程学报, 2021, 35（5）: 173-183.

[29] Subprasom K, Chen A. Analysis of policy and regulation on Build-
Operate-Transfer scheme: a case study of the Ban Pongkanchanaburi
motorway in Thailand [J]. Journal of the Eastern Asia Society for
Transportation Studier, 2005（6）: 3883-3898.

[30] Kim E J, Yi Y J.Impact Analysis of High-speed Rail Investment on
Regional Economic Inequality: A Hybrid Approach Using a
Transportation Network-CGE Model [J]. Journal of Transport Economics
and Policy, 2019, 53（3）: 314-333.

[31] Yang H, Meng Q.Highway pricing and capacity choice in a road network
under a Build-Operate-Transfer scheme [J]. Transportation Research Part
A, 2000, 34（3）: 207-222.

[32] Ferrari P.A three-level matchmatical programming model of road pricing [J]. Jounal of Global Optimization，2004，28（3）：297-304.

[33] Verhoef E，Kenneth A S. Product differentiation on roads：constrained congestion pricing with heterogeneous users [J]. Journal of Transport Economics & Policy，2004，38（1）：127-156.

[34] Crampes C，Estache A. Regulatory trade-offs in the design of concession contracts [J]. Utilities Policy，1998，7（1）：1-13.

[35] Gans J S. Regulating private infrastructureinvestment：optimal pricing for access to essential facilities [J]. Journal of Regulatory Economics，2001，20（2）：167-189.

[36] 蓝红莉，王晓荣，周晓辉. 融合 PDCA 理论的任务驱动实践教学模式研究与实施［J］. 实验室研究与探索，2021，40（7）：200-204.

[37] 柯洪，张蕊，吴俊玮. 民营资本参与下地铁 PPP 项目定调价机制研究——考虑贵阳市客流量数据变化的模拟测算分析［J］. 价格理论与实践，2023（12）：105-110.

[38] David A K. Risk modeling in energy contracts between host utilities and BOT plant investors [J]. IEEE Transactions on Energy Conversion，1996，11（2）：359-266.

[39] Lissa G A，Gunnar L.Best Practices for Case Studies in Construction Engineering and Management Research [J]. Journal of Construction Engineering and Management，2022，148（8）.

[40] Cheng L Y，Tiong R L K. Minium feasible tariff model for BOT water supply projects in Malaysia [J]. Construction Management and Economics，2005，23（3）：255-263.

[41]Suryeon K，Prashnna G，David H J，et al.Comparative Analysis of Project Risks across Construction Sectors [J]. Journal of Construction Engineering and Management，2024，150（6）.

[42] Bao F Y，Martek I，Chen C，Wu Q H，Chan A P. C.Critical Risks Inherent to the Transfer Phase of Public-Private Partnership Water Projects in China| [J]. Journal of Management in Engineering，2022，38（3）.

[43] 宋金波，靳璐璐，付亚楠. 公路 BOT 项目收费价格和特许期的联动调整决策 [J]. 系统工程理论与实践，2014，34（8）：2045-2053.

[44] The World Bank Group.Philippines：meeting infrastructure challenges [J]. Washington，D.C：The International Bank for Reconstruction and Development，2005：61-70.

[45] 孙西平，杨体刚，尹艳生. 探索 BOT 模式下高速公路施工总承包管理 [J]. 云南水力发电，2022（3）：69-72.

[46] 香港附属法例小组委员会. 东区海底隧道加费仲裁 [EB/OL].（2005-09-30）[2011-11-28]. https://www.doc88.com/p-7079923252046.html.

[47] 王秋林，楚瑞锋，李贞贤. 收费标准调整对经营性高速公路收费期限评估的影响 [J]. 公路，2021，66（4）：208-211.

[48] 杨明珠，陈海涛. 合作双方信任与 PPP 项目管理绩效 [J]. 社会科学战线，2021（1）：256-260.

[49] 林政宏. 施工单位承建 BOT 项目经营风险防范研究 [J]. 建筑经济，2024，45（4）：65-70.

[50] 袁义淞. 基于 ISM 模型和模糊综合评判的 BOT-TOT-PPP 项目集成融资风险研究 [J]. 昆明理工大学学报（自然科学版），2014，39（5）：109-116.

[51] 焦学峰. 施工企业 BOT＋EPC 项目融资的问题与建议研究——以山西路桥王繁高速项目为例 [J]. 建筑经济，2021，42（7）：80-83.

[52] 盛松涛，郭慧. 准经营性水利 PPP 项目特许经营期决策模型研究 [J]. 人民黄河，2022，44（7）：137-143.

[53] Hancock C B，Morin T J，Robin N.Introducing RISKMAN：the European project risk management Methodology [J]. UK：NCC Blackwell Limited，1994：20-25.

[54] Barry C E，John V F，lan W.Infrastructure risk analysis model [J]. Journal of Infrastructure Systems，2000，6（3）：114-117.

[55] Schaufelberger J E，lsr W. Alternate Financing strategies for build-operate-transfer projects [J]. Journal of Construction Engineering and Management，2003，129（2）：205-213.

[56] Schaufelberger J E.Risk management on build-operate-transfer projects [J]. Construction Research Congress，2005，183（91）：1-10.

[57] Malimi E.Build operate transfer municipal bridge projects in India [J]. Joumal of Management in Engineering，1999，15（4）：51-58.

[58] 杜金柱，扈文秀. 产品市场竞争、风险承担与公司投资效率［J］. 运筹与管理，2023，32（3）：171-176，239.

[59] 荷世平. WACC 及自尝率于 BOT 现金流量折现与评估：论正确使用与误用［EB/OL］.（2010-10-12）[2011-12-08]. http://140.112.10.60/CommentArticles.htm.

[60] 岳思红. 交通 BOT 项目风险的特征及分担方法［J］. 中国流通经济，1998（4）：25-28.

[61] Lam P T I. A sectoral review of risk associated with major infrastructure projects [J]. International Journal of Project Management，1999，17（2）：77-87.

[62] Ye S D，Tiong R K L.Government support and risk-return trade-off in China's BOT power projects [J]. Engineering，Construction and Architectural Management，2000，7（4）：412-422.

[63] Yiannis X，Demos A. The legal risks in build-operate-transfer projects [J]. Journal of Construction Reasearch，2005，6（2）：273-292.

[64] Yiannis X，Demos A. The financial risks in build-operate-transfer projects [J]. Construction Management and Economics，2005，23（3）：431-441.

[65] Gallimore P，Williams W，Woodward D.Perceptions of risk in the private finance initiative [J]. Journal of Property Finance，1997，8（2）：164-176.

[66] Wang S Q，Tiong R L K，Ting S K，etc. Political risks：analysis of key contract clauses in China's BOT project [J]. Journal of Construction Engineering and Management，1999，125（3）：190-197.

[67] Wang S Q，Tiong R L K，Ting S K，etc. Evaluation and management of political risks in China's BOT project [J]. Joumal of Construction Engineering and Management，2000，126（3）：242-250.

[68] Lam K C, Chow W S.The significance of financial risks in BOT procurement [J]. Building Research and Information,1999,27(2):84-95.

[69] Mohamed M A, Ahmed A G.Problems facing parties involved in Build, Operate, and Transport projects in Egypt [J]. Joumal of Management in Engineering, 2002, 18（4）: 173-178.

[70] Ghosh S, Jakkapan J.Identifying and assessing the critical risk factors in an underground rail project in Thailand: a factor analysis approach [J]. Intemational Journal of Project Management, 2004, 22（8）: 633-643.

[71] Mette K S, Bent F.Inaccuracy of traffic forecasts and cost estimates on large transport projects [J]. Transport Policy, 1997, 4（3）: 141-146.

[72] Bent F, Mette K S, Holm S B.Underestamating costs in public works projects error or lie [J]. Journal of the American Planning Association, 2002, 68（3）: 279-295.

[73] Bent F, Mette K S, Holm S B.How common and how large are cost overruns in transport infrastructure projects [J]. Transport Review, 2003, 23（1）: 71-88.

[74] Bent F, Mette K S, Holm S B.What Cause Cost Overrun in Transport Infrastructure Projects [J]. Transport Review, 2004, 24（1）: 3-18.

[75] Miller R, Lessard D.Understanding and management risks in large engineering projects [J]. International Journal of Project Management, 2001, 19（8）: 437-443.

[76] Santoso D S, OgunlanaS Q, Minato T.Assessment of risk in high rise building construction in Jakarta [J]. Engineering, Construction and Architectural Management, 2003, 10（1）: 43-55.

[77] Steven M T, Garold D O.Predicting accuracy of early cost estimates using factor analysis and multivariate regressiong [J]. Journal of Construction Engineering and Management, 2003, 129（2）: 198 -206.

[78] Obaid S A. Assessment of risk allocation in construction projects P.H.D Dissertation [J]. Chicago, Illinois Institute of Technology, 2005（23）: 89-92.

[79] Wilmot C G MeiB.Neuralnetwork modeling of highway construction costs [J]. Journal of Construction Engineering and Management，2005，131（7）：765-771.

[80] Keith R M.Programmatic cost risk analysis for highway megaprojects [J]. Journalof Construction Engineering and Management，2005，131（3）：343-353.

[81] Vega，Arturo O.Risk allocation in infrastructure financing [J]. Journal of Project Finance，1997，3（2）：38-42.

[82] Tiong R L K，Alum J. Final negotiation in compectitive BOT tender [J]. Journal of Construction Engineering and Management，1997，123（1）：6-10.

[83] 曾卫兵. 内资 BOT 公路建设项目投资决策评价模型研究[D]. 天津：天津大学，2004：79-88.

[84] Yacov Y.Haimes，Integrated risk and uncertainy assessment in Water resource within a multiobjective framework [J]. Journal of Hydrology，1984（68）：405-417.

[85] Dailey D J. Travel time estimation using cross-correlation techniques [J]. Transportation Research，1993，27（2）：97-107.

[86] Do H. Nam，and Donald R.Dres，Traffic dynamics：method for estimation freeway travel time in　real time from flow measurements [J]. Journal of transportation engineering，1996，5（6）：185-191.

[87] Nagui M Rouphail，and Navaneet Dutt，Estimation travel time distribution for signalized link：model development and potential ITS application [J]. Proceedings of the 1995 Annual Meeting of　ITS America，1995（28）：156-171.

[88] David Boyce，Nagui Rouphail，and Allan Kirson，Estimation and measurement of link travel time in the ADVANCE Project [D]. IEEE-IEEvehicle Navigation and Information Systems Conference，Ottawa-VNIS，1993（46）：105-127.

[89] Abours s，Estimation of travel time from occupancy on an urban network：an experiment in Paris，France，Second Intemational Conference on Road Traffic Control，Institution of Engineers [J]. London，UK，1986，22：215-247.

[90] 唐晓阳. 施工导流方案多目标随机模糊风险率决策研究［D］. 武汉：武汉水利电力大学，1993：63-78.

[91] 胡颖. 工程造价管理及风险分析的理论和方法研究［D］. 武汉：武汉水利电力大学，1996：78-81.

[92] 刘伟铭，王哲人，郑西涛. 收费公路收费系统理论与方法［M］. 北京：人民交通出版社，2000.

[93] 王东波. 不确定条件下 BOT 项目特许期决策模型研究［D］. 大连：大连理工大学，2010：47-61.

[94] 杨卫华. 基于风险分担的收费公路 BOT 项目特许定价研究［D］. 大连：大连理工大学，2007：39-53.

[95] Mr.Mohamed K.Khedr P S P. Project Risk Management Using Monte Carlo Simulation [C]. AACE Internationa1 2006（23）：334-451.

[96] 杨琴，胡辉. 基于 Crystal Ball 的项目管理建模分析［J］. 中国管理信息化，2007，10（12）：27-28.

[97] Decisioneering，Inc [J]. Cry Ball 7.2.2 User Manual.

[98] Eduardo Herrera Lana. Stochastic Critical Path（EB/OL］. www.crystallball.com，Proceedings of the 2006 Crystall Ball User Conference，2006.

[99] 于国安. 特许权人风险厌恶条件下的基础设施特许权合约分析［J］. 合肥工业大学学报（自然科学版）. 2006，29（3）：361-364.

[100] 王建军，徐伟宣，张勇. 基于 Beta-PERT 分布的单项不良资产定价决策［J］. 数理统计与管理，2007，26（3）：495-501.

[101] Tam C M.Build-operate-transfer model for infrastructure developments in Asia [J]. International Joumal of Project Management，1999，17（6）：377-382.

[102] Hanna Armelius. An Integrated Approach to Urban Road Prcing [J]. Journal of Transport Economics and Policy，Volume 39，Part 1，January，2005：75-92.

[103] Jiang-qian Ying，Hai Yang.Sensitivity analysis of stochastic user equilibrium flows in abi-modal network with application to optimal pricing [J]. Transportation Research Part B.2005（39）：769-795.

[104] 王健，安实，赵泽斌. 基于财政补贴的拥挤定价下公交收费策略研究 ［J］. 管理工程学报，2006，20（2）：84-88.

[105] 陆化普，黄海军. 交通规划理论研究前沿 ［M］. 北京：清华大学出版社，2007.

[106] 聂伟. 都市圈道路网路优化及其评价理论研究 ［D］. 北京：北京交通大学，2007：72-73.

[107] Bellei G，Gentile G，Papola N.Network pricing optimization in multi-user and multimodal context with dlastic demand [J]. Transportation Research Part B，2002，36（9）：779-798.

[108] Adamsli A，Turnau A.Simulation Support Tool for Real-time Dispatching Control in Public Transport [J]. Transportation Research Part A，1998，32（2）：73-87.

[109] 刘桦. 基于建设项目的组织群体生态理论与应用研究 ［D］. 西安：西安建筑科技大学，2007：59-63.

[110] 周红. 基于生态学的大型公共工程可持续能力研究 ［D］. 南京：东南大学，2006：48-58.

[111] 王初. 公路路域生态环境安全评价与预警研究 ［D］. 上海：华东师范大学，2007：74-80.

[112] 唐涌. 收费公路投融资研究 ［D］. 成都：四川大学，2006：66-78.

[113] 倪明，徐福缘. 基于 ID EFO 方法的企业信息化建设复杂系统模型 ［J］. 系统工程，2005，23（3）：69-74.

[114] 中华人民共和国交通运输部. 公路水路运输交通法规查询系统 ［EB/OL］.（2010-10-22）[2011-12-16]. https://glxy.mot.gov.cn/index. jsp.

[115] Felix O G，Hannelore W H.Pricing road use：politico-economic and fairness considerations [J]. Transportation Research Part D，2002，7（5）：357-371.

[116] Jens S，Bernhard S.Acceptability of urban transport pricing strategies [J]. Transportation Research Part F，2003，6（1）：45-61.

[117]李晓明，胡长顺，曹军念. 收费公路经营及政府公共管制的理论与方法 [J]. 中国软科学，2003（6）：134-142.

[118] 熊玉璞，雷定猷，宋楚君. 特许定价与分流率联动的高速公路 PPP 定价研究 [J]. 铁道科学与工程学报，2017，14（8）：1792-1798.

[119] Hong K L，Mar D H.Toward an evaluation framework for road pricing [J]. Journal of Transportation Engincering，1997，123（4）：316-324.

[120] Transport and Tourism Division.Sustainable transport pricing and charges-principles and issues [J]. Bangkok：Asian Institute of Transport Development，2001，79（9）：123-134.

[121] 吴健雄，解保华. 收费公路最优车流量动态设计 [J]. 预测. 2004，23（1）：43-47.

[122] ChungLT，Kyle Y L，Satheesh K S.Managing cost overrun risk in project funding allocation [J]. Annals of Operations Research，2005，135（1）：127-153.

[123] 孙克染，王颖志，张丰，等. 考虑抵达时间成本的道路交通事故风险评估方法 [J]. 浙江大学学报（理学版），2024，51（2）：143-152.

[124] 周望军. 收费公路的定价问题研究宏观经济研究 [J]. 宏观经济研究，2002（5）：41-47.

[125] Simon P S.Towards marginal cost pricing：a comparison of alternative pricing system [J]. Transportation，2002，30（4）：411-433.

[126] 杨兆升，杨志宏，赵丹华. 长平收费公路最优收费标准制定方法[J]. 交通运输工程学报，2003，3（1）：57-61.

[127] 王关义. 企业投资风险：衡量与控制 [J]. 数量经济技术经济研究，2000（3）：68-70.

[128] 阮连法，施鑫华，吴锡华. 考虑风险因素的房地产投资效益评价方法研究 [J]. 土木工程学报，2003，36（9）：55-59.

[129] 李国荣，吴大为，余方平. 基于差异系数 a/μ 的期货套期保值优化策略 [J]. 系统工程，2005，23（8）：78-81.

[130] 徐莉，肖焕雄. 风险投资的多目标决策分析研究 [J]. 武汉水利电力大学学报，1999，32（3）：109-112.

[131] 刘宝碇，赵瑞清. 随机规划与模糊规划 [M]. 北京：清华大学出版社，2004.

[132] 唐焕文，贺明峰. 数学模型引论 [M]. 北京：高等教育出版社，2004.

[133] 李启明，申立银. 基础设施 BOT 项目特许经营权期的决策模型 [J]. 管理工程学报，2000，14（1）：43-46.

[134] 杨宏伟，周品，何建敏. 基于博弈论的交通 BOT 项目特许权期的决策模型 [J]. 管理工程学报，2003，17（3）：93-95.

[135] Shen L Y，Wu Y Z.Risk concession model for Build/Operate/Transfer contract projects [J]. Journal of Construction Engineering and Management，2005，131（2）：211-220.

[136] Gustavo N，Gines R. Flexible-term contracts for road franchising [J]. Transportation Research Part A，2004，38（3）：163-179.

[137] 胡艳. 公路收费标准预算的研究 [J]. 工业技术经济，2001（1）：45-46.

[138] 袁剑波，张起森. 公路收费标准制定的基本方法研究 [J]. 中国管理科学，2001，9（6）：36-42.

[139] 曹光前，石永民. 收费公路收费标准分析方法研究 [J]. 西安公路交通大学学报，1999，19（4）：73-75.

[140] 于国安，杨建基. 模拟法在特许权项目投资回报分析中的运用 [J]. 水利水电科技进展，2004，24（2）：36-39.

[141] 欧阳芳锐，王先甲. 政府对一类风险回避型垄断企业价格管制的激励机制设计与分析 [J]. 系统工程，2004，22（1）：65-69.

[142] 左庆乐. 收益现值法评估公路收费权的模型选择与参数测定 [J]. 西安公路交通大学学报，1999，19（3）：51-54.

[143] Prianka N S，Malik R.Transportation Infrastructure Financing：Evaluation of Alternatives [J]. Journal of Infrastructure System，1997，3（3）：111-118.

[144] Ye S D，Tiong R L K.NPV-at-risk method in infrastructure project investment evaluation [J]. Journal of Construction Engineering and Management，2000，126（3）：227-233.

[145] Zhao T，Satheesh K S，Tseng C L.Highway development decision-making under uncertainty：a real option approach [J]. Journal of Infrastructure System，2004，10（1）：23-32.

[146] Michael J G.Realoptionsanalysis：canit improve infrastructure development decisions [J]. Construction Research Congress，2005，183（98）：1-12.

[147] Engle E，Ronald D F，Alexander G. Highway franchising ：pitfalls and opportunities [J]. American Economics Review，1997，87（2）：68-72.

[148] Engle E，Ronald D F，Alexander G Least-Present-Value-of-Revenue Auctions and Highway Franchising [J]. Journal of Political Economy，2001，109（5）：993-1020.

[149] Gine R，Manuel R.Private financing of roads and optimal pricing：is it possible to get both [J]. The Annuals of Regional Science，2004，38（3）：485-497.

[150] Viton P A.Private roads [J]. Journal of Urban Economics，1995，37（3）：260-289.

[151] 刘安. 收费公路收费水平优化模型[J]. 中国公路学报，1996，9（4）：118-122.

[152] Verhoef E，Nijkamp P，Rietveld P.Second-best congestion pricing：the case of an untolled Alternative [J]. Journal of Urban Economics，1996，40（3）：279-302.

[153] Ferrari P.Road network toll pricing and social welfare [J]. Transportation Research Part B，2002，36（5）：471-483.

[154] Barry U，Verhoef E.Auctioning Concessions for Private Roads [J]. Amsterdam：Tinbergen Institute，2004，22（9）：89-93.

[155] Finn J，Hassa PGisle S.Ramsey pricing in practice：the case of the Norwegian ferries [J]. Transport POLICY，2004，11（3）：205-214.

[156] Paul A G.Public and private sector discount rates in public-private partnerships [J]. The Economics Joumal，2003，113（486）：62-68.

[157] Liu N，McDonald J F.Efficient congestion tolls in the presence of unpriced congestion：a peak and off-peak simulation model [J]. Journal of Urban Economics，1998，44（3）：352-366.

[158] Robert B.Should road users pay the full cost of road provision [J]. Journal of Urban Economics，2001，50（2）：367-383.

[159] Vickrey W S.Congestion theory and transport investment [J]. American Economics Review，1969，59（2）：251-261.

[160] Palma A，Lindsey R.Private toll roads：competition under various ownershipregimes [J]. The Annuals Regional Science，2000，34（1）：13-35.

[161] Palma A，Lindsey R.Private roads，competition，and incentives to adopt time-based congestion Tolling [J]. Journal of Urban Economics，2002，52（2）：217-241.

[162] Friesz T L，Bernstein D，KydesN.Dynamic congestion pricing indisequilibrium [J]. Networks and Spatial Economics，2004，4（2）：181-202.

[163] Yang H，Lam W H K.Optimal road tolls under conditions of queueing and Congestion [J]. Transportation Research A，1996，30（5）：319-332.

[164] Yang H，Bell M G H.Traffic restraint，road pricing and network equilibrium [J]. Transportation Research B，1997，31（4）：303-314.

[165] Brotcorne L，Labbe M，Marcotte，Pet al.A bilevel model for toll optimization on a multicommodity transportation network [J]. Transportation Science，2001，35（4）：345-358.

[166] Yang H，Woo K K. Competition and equilibria of private toll roads in a traffic network [J]. Journal of Transportation Research Board，2000（1733）：15-22.

[167] Yang H，Tang W H，Cheung W M，et al. Profitability and welfare gain of private toll roads in a network with heterogeneous users [J]. Transportation Research Part A，2002，36（6）：537-554.

[168] Jiaojie H，Hongju H .Cooperative Behavior，Supervision，and Contract Choice in PPP Projects：An Evolutionary Game Theory Approach Incorporating an Other-Regarding Preference [J]. Journal of Construction Engineering and Management，2023，149（12）.

[169] 刘伟铭，道路收费系统的优化模型及算法 [M]. 北京：人民交通出版社，2004.

[170] 于国安. 特许权人风险厌恶条件下的基础设施特许权合约分析 [J]. 合肥工业大学学报（自然科学版）. 2006，29（3）：361-364.

[171] 肖条军，盛昭瀚，周晶. 交通 BOT 项目投资的对策分析 [J]. 经济数学，2002，19（4）：40-46.

[172] 杨宏伟，周晶，何建敏. 在 BOT 模式下收费道路的收益和社会效益研究 [J]. 管理工程学报，2004，18（1）：27-30.

[173] 黄园高，周品. 收费公路和公共交通之间的定价博弈分析 [J]. 东南大学学报（自然科学版），2004，34（2）：268-273.

[174] 周品，黄园高. 具有弹性需求收费道路的定价策略分析 [J]. 系统工程学报，2005，20（1）：19-23.

[175] 骆建艳. 影子收费-城市路桥建设的新融资模式[J]. 城市开发，2004（8）：66-67.

[176] Patrick D S，William G B.Innovative public-private partnership models for road pricing/BRT Initiatives [J]. Journal of Public Transportation，2005，8（1）：51-78.

[177] Boeing S L，Kalidindi S N.Traffic revenue risk management through Annuity Model of PPP road projects in India [J]. International Journal of Project Management.2006，24（7）：605-613.

[178] 陈爱国，卢有杰. 基础设施 PPP 的价格调整及风险分析 [J]. 建筑经济，2006，281（3）：20-24.

[179] Beesley M E，Littlechild S C. The regulation of privatized monopolies in the United Kingdom [J]. Rand Joumal of Economics，1989，20（3）：454-472.

[180] Ye S D，Tiong R L K. Traffic adjustment frameworks for privately financed infrastructure projects [J]. Construction Management and Economics，2003，21（4）：409-419.

[181] Crew M A，Kleindorfer P R.Incentive regulation，capital recovery and technological change in public utilities [J]. In Crew M A，ed.Economics Innovations in Public Utility Regulation，Kluwer Academic Publishers，Norwell，1992，33（3）：191-128.

[182] 徐智慧. 资产分类运营视角下高校 PPP 项目定价与调价机制研究 ［D］. 济南：山东建筑大学，2023.

[183] 李祥军，徐智慧. 资产分类运营视角的高校 PPP 项目定价研究 ［J］. 项目管理技术，2023，21（2）：118-123.

附 录

附录 1

BOT 现状（NPV、IRR）

n	R	I	C	3%复利系数	NPV1	4%复利系数	NPV2	NPV（3.86%）	IRR
2003		11 274	217.64	0.97	− 11 146.89	0.96	− 11 043.47		
2004		22 549	1 305.91	0.94	− 22 471.32	0.92	− 22 041.94		
2005		22 547	2 176.48	0.92	− 22 621.98	0.89	− 21 954.45		
2006		18 792	2 902.05	0.89	− 19 264.31	0.85	− 18 526.72		
2007	1 785.46		2 901.99	0.86	− 962.45	0.82	− 916.67		
2008	1 785.46		2 901.99	0.84	− 934.53	0.79	− 882.06		
2009	2 460.21		2 901.99	0.81	− 359.17	0.76	− 335.31		
2010	2 839.73		2 901.99	0.79	− 49.12	0.73	− 45.45		
2011	3 375.24		2 901.99	0.77	362.51	0.70	332.22		
2012	3 829.95		2 901.99	0.74	689.66	0.68	625.70		
2013	4 295.50		2 901.99	0.72	1 006.12	0.65	904.39		
2014	4 762.06		2 901.99	0.70	1 303.91	0.62	1 160.69		
2015	5 228.62		2 901.99	0.68	1 582.11	0.6	1 395.98		
2016	5 695.18		2 901.99	0.66	1 846.30	0.58	1 611.67		
2017	6 161.74		2 901.99	0.64	2 089.50	0.56	1 809.16		
2018	6 628.30		2 901.99	0.62	2 321.49	0.53	1 986.16		
2019	7 094.85		2 901.98	0.61	2 536.68	0.51	2 150.94		
2020	7 561.41		51 756.99	0.59	− 25 942.80	0.49	− 21 788.42		
2021	8 027.97			0.57	4 575.94	0.47	3 805.26		
2022	8 494.52			0.55	4 697.47	0.46	3 873.26		
2023	8 961.08			0.54	4 812.10	0.44	3 924.95		
2024	9 427.64			0.52	4 911.80	0.42	3 969.04		
2025	9 894.20			0.51	5 006.46	0.41	4 007.15		

续表

n	R	I	C	3%复利系数	NPV1	4%复利系数	NPV2	NPV（3.86%）	IRR
2026	10 360.76			0.49	5 087.13	0.39	4 040.70		
2027	10 827.31			0.48	5 164.63	0.38	4 060.24		
2028	11 293.87			0.46	5 229.06	0.36	4 065.79		
2029	11 760.43			0.45	5 292.19	0.35	4 069.11		
2030	12 226.99			0.44	5 343.19	0.33	4 071.59		
2031	12 693.54			0.42	5 382.06	0.32	4 061.93		
2032	13 160.10			0.41	5 408.80	0.31	4 053.31		
2033	13 626.66			0.40	5 437.04	0.30	4 033.49		
2034	14 093.22			0.39	5 468.17	0.29	4 016.57		
2035	14 559.78			0.38	5 489.04	0.27	3 989.38		
2036	15 026.33			0.37	5 499.64	0.26	3 951.93		
					− 7 209.55		− 21 563.64	− 19 554.07	2.50%

附录2

类别	类别名称	客车（座位）（个）	货车（载重量）（吨）	曲胜收费（元/车/千米）	砚平收费（元/车/千米）	平锁收费思小收费昆安收费安楚收费（元/车/千米）	嵩待收费（元/车/千米）	昆石收费（元/车/千米）	玉元收费（元/车/千米）	大保收费楚大收费（元/车/千米）
				云南省收费公路收费标准						

类别	类别名称	客车（座位）（个）	货车（载重量）（吨）	曲胜收费（元/车/千米）	砚平收费（元/车/千米）	平锁收费思小收费昆安收费安楚收费（元/车/千米）	嵩待收费（元/车/千米）	昆石收费（元/车/千米）	玉元收费（元/车/千米）	大保收费楚大收费（元/车/千米）
1	小客车	$n \leqslant 10$		0.28	0.32	0.43	0.35	0.45	0.26	0.4
2			$t \leqslant 1$	0.56	0.64	0.86	0.7	0.9	0.52	0.8
3	中客车		$1 < t \leqslant 3$	0.84	0.96	1.29	1.05	1.35	0.78	1.2
4	大客车	$10 < n \leqslant 30$	$3 < t \leqslant 6$	1.12	1.28	1.72	1.4	1.8	1.04	1.6
5	特客车	$n > 30$	$6 < t \leqslant 9$	1.4	1.6	2.15	1.75	2.25	1.3	2
6	特货车		$9 < t \leqslant 12$	1.68	1.92	2.58	2.1	2.7	1.56	2.4
7	特大型货车		$T > 12$	1.96	2.24	3.01	2.45	2.45	1.82	2.8

数据来源：中国收费公路网（www.cngaosu.com）
详细出处参考：https://www.cngaosu.com/a/2011/0615/166406.html

282

附录 3

收费公路板块上市公司

序号	股票代码	名称
1	60012	皖通收费
2	600020	中原收费
3	600033	福建收费
4	600035	楚天收费
5	600106	重庆路桥
6	600269	赣粤收费
7	600350	山东收费
8	600368	五洲交通
9	600377	宁沪收费
10	600548	深收费
11	601107	四川成渝
12	601188	龙江交通
13	601518	吉林收费
14	000429	粤收费 A
15	000548	湖南投资
16	000828	东莞控股
17	000886	海南收费
18	000900	现代投资
19	000916	华北投资
20	00548	深圳收费公路股份
21	00737	合和公路基建
22	01098	ROADKINGINFRA
23	01823	华昱收费
24	01052	越秀交通基建
25	00995	安徽皖通收费公路
26	00576	浙江宁沪杭勇
27	00177	浙江沪收费公路
28	00159	华南投资
29	00107	四川成渝收费公路

附录 4

1. *matlab 程序* 1

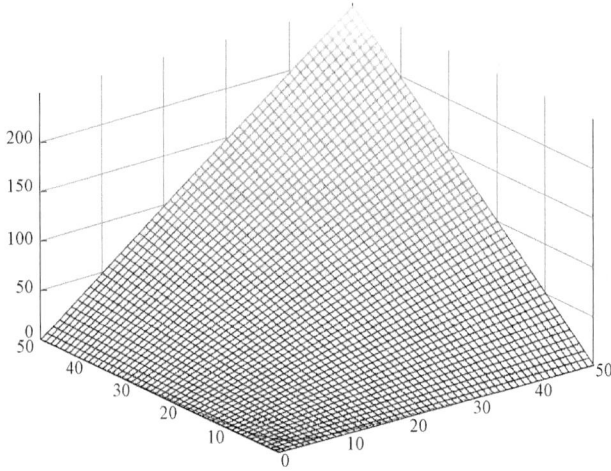

$x = 0:1:50;$

$y = 0:1:50$

$[X,Y] = meshgris(x,y)$

$Z = (X.^*Y - 10)/10$

$meshc(X,Y,Z)$

（1）*matlab 程序* 2

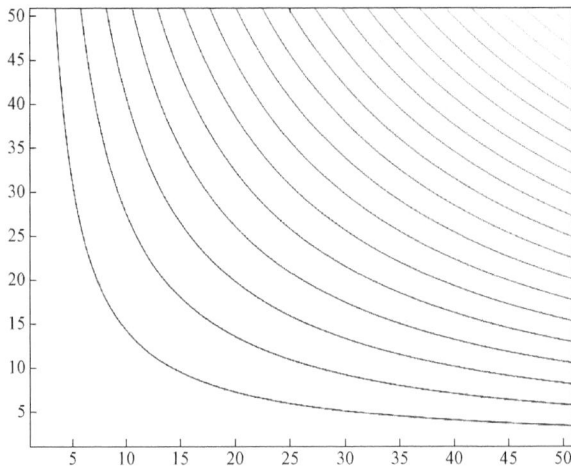

$x = 0:1:50;$

$y = 0:1:50;$

$[X,Y] = meshgrid(x, y);$

$Z = (X.^*Y - 10)/10;$

$contour(Z, 20)$

（2）matlab 程序 3

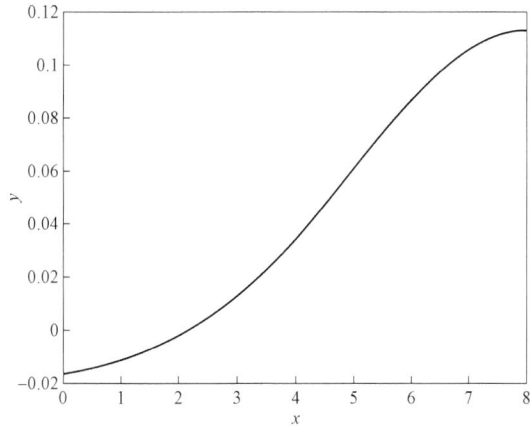

$x = linspace(0, 8);$

$y = normpdf(x, 8, 3) - 0.02;$

$figure; plot(x, y)$

$xlabel('x'); ylabel('y');$

（3）matlab 程序 4

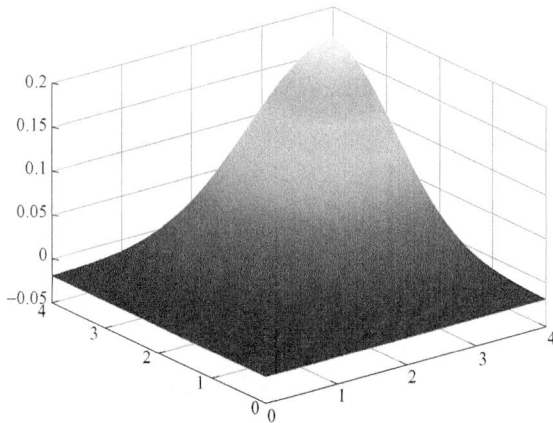

两个面分别为 Q-T 坐标系、P-T 坐标系。正态分布的三维立体图。

$x = 0 : 0.01 : 4;$

$y = 0 : 0.01 : 4;$

$[X, Y] = meshgrid(x, y);$

$m1 = 4; m2 = 4; n1 = 1; n2 = 1; r = 0.5; Z = (1 / (2 * pi * n1 * n2 * sqrt(1 - r \wedge 2))) *$
$\exp((-1 / 2 * (1 - r \wedge 2)) * ((X - m1).\wedge 2 / n1 \wedge 2 - 2 * r * (X - m1). * (Y - m2) / 2 *$
$n1 + (Y - m2).\wedge 2 / n2.\wedge 2)) - 0.02;$

$mesh(X, Y, Z)$

附录 5

序号	法律法规、部门规章等名称
1	中华人民共和国公路法
2	公路安全保护条例
3	中华人民共和国收费公路管理条例
4	公路超限检测站管理办法
5	中华人民共和国公路管理条例实施细则
6	收费公路权益转让办法
7	公路、水路交通实施《中华人民共和国节约能源法》办法
8	经营性公路建设项目投资人招标投标管理规定
9	公路水运工程安全生产监督管理办法
10	公路工程实施招标投标管理办法
11	公路建设监督管理办法
12	公路工程施工监理招标投标管理办法
13	农村公路建设管理办法
14	公路水运工程试验检测管理办法
15	公路工程设计变更管理办法
16	公路工程质量监督规定
17	公路建设市场管理办法
18	公路水运工程监理企业资质管理规定
19	公路工程竣（交）工验收办法
20	公路进度检查专用车辆管理办法
21	公路工程勘察设计招标投标管理办法
22	超限运输车辆行驶公路管理规定
23	公路工程行业标准管理办法
24	公路工程质量管理办法
25	公路建设项目后评价工作管理办法
26	公路建设项目后评价报告编制办法
27	公路经营权有偿转让管理办法
28	公路基本建设工程投资估算编制办法
29	公路、水运工程监理工程师资质管理办法

续表

序号	法律法规、部门规章等名称
30	公路工程造价人员资格认证管理办法
31	公路工程基本建设项目设计文件编制办法
32	公路水运工程监理单位资质管理暂行规定
33	关于在公路上设置通行费收费站（点）的规定
34	公路、水运运输全行业统计工作规定
35	公路工程施工监理办法
36	公路、水运基本建设利用往外贷款项目管理暂行办法
37	公路网规划编制办法
38	公路渡口管理规定
39	外国水路、公路运输企业在中国设立常驻代表机构管理办法
40	中华人民共和国公路管理条例实施细则
41	公路养护会计制度、公路养护单位成本核算办法
42	公路养护会计制度
43	中华人民共和国交通部公路汽车货运站收费规则
44	公路运价管理暂行规定
45	县乡公路建设和养护管理办法
46	公路基本建设工程概算、预算编制办法
47	水路、公路运输货物包装基本要求
48	关于处理石油管道和天然气管道与公路相互关系的若干规定（试行）
49	全国公路汽车、轮船旅客遗失物品处理办法

附录 6

中国收费公路部分 PPP 项目汇总

序号	项目名称	所属省份	里程（千米）	投资（亿元）	通车时间	特许期（年）
1	德州至上饶收费公路安徽段	安徽	580.00	67.6	2022 年 9 月	20
2	北京至雄安新区收费公路	北京	102.00	122.12	2023 年 12 月	25
3	延崇收费公路	北京	114.75	148.70	2019 年 12 月	30
4	京藏收费公路那曲至拉萨段	北京	295.00	168.00	2021 年 8 月	30
5	京台收费北京段	北京	26.60	67.00	2016 年 12 月	30
6	京台收费冀京界至别古庄互通段	北京	53.00	53.40	2014 年 12 月	30
7	京德收费公路	北京	280.00	295.00	2021 年 5 月	30
8	京新收费公路	北京	2 800.00	370.00	2021 年 6 月	30
9	潼荣高速公路	重庆	138.88	100.00	2019 年 12 月	28
10	泸荣高速	重庆	41.65	38.66	2020 年 1 月	28
11	渝筑高速公路	重庆	99.95	145.00	2023 年 9 月	30
12	连江公路赤湾至道澳段	福建	29.98	35.07	2023 年 1 月	29
13	宁上高速公路	福建	39.74	65.87	2012 年 12 月	25
14	泉州湾大桥	福建	26.70	69.23	2015 年 5 月	26
15	宁连收费公路福州段	福建	24.54	30.00	2015 年 12 月	28
16	京港澳收费公路广东段	广东	126.20	213.80	2022 年 8 月	28
17	广州至珠海西线收费公路	广东	98.02	80.00	2013 年 1 月	28
18	江罗高速公路	广东	147.40	167.77	2016 年 12 月	30
19	梧柳高速公路	广西	212.55	196.54	2017 年 12 月	30
20	兰海收费公路南间至钦州段	广西	86.50	85.00	2019 年 11 月	30
21	钦北收费	广西	140.00	151.00	2023 年	28
22	大思收费公路	贵州	151.40	135.30	2013 年 12 月	24

序号	项目名称	所属省份	里程（千米）	投资（亿元）	通车时间	特许期（年）
23	武威至金昌收费公路	甘肃	76.15	86.40	2013 年 12 月	28
24	郑州至洛阳收费公路	河南	99.21	182.80	2025 年 6 月	28
25	永城至登封收费公路	河南	45.93	15.00	2011 年 12 月	28
26	连霍收费公路商丘至兰考段	河南	118.58	41.79	2015 年 12 月	30
27	济源至新安收费公路	河南	48.54	87.50	2024 年 1 月	30
28	叶县至鲁山收费公路	河南	67.50	83.00	2024 年 12 月	30
29	安罗收费公路原阳至郑州段	河南	21.65	106.92	2025 年 6 月	30
30	许昌市绕城收费公路	河南	55.00	95.30	2024 年 9 月	30
31	平洛收费公路济源至洛阳段	河南	19.69	29.90	2020 年 9 月	30
32	伊北收费公路	黑龙江	236.00	20.00	2011 年 10 月	30
33	建黑高速公路	黑龙江	217.00	117.48	2016 年 8 月	30
34	吉黑高速	黑龙江	182.00	138.00	2024 年 3 月	30
35	松通高速	黑龙江	206.03	135.92	2020 年 9 月	28
36	张南高速公路湖北宣恩至咸丰段	湖北	37.50	56.37	2024 年 1 月	28
37	京港澳收费湖北北段	湖北	121.00	158.00	2013 年 6 月	30
38	临湘至长沙收费公路	湖南	182.78	50.90	2012 年 11 月	29
39	大岳收费公路大界至金屋段	湖南	23.20	83.59	2015 年 12 月	25
40	常德市北绕城收费公路	湖南	17.91	58.00	2014 年 5 月	26
41	凤凰至大兴收费公路	湖南	30.83	130.00	2013 年 11 月	28
42	岳望收费公路	湖南	101.63	90.26	2018 年 9 月	28
43	长湘收费公路	湖南	74.90	76.90	2012 年 12 月	28
44	衡武收费公路	湖南	5.60	12.60	2012 年 11 月	30
45	乐昌至广州收费公路	湖南	302.60	333.42	2014 年 9 月	30
46	凌源至绥中高速公路	辽宁	165.00	110.00	2013 年 9 月	30
47	榆树至松原高速公路	吉林	183.37	111.14	2019 年 9 月	28
48	集安至双辽收费公路	吉林	390.30	1.10	2021 年 10 月	28
49	西和收费公路	青海	100.49	188.46	2024 年 1 月	30

序号	项目名称	所属省份	里程（千米）	投资（亿元）	通车时间	特许期（年）
50	盐淮高速公路大丰港至盐城段	江苏	36.60	42.14	2016年10月	29
51	通洋高速公路	江苏	36.66	23.26	2015年2月	29
52	南昌至九江收费公路	江西	87.81	65.24	2019年10月	30
53	长深收费广饶至高青段	山东	54.40	45.90	2019年11月	28
54	青兰收费莱芜至泰安段	山东	63.80	56.70	2020年12月	28
55	青岛至济南收费公路	山东	309.20	297.96	2019年12月	30
56	沈海高速公路胶州段	山东	49.60	78.10	2025年	30
57	东青高速公路	山东	88.70	129.76	2024年1月	30
58	呼北高速朔州右玉至朔州平鲁段	山西	68.66	47.20	2019年6月	30
59	临潼至兴平高速公路	陕西	45.00	75.00	2015年12月	24
60	延西高速公路	陕西	320.00	417.00	2016年9月	30
61	延黄高速公路	陕西	166.60	175.06	2021年6月	28
62	黄浦收费公路	陕西	80.09	75.00	2020年12月	28
63	沪常收费公路上海段	上海	7.80	297.24	2010年3月	30
64	绵阳至苍溪收费	四川	102.50	139.60	2023年12月	29
65	成渝收费公路	四川	175.38	119.00	2012年12月	29
66	德都收费公路	四川	109.08	155.39	2021年12月	30
67	龙瑞收费公路	云南	134.00	107.50	2015年12月	28
68	宣曲收费公路	云南	113.00	96.40	2017年12月	28
69	昆明至大理收费公路	云南	200.50	429.05	2013年12月	30
70	昆磨高速公路	云南	167.00	131.18	2017年9月	30
71	龙蒲高速公路	浙江	58.40	47.40	2016年9月	30
72	甬莞收费公路	浙江	1835.00	147.00	2022年5月	28
73	沪杭收费公路临平段	浙江	3.04	57.00	2022年8月	28
74	杭州至宁波收费公路	浙江	52.80	294.00	2024年1月	30
75	沪杭收费许村段	浙江	8.37	31.42	2022年12月	30

附录 7

收费公路 PPP 项目主要研究者列表

姓名	国家或地区	单位	研究方向
褚志鹏	中国台湾	台湾东华大学国际经济研究院	工程经济学
戴大双	中国	大连理工大学管理学院	PPP 项目特许决策
冯正民	中国台湾	台湾交通大学	运输规划与管理
何伯森	中国	天津大学管理学院	项目融资
荷世平	中国台湾	台湾大学土木工程系	PPP 案公司部门合伙
刘南	中国	浙江大学管理学院	公路拥挤低昂家
刘伟铭	中国	华南理工大学交通学院	道路收费理论
申立根	中国香港	香港理工大学建筑及房地产学系	风险管理
宋金波	中国	大连理工大学	项目管理
盛昭瀚	中国	南京大学工程管理系	社会禁忌系统分析
苏彩足	中国台湾	台湾大学政治系	公共政策财务
谭崇梅	中国	大连理工大学	企业经济
王守清	中国	清华大学	PPP 项目的风险管理
王东波	中国	东北财经大学	项目投融资决策
王松江	中国	昆明理工大学管理与经济学院	PPP 项目融资
杨海	中国香港	香港科技大学土木工程系	交通运输经济
叶苏东	中国	北京交通大学经管学院	基础设施项目融资
周晶	中国	南京大学管理科学与工程研究院	交通系统的分析与优化
EduardoEngel	美国	耶鲁大学经济学	公共项目融资
ErikVerhoef	荷兰	阿姆斯特丹自由大学	交通运输经济
Gustavo Nomnela	西班牙	拉斯帕尔马斯东西应用经济系	基础设施项目融资
JeanMichel Oudot	法国	巴黎大学	风险分担
John E.Schaufeberger	美国	华盛顿大学建筑管理系	项目管理技术

续表

姓名	国家或地区	单位	研究方向
PaoloFerrari	意大利	比萨工程大学	公路定价
PatrickTILam	中国香港	香港理工大学	项目评价和融资
PhilipAViton	美国	俄亥俄州立大学	交通成本和技术机构
RobertL.K.Tiong	新加坡	南洋理工大学土木结构工程系	PPP 项目融资
Stephen O.Ogunlana	泰国	亚洲理工大学建设工程与管理系	建设风险管理
YiannisXenidis	希腊	亚里士多德大学	PPP 项目风险
ZhangXueQing	中国香港	香港大学土木工程系	PPP 项目招投标

注释：按照姓名和拼音和字母顺序排列